Calma no Trabalho

Calma no Trabalho

Paul Wilson

Tradução
PAULO CESAR DE OLIVEIRA

Ilustrações
MONIQUE WESTERMANN

EDITORA CULTRIX
São Paulo

Título do original:
Calm at Work

Publicado originalmente por Penguin Books Australia Ltd.

O primeiro número à esquerda indica a edição, ou reedição, desta obra. A primeira dezena à direita indica o ano em que esta edição, ou reedição, foi publicada.

Edição	Ano
1-2-3-4-5-6-7-8-9	00-01-02-03-04-05

Direitos de tradução para o Brasil
adquiridos com exclusividade pela
EDITORA CULTRIX LTDA.
Rua Dr. Mário Vicente, 374 — 04270-000 — São Paulo, SP
Fone: 272-1399 — Fax: 272-4770
E-mail: pensamento@cultrix.com.br
http://www.pensamento-cultrix.com.br
que se reserva a propriedade literária desta tradução.

Impresso em nossas oficinas gráficas.

Para Tania. E para os colaboradores do Calm Centre, cuja criatividade, pesquisas e incansáveis esforços para partilhar a calma e felicidade merecem ser reconhecidos.

Sumário

O SEU *PORTFÓLIO* DE SOLUÇÕES PARA TER CALMA

SOLUÇÕES DE LONGO PRAZO PARA FAVORECER A CALMA

UM COMENTÁRIO PESSOAL

Quanto maior a sua confiança de que este livro irá mudar sua vida, mais rapidamente isso *irá* acontecer. Para ganhar a sua confiança, portanto, vou tomar a inaudita (para mim) atitude de apoderar-me de duas páginas para demonstrar minhas credenciais relativas à "calma" e ao "trabalho", com o propósito de desenvolver a sua confiança nas recomendações que vou lhe dar.

Minhas credenciais para o componente "calma" de *Calma no Trabalho* estão bem documentadas. Fundei e mantenho um grupo de pesquisas sobre a calma, o Calm Centre (http://www.calmcentre.com), cujas atividades cobrem um amplo espectro de artes calmantes — desde o ensino até a psicoterapia, a produção de filmes e a música. Ao mesmo tempo, também faço parte de junta diretora de um tradicional hospital e de uma fundação de pesquisa médica. Mas minhas melhores credenciais talvez sejam as centenas de milhares de exemplares de meus livros sobre o assunto: *The Calm Technique* foi descrito como uma das obras mais influentes do mundo em sua categoria; *Instant Calm* teve traduções para vários idiomas e foi *best-seller* em muitas partes do mundo; e *The Little Book of Calm* tem mais leitores do que jamais ousei imaginar. Além disso, tenho feito demonstrações de minhas técnicas calmantes em muitos programas de televisão em Sydney, Londres e Nova York (se é que você considera isso uma credencial).

Contudo, dificilmente eu poderia esperar merecer a sua confiança se também não tivesse sólidas credenciais de trabalho. Já fui executivo-chefe, gerente de nível médio e administrador júnior. Nos últimos anos, tenho trabalhado em minha própria empresa, integrado diretorias de empresas públicas e privadas e atuado como consultor de governos e de corporações que integram a lista das cem maiores empresas do mundo. Também passei muitos anos trabalhando como empregado — fui funcionário de banco (a mais cansativa de todas), motorista de caminhão, operador de torno e redator de anúncios publicitários, entre outras coisas.

Em outras palavras, aprendi o que significa ser calmo no trabalho — a partir de todos os tipos de perspectivas.

Uma conseqüência disso é que, agora, sinto-me qualificado para desmascarar um embuste de vários séculos: o embuste do emprego. Ao fazê-lo, eu sem dúvida irei ofender alguns poucos proprietários e administradores, especialmente aqueles cuja filosofia de emprego é a de que "os trabalhadores devem ser gratos por qualquer coisa que recebam". Da mesma forma, eu ficaria decepcionado se não ofendesse alguns daqueles que se encontram no lado oposto – os terapeutas, advogados trabalhistas e os vários adeptos da filosofia "Ponha a culpa no Patrão", os quais rejeitam todas as soluções do tipo faça-você-mesmo por acreditarem que a manutenção da calma é responsabilidade da administração e não dos indivíduos.

Ambos os grupos são culpados de perpetuar a mentalidade mestre-escravo que há séculos vem predominando nos locais de trabalho. Ambos são culpados de espalhar tensão – e não calma – em seus ambientes de trabalho.

Você faria bem em permanecer longe de ambos estes grupos ao longo da leitura de *Calma no Trabalho* porque este livro não foi feito para os administradores, para os Departamentos de Recursos Humanos, os sindicatos ou para os legisladores – ele foi feito para você.

Só para você.

Se você for a única pessoa a beneficiar-se com a minha pesquisa – quer você seja um *trainee* ou o presidente da empresa – eu terei obtido sucesso.

Então, nós dois poderemos ser calmos.

http://www.calmcentre.com

PRIMEIROS PASSOS RUMO À CALMA

COMO USAR ESTE LIVRO

Calma no Trabalho foi escrito com um só objetivo: ser um manual simples que você poderá abrir a qualquer momento para que ele o ajude a se manter calmo ao longo do seu dia de trabalho.

> *Calma no Trabalho* vai proporcionar-lhe todas as ferramentas de que você necessita para conseguir chegar ao final do seu dia de trabalho sentindo-se calmo, seguro e realizado.

Ele não é um compêndio e também não pretende ser um tratado minucioso sobre os problemas do *stress* no local de trabalho — deixo isso a cargo dos psicólogos que se especializaram nessa área. Este livro é simplesmente um manual de soluções para manter a calma.

Nem todas as soluções foram criadas por mim; muitas foram desenvolvidas com a ajuda de colaboradores do Calm Centre. Aqui, o nosso único interesse é o desenvolvimento de soluções para se manter a calma; nós pesquisamos essas soluções, testamo-las sempre que possível e as transmitimos a você com os nossos melhores votos.

Quando abordadas com o espírito adequado, *quaisquer* das soluções contidas neste livro podem funcionar para o seu caso. Ao lê-las, você saberá intuitivamente quais irão funcionar mais. Às vezes, o raciocínio psicológico ou fisiológico subjacente à eficácia dessas soluções pode não ser óbvio, embora isso não seja tão importante quanto o fato de que elas funcionam de verdade. Em outras palavras, não se prenda à pergunta "Por que estou me sentindo calmo?", e simplesmente trate de usufruir essa calma.

Para encontrar as soluções mais rapidamente, usei ao longo de todo o livro metáforas inspiradas no ambiente de um escritório e relacionadas a papéis de anotação, fichários, fichas de arquivo, arquivos e pastas para papéis.

Procure estas soluções para ter calma:

Respiração Calmante .... página 93
O Calculador de Prioridades de Vida .... página 83
A Arte de Ser Ouvido .... página 212

No final de cada seção, você verá um ícone de "ficha de arquivo" como o que se encontra logo acima, contendo informações acerca de onde encontrar soluções afins ao longo do livro.

FAÇA UMA PAUSA PARA DESCANSAR

Cada solução é destacada por um ícone de clipe de papel.

E todas essas soluções estão contidas em uma grande área de arquivo – o seu *Portfólio* de Soluções para ter Calma, que começa na página 83.

Mais uma coisa antes de você começar...

Você provavelmente está pensando que poderia passar diretamente à seção de *Portfólio*, escolher as soluções que lhe agradem e ignorar o restante deste livro.

Poderia, mas recomendo que você não faça isso por uma razão bem justa. Existe muita confusão em torno dos problemas relacionados ao *stress* e à ansiedade; as pessoas que sofrem com isso tendem a atribuir a culpa de seus problemas a uma variedade de fatores – a maioria dos quais tem pouco a ver com a real causa desses problemas.

É por isso que eu recomendo insistentemente que você leia *Calma no Trabalho* de cabo a rabo. Dentro em breve, você saberá em que área você deve concentrar-se. Essa área, então, o levará à solução ou soluções apropriadas, na seção de *Portfólio*.

ALGUÉM PODERIA FAZER O FAVOR DE ME DIZER O QUE ACONTECEU?

A ênfase de *Calma no Trabalho* não diz respeito a problemas, mas a soluções. Ele não tem o propósito de criticar as condições de seu local de trabalho, mas de ajudá-lo a sentir-se bem com aquilo que você faz para ganhar a vida.

ESTA DEVERIA ser uma era em que o nosso maior problema a cada dia seria descobrir maneiras de ocupar todo o tempo livre adicional que temos à nossa disposição. Com a tecnologia encarregando-se de todo o trabalho fatigante e enfadonho, nossa vida deveria ter semanas e dias de trabalho mais curtos e fins de semana mais prolongados. Todo esse tempo extra a nossa disposição nos deveria enriquecer a vida por meio da educação, do lazer, de um trabalho absorvente e estimulante e do desenvolvimento pessoal e cultural.

Lembro-me de ter lido a respeito dessa fantasia quando era adolescente e, se bem me lembro, posso perfeitamente ter contribuído para alimentá-la quando comecei a escrever, com vinte e poucos anos de idade. A realidade, porém, revelou-se muito menos idílica.

Nos últimos anos, em uma orgia de auto-análise e comparações, as empresas e organizações começaram a reinventar a si mesmas em nome da eficiência. As realizações começaram a ser medidas em termos de poupança e não de crescimento. Administradores confundiram "*downsizing*" com progresso, ao passo que "racionalização" foi interpretada equivocadamente como algum tipo ideal de produção. A reestruturação organizacional arruinou vidas e carreiras e acabou com a alma de muitas empresas. A contabilidade tornou-se mais importante do que a criatividade, cortar custos mais importante do que adicionar valor e a busca da competitividade sobrepôs-se ao valor dos relacionamentos ou da tradição.

Essa foi a mudança organizacional.

As mudanças também estavam ocorrendo no *front* pessoal. Por um lado, fomos pressionados a nos especializar enquanto, por outro lado, continuamos a ouvir falar a respeito da necessidade da "desespecialização" e do desenvolvimento de "habilidades múltiplas". Quando pensamos que tínhamos alcançado o estágio em que poderíamos nos sentir seguros em nossos empregos, aprendemos acerca dos benefícios financeiros e estruturais da "terceirização". Quando finalmente achamos que tínhamos alcançado uma posição segura, entramos em uma nova era de "avaliações" e da quantificação de nossos esforços. E quando acreditamos que tínhamos investido uma parcela tão significativa de nossa vida em nosso emprego que poderíamos começar a relaxar e a gozar os frutos de nossos esforços, aprendemos que qualquer um com mais de 45 anos estava em posição precária, sob rigorosa observação e com um pé na rua.

Mas isso não foi tudo. Quando pensamos que estávamos vendo o fim da insensibilidade da linha de montagem, estávamos na verdade vendo o início da insensibilidade da era da informática. Enquanto estávamos admirando os novos níveis de eficiência que a tecnologia nos proporciona, deixamos de enxergar a feroz desumanização de muitos aspectos de nossos locais de trabalho. Enquanto estávamos planejando o que iríamos fazer com todas as riquezas recém-descobertas que o novo mundo iria nos proporcionar, vimos alargar-se o abismo entre os ricos e os pobres. E, enquanto aguardávamos ansiosamente pela nova era de luzes que iria surgir graças à facilidade de acesso às informações, percebemos que o conhecimento que agora nós (como indivíduos) já havíamos acumulado tinha pouca importância.

Alguém poderia fazer o favor de me dizer o que aconteceu?

O resultado de tudo isso é que muitas *organizações* são, ao menos quanto aos aspectos técnicos, mais eficientes do que eram antes – isso é, fazem o que têm de fazer com um custo mais baixo. (E se não o fizerem, estão fora do negócio, o que de certa forma explica a alta taxa de falências de empresas.) Além disso, muitos *indivíduos* tornaram-se mais produtivos – ou seja, eles produzem mais do que costumavam produzir a um custo igual ou reduzido.

Todavia, em muitos casos, as recompensas que nos foram prometidas deixaram de se materializar. Em vez de sermos abençoados com mais tempo para o lazer, fomos sobrecarregados com trabalho extra. Em vez de se tornarem mais interessantes, muitos de nossos empregos tornaram-se mais previsíveis e enfadonhos. Agora estamos produzindo mais, com menos ajuda e com uma quantidade menor de recursos. Em vez de transferirmos a responsabilidade para a tecnologia, tivemos de assumir a responsabilidade pela própria tecnologia. Em vez de aprendermos cada vez mais, descobrimos que as coisas que já aprendemos tornam-se rapidamente obsoletas. Hoje, a maioria de nós está trabalhando com mais afinco, por um período mais prolongado e mais intensamente do que jamais fez antes. Nosso desempenho é objeto de um escrutínio mais rigoroso, nossa responsabilidade aumentou e a segurança de manutenção do emprego diminuiu. E, ainda mais alarmante, dizem-nos que teremos de trabalhar ainda mais duro, tornarmo-nos ainda mais produtivos e responsáveis – porque a competição internacional irá nos jogar para a pilha de sucata industrial se não continuarmos a nos esforçar cada vez mais.

E eles ainda nos dizem que as mudanças apenas começaram!

E há também o medo

Embora eu tenha pouco respeito pelo modo como muitas corporações e seus executivos perseguem ideais cujas ramificações sociais eles não compreendem, tenho consciência do medo sob o qual eles atualmente trabalham. (Escrevo acerca de corporações, mas o mesmo fenômeno existe na maioria das grandes organizações – políticas, prestadoras de serviços públicos, médicas e religiosas.)

"Medo?", zomba você. "Com todos esses bônus, BMWs e viagens de classe executiva?"

Hoje, porém, o medo é um dos principais fatores de motivação entre os executivos das grandes organizações – mais do que a ganância, o altruísmo, a busca de aventuras e, possivelmente, mais até mesmo do que a ambição pessoal.

(Em minhas breves incursões pelo mundo da Motivação, descobri que a ganância, a ambição pessoal e o altruísmo eram de longe as forças mais fáceis de se trabalhar porque, de um ponto de vista gerencial, elas eram positivas e direcionadas para a frente; você sabia de onde os indivíduos estavam vindo e para onde queriam ir. O medo, por outro lado, era invariavelmente negativo e, muitas vezes, subversivo; conquanto fosse a emoção mais fácil de ser despertada, ele tinha o menor potencial para transformar-se em sucesso.)

Em certo sentido, isso pode ser compreendido. Em média, a expectativa atual de manutenção do emprego para o executivo-chefe de uma empresa pública é de três a cinco anos (um pouco mais ou menos dependendo do país), de modo que existe pouca segurança de manutenção do emprego quando se é um CEO. Mas o medo é ainda mais pronunciado nos executivos de nível inferior. Quer se trate de medo do fracasso, da censura, da legislação, dos sindicatos ou de outros grupos de interesse, da descoberta, da competição ou, simplesmente, o desconhecido, o medo está sempre presente nas grandes organizações: borbulhando, disseminando-se e, às vezes, influenciando a psique de todo o lugar. Além do mais, esta emoção negativa tem um efeito osmótico, causando problemas não apenas na corporação, mas, muitas vezes, em todo um ramo de atividade.

Obviamente, nem todos trabalham numa grande corporação ou organização. Isso é muito bom porque, pelo que tenho observado, nas empresas menores em geral há mais felicidade e menos medo do que nas grandes. Entretanto, quando até mesmo as empresas menores são governadas pelo medo, essa emoção fica mais próxima do coração de todo empregado.

Que bela encrenca.

Uma mudança não é tão agradável como um feriado

Em termos humanos, o custo desta década de mudanças tem sido imenso. Ele é cobrado não apenas na forma de absenteísmo e de doenças relacionadas com o *stress* mas também na forma de condições mais permanentes, como hipertensão, debilitação do sistema imunológico e depressão.

Além disso, estamos vendo um fenômeno comparativamente recente descrito como "estafa", cujo principal sintoma é um desejo de pedir demissão de um emprego, de desistir, de jogar tudo para o alto e ir embora.

Ironicamente, o resultado de todas essas mudanças – lembre-se de que elas ocorreram por causa da busca de mais eficiência e produtividade por parte da indústria – é uma *redução* da eficiência e da produtividade. Sim, *redução.* Os pesquisadores agora estão começando a descobrir que alguns dos procedimentos obsoletos executados por seres humanos, eram, na verdade, mais eficientes do que os novos procedimentos tecnológicos criados para substituí-los. Eles também estão começando a descobrir que muitas daquelas atividades "ultrapassadas", com utilização intensiva de esforço humano, na verdade resultavam em um ambiente de trabalho mais satisfatório.

O que devemos fazer agora? Começar de novo?

Nada disso, apenas prossiga com a leitura

Felizmente, você abriu este livro no momento exato.

Não existe momento melhor do que este para tirar proveito de toda esta confusão em que o mundo acha-se mergulhado. Não existe momento mais oportuno para descobrir certa sensação de calma acerca da qual os terapeutas ocupacionais teorizam e com a qual os empregados estressados sonham. Não existe momento mais propício do que este para transformar o seu emprego – qualquer que seja ele – em uma ocupação fascinante e satisfatória.

Isso pode ser feito.

Ademais, ao término de *Calma no Trabalho*, você estará apto a fazer isso com facilidade. Terá todos os recursos de que precisa para deixar de lado os subprodutos indesejáveis da mudança e, em vez disso, concentrar-se em seus benefícios.

Depois de ler este livro você disporá dos instrumentos necessários para chegar ao final do seu dia de trabalho sentindo-se calmo, seguro e satisfeito, encarando cada dia com um amplo senso de aventura que muitos de nós não experimentamos desde a infância.

QUÃO SUSCETÍVEL VOCÊ É?

> Por maior que seja a ênfase dada à competitividade, ao enxugamento do quadro de funcionários ou ao aumento da produtividade no lugar onde você trabalha, ainda assim você pode permanecer calmo, feliz e totalmente satisfeito com o que faz.

REAFIRMANDO O QUE JÁ FOI DITO, o foco de *Calma no Trabalho* são as soluções e não os problemas. Antes de embarcar em nossa jornada de busca de soluções, todavia, talvez seja útil identificar com precisão qual é o problema.

Você poderia pensar que toda pessoa estressada saberia identificar os problemas com os quais ela se defronta, mas existem ocasiões em que as coisas podem não se passar assim, especialmente quando os níveis de *stress* são crônicos ou excessivos. Uma pessoa submetida a pressões extremas raramente consegue ver as coisas com clareza e, em vez de reconhecer o problema que a está afligindo, irá culpar diversas influências exteriores: seu empregador, o governo, seu cônjuge, o tráfego, a sociedade em que ela vive – qualquer coisa exceto sua própria atitude ou comportamento.

Isolar as causas de seu mal-estar, portanto, pode implicar um certo grau de auto-análise. Embora eu não recomende um excesso de introspecção, talvez valha a pena investigar os tipos de personalidade, atividades e situações que são mais suscetíveis aos sentimentos estressantes que você deseja superar.

Quem tem mais razões para se queixar?

As duas questões sobre o *stress* que me são formuladas com mais freqüência são: "Quais são as ocupações mais estressantes?" e "Quem são as pessoas mais estressadas?"

Tenho dificuldade em responder à primeira pergunta com precisão porque as estatísticas variam entre os países nos quais este livro é publicado. Não obstante, por meio de uma abordagem geral dos diversos levantamentos, posso pelo menos destacar as semelhanças.

Uma coisa comum a todos os países pesquisados é o ponto de vista de que algumas ocupações são mais estressantes do que outras. É difícil ser específico porque não existe concordância quanto àquilo que define uma ocupação estressante. Deveria ela ser avaliada em termos de número de dias de trabalho perdidos, rotatividade de funcionários ou de ocorrência de estafa? Ou de acordo com problemas comportamentais, como o alcoolismo? Ou será que isso deveria ser avaliado de acordo com a impressão subjetiva comunicada pelos empregados (isto é, pelo modo como eles se sentem, pelo estado do seu moral, e assim por diante)?

A área mais reveladora é a última. Afinal de contas, se as pessoas *acreditam* que estão sofrendo de problemas relacionados ao *stress*, então pode-se ter certeza de que isso de fato está ocorrendo – dias de trabalho perdidos e outros problemas são simplesmente as etapas seguintes do declínio. Então, quais são as ocupações nas quais os trabalhadores acreditam que estão sofrendo mais?

Conforme se poderia prever, os relatos de problemas relacionados ao *stress* são mais comuns nas organizações maiores. Estes aumentam em proporção direta com a percepção da opressão exercida pelos administradores da organização.

As atividades mais suscetíveis às queixas e ao absenteísmo relacionados ao *stress* incluem a educação, a saúde, o transporte, o setor público e as comunicações, com os varejistas, as pequenas empresas e o setor de construção vindo logo a seguir.

Qualquer que seja o ramo de atividade ou a ocupação, o certo é que as queixas relacionadas com o *stress* estão aumentando. Quer a organização esteja encolhendo ou expandindo-se, fracassando ou tendo sucesso, os problemas parecem semelhantes.

Mas a boa notícia é que você não precisa participar desse sofrimento ou intranqüilidade. O conteúdo deste livro irá capacitá-lo a evitar essas formas de tensão com apenas um mínimo de esforço. Por maior que seja a ênfase atribuída à competitividade, ao enxugamento do quadro de funcionários ou ao aumento da produtividade no seu local de trabalho, você pode sentir-se calmo, seguro e totalmente satisfeito com aquilo que você faz.

E isso porque você aprenderá o segredo de manter a calma no local de trabalho.

O que significa estar "estressado"?

A indústria do alívio do *stress* é imensa, movimenta bilhões de dólares e tem interesse em fazê-lo acreditar que é anormal sentir-se estressado no local de trabalho. Mas isso não é verdade! Todo mundo sente-se pressionado uma vez ou outra e, quem sabe, várias vezes por dia. Assim é a vida no local de trabalho.

Essa não é a situação ideal, não é produtiva nem necessária. Mas *é* normal, e a aceitação desse fato é o primeiro passo para nos assegurarmos de que as assim chamadas "condições estressantes" não são debilitantes e não se tornarão habituais.

Então, onde é que nos enquadramos nisso tudo? Você sofre de sintomas específicos de *stress*? Isso é habitual ou ocasional? Você é do tipo estressado (se é que existe tal coisa)? Quais são as causas de sua tensão? Você consegue identificá-las?

Os psicólogos às vezes fazem referência à Teoria da Autopercepção, a qual diz que, de modo geral, quando avaliamos o nosso próprio comportamento e personalidade, tendemos a cometer os mesmos erros que costumamos cometer quando tentamos avaliar os outros. Em outras palavras, não somos muito bons em matéria de descobrir o que nos impulsiona ou o que está causando os nossos problemas individuais.

Colocar a culpa nessa Teoria da Autopercepção, no entanto, não irá fazer com que nos sintamos melhor. Você precisa determinar as áreas em que corre maior risco e, se necessário, adotar uma ação corretiva. Felizmente, existem sinais de aviso bem definidos, a maioria dos quais são fáceis de reconhecer.

Eis aqui várias maneiras de reconhecer esses sinais. Experimente-os e veja o que você consegue descobrir acerca de si mesmo através dos seguintes passos:

(i) Nas Tabelas 1 e 2, coloque uma marca ao lado dos sentimentos e reações que descrevem de modo mais apropriado o que acontece com você.
(ii) Some os pontos que você fizer em cada coluna e ache o total.
(iii) Na Tabela 3, na coluna da direita, anote os pontos correspondentes a você e some-os.
(iv) Faça a soma dos totais das Tabelas 1, 2 e 3.
(v) Agora, *subtraia* os pontos da Tabela 4, deduzindo sete pontos para cada descrição que se aplique a você.

Não se prenda excessivamente a esse tipo de análise — ela é apresentada aqui para ressaltar a sua propensão para sentir-se tenso ou sob pressão e nada mais. Procure divertir-se um pouco com isso.

TABELA 1 Você sente estes sintomas físicos?				
SINTOMA	DIARIAMENTE (3 pontos)	SEMANALMENTE (2 pontos)	ÀS VEZES (1 ponto)	RARAMENTE (0 ponto)
Dificuldades respiratórias				
Frio na barriga				
Dor no peito				
Dedos cerrados				
Mãos ou dedos frios				
Suor frio				
Constipação				
Diarréia				
Boca seca				
Sensação de fraqueza				
Inquietação				
Ranger os dentes				
Dor de cabeça				
Impotência				
Indigestão				
Insônia				
Perda de apetite				
Dores lombares				
Necessidade de urinar freqüentemente				
Excesso de sono				
Palpitações				
Pulsação acelerada				
Enjôo de estômago				
Erupções cutâneas				
Fala rápida				
Pescoço ou ombros rígidos				
Tensão				
Retesamento da barriga ou da parede torácica				
Cansaço				
Tremor nas mãos				
TOTAL DAS COLUNAS				
		TOTAL__________		

TABELA 2 Você tem estas sensações ou tendências?

SINTOMA	DIARIAMENTE (3 pontos)	SEMANALMENTE (2 pontos)	ÀS VEZES (1 ponto)	RARAMENTE (0 ponto)
Raiva				
Confusão				
Abuso de drogas ou de bebidas alcoólicas				
Entedia-se facilmente				
Medo				
Medo de espaços abertos				
Sente que algo está prestes a dar errado				
Frustra-se com detalhes				
Histeria				
Impaciência				
Incapacidade para concentrar-se				
Intolerância com as pessoas				
Irracionalidade				
Irritabilidade				
Baixa tolerância ao barulho				
Atitude negativa				
Comer em excesso				
Reagir de forma exagerada aos acontecimentos				
Dormir demais				
Pessimismo				
Memória fraca				
Redução do desejo sexual				
Pavio curto				
Distúrbios do sono				
Hábito de fumar				
Desconfiança				
"Nunca tenho tempo suficiente"				
"Isto não pode estar acontecendo comigo"				
Estados emocionais				
Preocupações com o futuro				
TOTAL DAS COLUNAS				

TOTAL______________

TABELA 3	**Quais destes acontecimentos ocorreram recentemente ou provavelmente irão ocorrer?**	
Morte de familiar próximo	30	
Diagnóstico de doença potencialmente fatal	29	
Divórcio	28	
Separação	27	
Compressão de despesas	26	
Demissão de emprego	26	
Doença grave	26	
Problemas com filho em casa	23	
Mudança de emprego	22	
Mudança de função no emprego	21	
Ameaças de demissão	20	
Gravidez	19	
Problemas de relacionamento (fora do trabalho)	18	
Problemas de relacionamento (no trabalho)	18	
Mudança na natureza do emprego	15	
Fusão entre empresa empregadora e outra organização	15	
Mudança na situação financeira	14	
Problemas financeiros	14	
O cônjuge começa a trabalhar ou pára	10	
Realização importante	10	
Mudança de residência	10	
Parar de fumar	9	
Ameaça de processo legal	7	
Período suplementar obrigatório regular	7	
Problemas financeiros do empregador	6	
Dia de Natal	5	
Ameaças feitas pelo chefe/diretoria/acionistas	4	
Superior intimidador	4	
Equipe pouco cooperativa	4	
Mudanças em seu ramo de trabalho	3	
	TOTAL______________	

TABELA 4 Quais destes atributos aplicam-se a você?

SINTOMA	SUBTRAIA 7 PONTOS
Cuido da minha alimentação	
Exercito-me regularmente	
Gasto pelo menos trinta minutos por dia sem fazer nada	
Pratico meditação com freqüência	
Tomo menos de três xícaras de café por dia	
Sinto-me à vontade com o silêncio	
Deixo um intervalo entre os meus compromissos	
Planejo o meu dia	
Admiro o sucesso dos outros	
Ajudo os outros sempre que posso	
Tenho uma vida familiar feliz	
Trabalho no que gosto de fazer	
Meus esforços são reconhecidos pelos meus superiores	
Tenho um bom relacionamento com meus colegas de trabalho	
Minhas dívidas são mínimas	
Meu emprego é para beneficiar a mim e a mais ninguém	
Tenho prazer em trabalhar	
Aproveito regularmente os feriados	
Não levo para casa as preocupações do trabalho	
Espero que ocorram mudanças em minha vida e em meu trabalho	
Manter a calma é uma responsabilidade que cabe a mim	
Raramente fico entediado	
Ouço os pontos de vista dos outros	
Tenho algumas formas "positivas de *stress*" na minha vida	
Sou positivo no meu trabalho e na minha vida pessoal	
Reservo pelo menos trinta minutos por dia para mim mesmo	
Tenho um animal de estimação	
Tenho uma vida social ativa	
Meu trabalho é variado	
Posso ver o lado positivo da mudança	
TOTAL______________	

O ideal é que a contagem total seja a mais baixa possível. Se a sua contagem for muito baixa (0 a 35), você é uma das pessoas mais afortunadas dentre as pessoas empregadas, e provavelmente está lendo este livro por curiosidade.

Inversamente, se o seu total for elevado, é provável que a sua necessidade seja de fato tão urgente quanto você suspeitou.

Se você cair em algum ponto entre esses dois extremos, você está em boa companhia, pois é aí onde se encontram a maioria das pessoas. Isso é considerado "normal" em uma força de trabalho. Todavia, apesar de ser normal, isso está longe de ser natural e, com um pouco de esforço, tal sensação pode ser significativamente melhorada.

Que grupos de palavras melhor descrevem seu comportamento e linguagem?		
A	B	C
Razão	Luta	Retirada
Voz calma	Alta!	Silencioso
Expressão aberta	Postura desafiadora	Olhos baixos
Postura tranqüila	Braços cruzados	Movimenta os dedos nervosamente
Gestos relativos à conversação	Gestos curtos e separados	Mãos cerradas
"Eu...."	"Você deveria..."	"Talvez..."
"Eu quero..."	"Faça!"	"Você acha que...?"
"Eu fiz...."	"Você deveria ter feito..."	"Eu deveria ter feito..."
"Acho que..."	"A coisa é assim!"	"Lamento se..."
"Vamos...."	"Apresse-se...."	"Você se importaria se eu..."
"Compreendo o que você quer dizer."	"Você está errado!"	"Eu não sei...."
"Como podemos resolver isso?"	"Por que você não pode..."	"Não pretendi..."

Se você se identificou mais com as palavras do grupo A em vez de com as dos grupos B ou C, então você provavelmente tem mais daquilo que se chama de "tipo assertivo". Este é considerado o tipo de personalidade ideal para ajudá-lo a conseguir o que você quer em seu trabalho e, conseqüentemente, a permanecer calmo.

Se você se identificou mais com as palavras da categoria B, então é provável que seja alguém do "tipo agressivo". As personalidades agressivas muitas vezes tomam equivocadamente a sua agressividade como o comportamento de uma pessoa positiva – e isso gera frustração quando essas personalidades não conseguem fazer que as coisas sejam a sua maneira (o que acontece com freqüência). E, contrariamente à crença popular, o comportamento agressivo não neutraliza o *stress* –, mas o aumenta, assim como à tendência para um comportamento ainda mais agressivo.

Se você se identifica mais com a Categoria C, é quase certo que tem consciência de sua tendência à "submissão" ou "passividade". Embora esta talvez não seja uma fonte direta de *stress,* ela pode levar a ele.

A boa notícia é que tanto as personalidades submissas como as agressivas podem usar as mesmas técnicas para canalizar suas inclinações para desenvolver um comportamento mais positivo – e recompensador.

Se você se identificou mais com o grupo A do que com o grupo B, está demonstrando os clássicos padrões de comportamento do "Tipo A", a respeito dos quais você provavelmente já leu. Inversamente, se você se identificou mais com o grupo B, você dá mostras de ter mais comportamentos do "Tipo B".

De acordo com os estereótipos – e estes *são* estereótipos que ignoram o fato de que cada pessoa é um indivíduo – as pessoas do Tipo A sofrem mais *stress* provocado por elas mesmas do que as pessoas Tipo B. Para complicar as coisas, as pessoas do Tipo A freqüentemente acreditam que têm mais controle sobre elas mesmas e as situações do que as dos outros tipos – o que significa uma menor probabilidade de que elas venham a buscar ajuda para os seus problemas.

Se você quiser verificar de que modo você se enquadra nesta equação e também brincar um pouco, simplesmente use a escala a seguir e atribua um número de 5 a 1 para si mesmo em cada uma das características apresentadas. Em seguida, some esses valores e veja onde você se situa.

Qual grupo de características é mais adequado para descrever você mesmo?						
A						B
	PONTOS					
	5	4	3	2	1	
Cria o seu próprio *stress*						O *stress* é criado para você
Está voltado para realizações						Está mais interessado em "viver" do que em "ter"
É altamente competitivo						Se é ambicioso, não é exageradamente competitivo
Vê a si mesmo como sendo positivo						É relativamente tranqüilo
Estabelece para si mesmo metas difíceis de serem alcançadas						É realista quanto àquilo que é possível alcançar
Estabelece para si mesmo prazos finais irrealistas						Estabelece prazos finais realistas ou nenhum prazo final
Nunca chega atrasado para seus compromissos						Não se preocupa muito com a pontualidade
Tenta fazer várias coisas ao mesmo tempo						Ataca as tarefas metodicamente
Esforça-se até o limite						Conhece os próprios limites
Está sempre com pressa						É menos esforçado, menos obsessivo
É impaciente, entedia-se com facilidade						Pode encontrar interesse na maior parte das coisas
Fala rápida e agressiva						Fala mais devagar, Comunica-se melhor
Antecipa a fala dos outros (completando sentenças)						É bom ouvinte

A						B
PONTOS						
	5	4	3	2	1	
Respiração rápida e superficial						Respiração mais lenta e profunda
Exibe uma linguagem corporal tensa						Exibe uma linguagem corporal tranqüila
Come, fala e move-se rapidamente						Faz as coisas devagar
É mais egocêntrico						É mais sociável e expansivo
Oculta seus sentimentos						Expressa seus sentimentos
Sempre sente-se responsável						Compartilha a responsabilidade
Reluta em delegar poderes						Delega poderes de bom grado
Preciso, obcecado com detalhes, mas...						Não se sente obrigado a ser preciso, mas...
Esquece detalhes, comete erros						É organizado, comete menos erros
Toma muito café						Toma-o moderadamente
Sente-se culpado quando relaxa						Aprecia a oportunidade de relaxar
Anseia para que os seus esforços sejam reconhecidos						Preocupa-se em satisfazer os outros
Tem de terminar as coisas depois de começá-las						Não se importa por deixar uma tarefa de lado temporariamente
Está sempre trabalhando (em casa, nos fins de semana)						O trabalho é apenas uma parte da sua vida
Tem poucos interesses além do trabalho						O trabalho é um dos seus muitos interesses
Tem obsessão por quantificar as coisas						Não está excessivamente preocupado em conhecer quantidades ou freqüências

Número de pontos que você fez

120-150 Ao que tudo indica, você tem os hábitos de comportamento do Tipo A1 clássico. Para o seu próprio bem-estar, você deveria atentar para os conselhos deste livro – e bem depressa.

90-120 Embora esses padrões de comportamento (Tipo A2) não sejam tão estanques ou acentuados quanto os padrões descritos acima, eles provavelmente justificam um esforço rigoroso e permanente para instaurar a calma em seus hábitos de vida.

60-90 Muitas pessoas se enquadram nessa categoria (AB), um equilíbrio entre comportamentos dos tipos A e B. Minha observação é a de que, quando essas pessoas variam os seus padrões de comportamento, elas apresentam mais propensão para se deslocarem rumo ao Tipo A.

30-60 Segundo as estatísticas, você deve ser razoavelmente tranqüilo e apto a lidar com situações estressantes. Obviamente, a vida nunca é assim tão simples, e você poderá perfeitamente enfrentar situações estressantes em seu local de trabalho.

0-30 Um clássico B1. O seu comportamento expressa poucas das características que normalmente associamos ao *stress*. Se você se sentir pressionado, essa pressão provavelmente será exterior a você.

Naturalmente, tudo o que foi dito acima são generalizações. Nem todas as pessoas do Tipo A têm problemas de *stress*, nem todas as pessoas do Tipo B são totalmente imunes ao *stress*. Qualquer que seja o local onde você se insira nessa tabela, isso não é nada mais do que um guia, algo para aceitar ou rejeitar conforme a sua imaginação. Se você se sente calmo, então é provável que você seja calmo. Se se sente estressado, porém, independentemente de onde você se enquadre na referida tabela, você necessita deste livro. Então, não deixe de ler nenhuma página e siga em frente!

Em favor de uma atitude politicamente correta

Hoje considera-se politicamente incorreto tentar estereotipar as pessoas. Isso se aplica tanto aos estereótipos psicológicos quanto aos estereótipos ocupacionais ou raciais.

Para evitar ferir suscetibilidades entre os meus leitores, evitarei sempre que possível usar as palavras Tipo A e Tipo B.

Assim, ao longo do restante deste livro, sempre que você ler o meu **novo** estereótipo "Assertivo", sinta-se livre para substituí-lo mentalmente pelo "Tipo A". E onde se lê "Tranqüilo", sinta-se livre para substituir a expressão por "Tipo B"

Assertivo = Tipo A
Tranqüilo = Tipo B

TRAGA A DIVERSÃO DE VOLTA PARA O LOCAL DE TRABALHO

> Um atributo que diferencia o meu trabalho daquele de muitos "administradores do *stress*" é a minha determinação de eliminar a angústia da questão do *stress* e infundir-lhe um pouco de diversão.

"BILHÕES DESPERDIÇADOS EM afastamento temporário do trabalho devido ao *stress.*" "Epidemia de *stress.*" "A Praga da década de 90." "As Maiores Causas de Morte Relacionadas ao *Stress.*" "Milhões de Dias de Trabalho Perdidos por Causa do *Stress.*"

Qualquer que seja a parte do mundo em que você esteja, haverá manchetes semelhantes a essas. E, dando-se crédito à imprensa, os problemas de *stress* no local de trabalho fugiram ao controle.

Vou lhe dizer o que de *fato* está fora de controle: a histeria da mídia e os clichês relativos ao *stress.* Como você pode ser exposto a notícias tão pouco auspiciosas ou exageradas sem se sentir estressado? Como pode absorver todas as discussões de problemas relacionados ao *stress* sem desenvolver – ao menos subconscientemente – alguns dos sintomas? É um triste fato da vida, por exemplo, que a taxa de suicídios sofre um significativo aumento sempre que reportagens sobre suicídio são apresentadas na mídia. Existem evidências sugerindo que o *stress* no local de trabalho também aumenta quando o problema é divulgado na mídia. Quanto mais falamos sobre um problema, mais contribuímos para ele; quanto mais discutimos determinados sintomas, mais eles tendem a predominar.

A ênfase de *Calma no Trabalho* não diz respeito a criticar as condições do local de trabalho, mas a sentir-se bem com aquilo que você faz para ganhar a vida. Se destacamos um problema específico – e faremos isso em muitos casos – nós apenas o fazemos para que se possa procurar uma solução ideal para ele.

O que diversão tem a ver com trabalho?

Você já notou como é difícil sentir-se estressado ou preocupado quando está se divertindo? Uma coisa neutraliza a outra. Você também pode usar esse recurso para superar muitos dos efeitos de longo prazo do *stress.*

Embora eu admita que se trate de um conceito ultrapassado, creio que o trabalho não deve ser apenas satisfatório, mas agradável. Divertido até. Isso se aplica quer você seja ator, contador ou motorista de ambulância.

Posso ouvi-lo zombando de mim. Você sabe muito bem que os maiores desafios a sua capacidade de divertir-se geralmente vêm à tona quando você está no trabalho. De alguma maneira, parece que aquele período de oito a dez horas por dia foi especialmente planejado para eliminar qualquer traço de diversão da sua existência, e preencher o seu dia com tanta pressão e ansiedade, que o dia seguinte continuará a ser igualmente difícil de suportar.

Mas você não terá de se sentir dessa forma durante muito tempo. As técnicas deste livro irão ajudá-lo a instilar calma e prazer em sua vida profissional – quer você trabalhe na linha de produção de uma fábrica ou em um escritório.

As técnicas são resultado de experiência direta e bom senso. Elas foram desenvolvidas e aperfeiçoadas por mim nos ramos altamente estressantes nos quais trabalhei durante anos – como operário, gerente e empregador. Muitas dessas técnicas foram formuladas com a ajuda de psicólogos e outros terapeutas, e a maioria delas foi testada por pessoas em vários cargos, em diferentes ramos de atividade.

Se você abordar essas técnicas com a mente aberta, descobrirá que algumas funcionarão maravilhosamente para você. Quais irão funcionar mais? Só você será capaz de responder a essa pergunta. Confie em sua intuição e ela irá orientá-lo rumo às técnicas mais apropriadas. Porque é *você* que exerce a influência mais poderosa sobre o modo como você se sente nas horas de trabalho. (O que é bom, pois você é que está lendo este livro.)

Invista na calma

Observe as pessoas que conquistaram o *status* profissional que você mais admira e, na maioria dos casos, você verá uma pessoa tranqüila. De modo geral, elas exibem tamanha calma sob pressão – você poderia chamar a isso de estabilidade – que os outros passaram a confiar nelas.

Para pessoas como essas, a calma é um investimento. E ela pode ser um investimento para todas as pessoas em todas as organizações.

Investimento pessoal

Por que você não mantém a calma no local de trabalho? Tem muitos deveres a cumprir? Passa muito tempo no escritório e, depois, sente-se culpado com o pouco tempo que dedica à família? Alguma outra pessoa está recebendo o crédito pelo bom trabalho que você faz? Seu local de trabalho é barulhento? Seu chefe o trata de forma injusta? O trabalho não é compensador? Você se sente desvalorizado ou insatisfeito?

É provável que a fonte de sua tensão não esteja num único problema mas em uma combinação deles. Se for esse o caso, a sua saúde também será afetada e, desse modo, você terá mais interesse em tornar-se calmo.

Aprenda a tornar-se calmo – de acordo com a sua vontade – e você chegará ao final de cada dia de trabalho se sentindo útil e no controle dos acontecimentos. Você executará os seus deveres com maior eficiência e terá maior satisfação com o seu trabalho. Independentemente das circunstâncias ou daquilo que os seus colegas de trabalho façam para testar a sua paciência, do catastrofismo e do pessimismo disseminados pela imprensa ou daquilo que os rumos da economia estejam fazendo com os seus rendimentos, você ainda se sentirá bem com o seu trabalho. Você saberá lidar melhor com os problemas, desfrutará um prazer de viver com o qual as pessoas estressadas podem apenas sonhar e, com entusiasmo infantil, aguardará ansiosamente pelo início de cada dia de trabalho.

Isso é o que eu chamo de um grande investimento pessoal.

Investimento empresarial

Enquanto as empresas se esforçam para competir em um mercado que passa por frenéticas mudanças (e que irá continuar assim), as pressões impostas sobre a força de trabalho aumentam.

De um ponto de vista empresarial, portanto, a formação de uma força de trabalho calma seria um dos melhores investimentos comerciais. Isso significaria menos problemas industriais, maior produtividade por hora e menor rotatividade de funcionários. A calma não só aumenta a estabilidade e motivação de uma empresa, como também evoca uma harmonia que cria um grande dinamismo que será muito necessário no futuro.

É na área da produtividade que a manutenção da calma no local de trabalho paga os seus maiores dividendos. Um empregado calmo e entusiástico produz mais, comete menos erros e apresenta uma eficiência global maior.

Mas não são apenas os seus empregadores que irão se beneficiar com a sua maior eficiência e satisfação com o seu trabalho – será você.

E isso é algo que vale a pena perseguir.

Deixe de lado as desculpas tolas

O primeiro passo para tornar-se calmo no local de trabalho é deixar de lado as desculpas tolas às quais os empregados estressados freqüentemente recorrem num esforço para racionalizar o seu mal-estar.

Apresentamos a seguir uma relação das desculpas mais populares. Você provavelmente reconhecerá algumas.

"Não posso fazer nada a respeito disto." Bobagem. Dentro em breve, você se perguntará porque levou tanto tempo para descobrir o quanto você realmente pode fazer a respeito disso.

"Isso dá muito trabalho." Veja o parágrafo acima.

"Eu me saio bem com o stress." Se a pessoa for honesta consigo mesma, terá de admitir que dizer "Eu me saio bem com o *stress*" é uma declaração que se insere na mesma categoria do "Eu gosto de fumar". Trata-se de uma desculpa usada principalmente por pessoas com vício e por gente imprudente e temerária. Embora você deva se sentir livre para usar essas justificativas com qualquer pessoa que esteja disposta a ouvi-lo, você deve tomar cuidado para não usá-las com você mesmo. Porque *ninguém* se sai bem com o *stress*.

Saia-se bem sendo calmo, e você terá um êxito muito maior.

"Preciso do stress para fazer o meu trabalho/cumprir os meus prazos." Muitas pessoas dependem do *stress* para que este lhes proporcione a adrenalina, o medo e o pânico de que elas necessitam para completar o trabalho (isso é particularmente visível no mundo das artes e das comunicações), mas essa característica é apenas uma maneira inadequada de trabalhar – a qual inibe as realizações e reduz sua eficácia a longo prazo. Quanto mais velho você fica, mais essa prática se torna perigosa, mais ela aumenta o risco de prejudicar-lhe a carreira. As pessoas que trabalham dessa forma invariavelmente esgotam-se no início da vida e passam a requerer quantidades de estimulantes cada vez maiores – como o álcool ou o conflito – para manter a disposição.

Se você for do tipo calmo, alcançará esses níveis superiores de realização e continuará alcançando-os ao longo de toda a sua vida.

"Pessoas estressadas são as que trabalham com mais afinco." Ironicamente, isso talvez seja verdade. As pessoas estressadas freqüentemente geram trabalho extra para si mesmas por causas das ineficiências decorrentes desse estado. Portanto, embora elas possam ser os trabalhadores que mais se esforçam, não são necessariamente os melhores trabalhadores.

"Os melhores trabalhadores são os que têm as jornadas mais longas." Tendo passado muitos anos em estreito contato com dois ramos da indústria que se orgulham de suas longas jornadas de trabalho, agora compreendo por que algumas pessoas que trabalham oito horas por dia freqüentemente produzem mais que outras que trabalham doze horas por dia. Trabalhar com mais inteligência (isto é, com mais eficiência) em geral é melhor do que trabalhar por mais tempo.

Experimente fazer isso. E pense em todas as coisas positivas que você pode fazer com o tempo extra de que irá dispor.

"Eu não tenho tempo para mudar." A autocomiseração não é uma característica atraente. Além do mais, uma mudança positiva é uma questão de atitude e não de tempo.

"Para passar à frente, você precisa se preocupar com o seu trabalho." Para passar à frente, você tem de executar o seu trabalho de acordo com a sua capacidade. Esta aumenta quando você se sente calmo.

"Estou em uma posição subalterna; não há nada que eu possa fazer sobre isso." Qualquer que seja o seu cargo, você é a pessoa mais influente na hora de escolher o modo como se sente. Use essa influência para ajudá-lo a sentir-se melhor e mais calmo.

"A culpa é do sistema." Estas são as palavras mais usadas em todo o mundo quando alguém procura esquivar-se a assumir a responsabilidade que lhe cabe. É fácil culpar "o sistema" porque a maioria das pessoas na verdade não sabe o que é o sistema; para muitas, ele é tudo aquilo que elas não conseguem compreender e com o qual não têm nenhum tipo de relação.

Se você quiser culpar o sistema ou a gerência pelo seu *stress*, vá em frente. Mas, por favor, lembre-se de que existe apenas uma pessoa que tem a responsabilidade de fazê-lo sentir-se melhor. Sim, você mesmo.

"Sem stress eu ficaria entediado." Uma das justificativas mais comuns para a pessoa se sentir estressada. Conquanto a mídia e os anúncios publicitários procurem nos fazer crer que o prazer só pode advir da excitação, este é um argumento incoerente.

Você pode apreciar e ter prazer em tudo o que você faz *sem* estimulação e excitação. Seja calmo e aprecie mais a vida.

"Trabalho não foi feito para ser agradável." Quem disse? Mesmo se isso fosse verdadeiro, você não estaria inclinado a tentar fazer de seu trabalho um prazer? É fácil. Simplesmente prossiga com a leitura.

"Tenho tentado mas não consigo mudar as coisas." O esforço é o preço pago pela maior parte do progresso que se obtém na vida. Saiba, no entanto, que muitas das técnicas deste livro são mais fáceis de aplicar do que outras que você talvez tenha tentado usar.

"O stress desaparece tão logo você tire umas férias." Embora seja verdade que as férias operam maravilhas no sentido de aliviar o *stress*, esse alívio é apenas temporário. Um ou dois períodos de férias por ano não resolverão a maioria dos problemas que surgem no local de trabalho. A razão para isso é que o *stress* não é uma condição bem definida, como a gripe ou a acne, mas algo que engloba um sem-número de problemas específicos – desde conflito nos relacionamentos de trabalho até a frustração decorrente da pessoa não ter controle sobre aquilo que ela faz – que ainda estarão por resolver quando você retornar das suas férias.

"Hoje o stress é mais predominante do que em qualquer outra época da história." Essa desculpa é muito comum nos dias de hoje. Entretanto, é difícil acreditar que você esteja pior hoje do que quando tinha 50% de chance de morrer de varíola ou quando a norma era trabalhar doze horas por dia, sete dias por semana.

A diferença hoje é que ouvimos falar muito sobre a predominância de condições estressantes e lemos sobre os sintomas que os outros supostamente estão sofrendo.

Boa parte da responsabilidade por isso cabe à mídia.

"Não é justo que os proprietários fiquem com todo o lucro e que nós façamos todo o trabalho." Essa queixa tem apenas uma conseqüência: ela faz com que o empregado fique ainda mais insatisfeito. Na maioria dos casos, não se trata de uma questão de justiça, mas de hipocrisia. De qualquer modo, esse é um argumento que tem um efeito mínimo sobre o proprietário.

"Como sabemos se estamos estressados?" Essa é geralmente a primeira pergunta feita por jornalistas. Sempre achei que, se você parar e pensar sobre o modo como se sente, saberá a resposta. Mas, se você estiver inseguro, há dois questionários nas páginas 24-25. Experimente respondê-los; pode ser que você seja mais calmo do que pensa.

"Não é fácil ficar calmo." Lamento, mas isso é incrivelmente fácil. Ao término deste livro, você concordará comigo.

"Todo stress é ruim." Contrariamente ao que muitos acreditam, nem todo *stress* é totalmente ruim. Existe *stress* negativo e *stress* positivo.

O *stress* positivo é divertido e enriquece a vida. Esse é o *stress* que você sente quando recebe um aumento ou promoção, ou quando você conquista algo importante. Esse é o *stress* que você sente quando uma porta girando sobre os gonzos se abre e você depara com a pessoa mais atraente que já viu na vida. Esse é o *stress* positivo – ele enriquece a sua vida e faz com que você se sinta jovem e cheio de vida.

O *stress* negativo, por outro lado, é algo sem o qual você pode perfeitamente passar.

A combinação ideal é um pouco de *stress* positivo – sem o qual a vida seria monótona e menos efetiva – com o menor nível de *stress* negativo que for possível manter.

Mas chega de desculpas. Comecemos a trabalhar para ajudá-lo a se sentir calmo no trabalho.

1 DÊ O PRIMEIRO PASSO

O primeiro passo é fácil. Tome a decisão de ficar calmo, e você estará a caminho de ficar calmo.

ESTA É A SEÇÃO mais importante do livro. Dar o primeiro passo rumo à calma não requer nenhum estudo ou esforço.

Tudo o que você precisa fazer é uma pausa de sessenta segundos e tomar uma única decisão. Decida que você adotará pelo menos três ou quatro sugestões apresentadas neste livro – embora você ainda não as tenha lido – e persegui-las com determinação.

Isso é tudo o que você precisa fazer. O primeiro passo para tornar-se calmo é simplesmente *decidir que você vai tornar-se calmo*. Alguma vez você chegou a suspeitar que isso seria assim tão simples? Tenho uma surpresa para você: isso sempre foi assim tão simples.

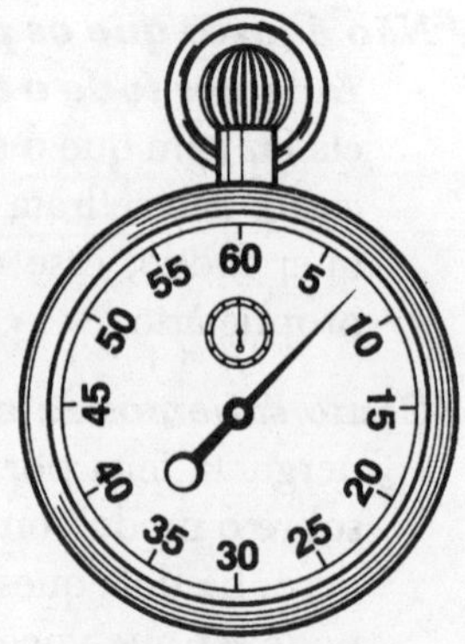

Agora, por favor, dedique os próximos sessenta segundos para tomar essa decisão.

2 DECISÕES QUE MUDAM A NOSSA VIDA

> Um compromisso servil com patrões ou ideais vagos ou mesmo abstratos (como as grandes corporações) raramente está de acordo com os seus melhores interesses.

NÃO É CURIOSO como você automaticamente se sente melhor no momento em que percebe que tem escolhas?

Talvez seja difícil aceitar isso enquanto está preso a uma rotina de trabalho estrita, mas a verdade é que você sempre tem escolhas – especialmente no que tange a se sentir calmo e satisfeito com o seu trabalho.

Eis aqui duas maneiras pelas quais essas escolhas podem modificar a maneira como você encara o seu trabalho e a sua vida – e, assim, ajudá-lo a tornar-se calmo.

1. Suas prioridades de vida

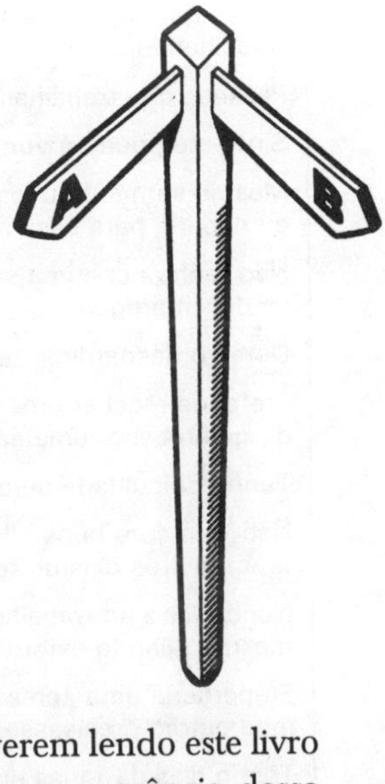

A maioria das pessoas razoáveis acredita que o trabalho (isto é, ter um emprego) é um direito humano básico, o qual é essencial não apenas para as suas necessidades materiais mas também para a sua auto-estima.

Então, as questões filosóficas também entram na equação.

Em uma extremidade do espectro você tem a crença hindu que diz que o trabalho é a forma mais pura de devoção a Deus (um conceito compartilhado por muitas religiões). Além disso, há um sistema de crença mais familiar que você provavelmente chamaria de Ética do Trabalho. Os filósofos que estiverem lendo este livro talvez contestem a minha excessiva simplificação, mas a essência dessa Ética se expressa em dois princípios:

(i) O trabalho é nobre.
(ii) Quanto mais duro o trabalho, mais nobre ele é.

Essa poderia ser uma filosofia sensata e produtiva a ser adotada pela maioria das pessoas que está abrindo os seus caminhos na vida por meio do trabalho. Infelizmente, você muitas vezes descobrirá que este ideal é acompanhado por um rígido conjunto de ornamentos. Eu a chamo de Ética *Estendida* do Trabalho. Alguns desses acréscimos provavelmente lhe são familiares:

(i) Quanto maior o mal-estar envolvido, mais nobre é o trabalho.
(ii) O lazer é uma atividade inferior e, talvez, destituída de virtudes.
(iii) O empregador (indivíduo, corporação ou Estado) merece deferência simplesmente em virtude da sua condição de empregador.

Obviamente, essa é uma deturpação da filosofia original. Um conceito paternalista, subserviente ao empregador e que serve apenas para estimular um compromisso servil com um trabalho mais duro e com jornadas mais longas. Pior, esse comportamento servil está disseminado em todo tipo de ambiente de trabalho – especialmente entre os conhecidos como "bons trabalhadores".

Se você completou o questionário, não se incomode em contar as respostas. Embora essa seja apenas uma indicação, o provável é que, quanto

Calcule o seu compromisso com a Ética (Estendida) do Trabalho		
Assinale Verdadeiro ou Falso diante de cada uma das seguintes afirmações:	VERDADEIRO	FALSO
Gosto que os outros saibam como estou trabalhando duro	☐	☐
Pessoas que trabalham mais tempo trabalham melhor	☐	☐
Sinto-me pouco à vontade na presença do meu patrão	☐	☐
Mesmo se não houvesse nada para fazer, eu não iria para casa mais cedo	☐	☐
Não tenho nenhuma solidariedade para com os desempregados	☐	☐
Detesto desperdiçar tempo	☐	☐
Preferiria receber uma menção no jornal da empresa do que receber uma carta de um amigo	☐	☐
Tenho dificuldade para relaxar nos fins de semana	☐	☐
Não vejo com bons olhos os colegas de trabalho que tiram muitos dias de férias	☐	☐
Nunca falto ao trabalho por motivo de saúde, mesmo quando estou me sentindo mal	☐	☐
Eu perderia uma apresentação de meu filho/a se meu patrão precisasse da minha ajuda	☐	☐
Tenho dias de férias em haver	☐	☐
Se acordo cedo, prefiro ir para o trabalho a ler uma revista	☐	☐
Não aprovo a atitude das pessoas que desperdiçam tempo no local de trabalho	☐	☐
Sinto-me constrangido quando se trata de discutir o meu salário	☐	☐
Existe algo de satisfatório em sentir o corpo dolorido e sujo ao final de um dia de trabalho.	☐	☐

maior o número de afirmações assinaladas com um Verdadeiro, maior seria o seu compromisso com a Ética Estendida do Trabalho.

A maioria de nós que vive de acordo com esta Ética jamais parou para pensar em suas implicações ou nos danos que ela pode causar. Você provavelmente não ficará surpreso ao ler que os níveis de *stress* no local de trabalho aumentam em proporção direta com o nível de compromisso com esse ideal deturpado!

Você provavelmente está pensando que deve haver alguma vantagem nesta atitude. Este compromisso certamente não resultaria em uma maior satisfação com o trabalho? O que acontece é exatamente o oposto.

Tenho de confessar que, na minha condição de empregador, tenho certo grau de afeição pela Ética Estendida do Trabalho: ela produz empregados dedicados, faz com que as tarefas sejam cumpridas e é boa para os negócios. Como defensor da calma, porém, tenho de adverti-lo quanto aos seus riscos.

O compromisso servil com patrões e ideais vagos e abstratos (como as corporações) não atende necessariamente aos seus melhores interesses. Especialmente se você tiver uma tendência para preocupar-se com o trabalho e levá-lo demasiadamente a sério. É muito melhor você contestar as suas crenças e aquilo que você acredita desejar de seu trabalho e, *então,* definir os seus compromissos. Quando você está trabalhando por metas que *você* definiu e nas quais acredita, tem mais calma com o seu trabalho.

É aqui que entram as suas escolhas. Para sentir-se calmo e satisfeito com seu trabalho, você precisa primeiramente determinar as suas prioridades na vida. Seu trabalho é assim tão importante para o valor que você atribui a si mesmo? Seus relacionamentos são mais importantes do que o seu trabalho? Você quer chegar ao topo da sua profissão? Você quer poupar o suficiente para viajar pelo restante dos seus dias?

A maioria das pessoas gasta grande parte da vida tentando definir essas prioridades. Para facilitar essa tarefa, criei O Calculador de Prioridades de Vida, na página 84.

Essa técnica simples vai ajudá-lo a colocar ordem em coisas importantes da sua vida. Você poderá descobrir que as prioridades relacionadas ao trabalho — dinheiro, posição, sucesso — estão no topo de sua lista. Se for esse o caso, você pode fazer a escolha de ser bem-sucedido no trabalho a todo custo e concluir que só o fracasso irá causar-lhe *stress.*

Inversamente, você talvez chegue à conclusão de que as prioridades concernentes à família e aos relacionamentos encontram-se no topo da sua lista. Nesse caso, você não perderá o sono por causa de coisas sem importância que ocorrem ao longo do seu dia de trabalho. O Calculador de Prioridades de Vida irá ajudá-lo a tomar essa decisão.

2. As suas circunstâncias

Correndo o risco de simplificar excessivamente as coisas, você tem duas escolhas quando é obrigado a lidar com condições ou circunstâncias estressantes:

(i) Pode mudar as coisas que lhe causam *stress*; ou

(ii) Você pode mudar o modo de encará-las.

Muitos dos que trabalham no ramo da administração do *stress* se concentram em tentar modificar o local de trabalho: mudando atitudes gerenciais, redefinindo as responsabilidades de trabalho, aumentando a autonomia dos empregados. Conquanto esses ideais sejam louváveis, eles estão limitados pelo fato de serem ideais. Eles advogam mudanças estruturais cuja implementação poderá ser muito lenta ou mesmo impossível para você.

Modificar as circunstâncias que causam o *stress* raramente é coisa fácil de ser implementada. Você não pode trocar facilmente de patrão. Talvez não queira mudar-se para outra cidade. Você talvez tenha dificuldade para se tornar programador de computadores se foi treinado para ser digitador. Talvez não seja prudente sair de um emprego bem remunerado por causa de um superior imediato que não gosta de você.

A sua opção mais prática é não tentar mudar as circunstâncias mas o modo como você as encara.

Não vou fingir que é fácil modificar hábitos e atitudes que vêm de longe, mas você pode deixar de ser vítima do *stress* e transformar-se em uma pessoa calma – sem tentar modificar os fatores causadores de *stress* existentes em sua vida profissional mas mudando a maneira como você os encara.

Procure estas soluções para ter calma:

Planejador Criativo de Longo Prazo .... página 146
O Planejador Inconsciente .... página 150
Permissão Para Rejeitar o Sucesso .... página 179

3 A ESCOLHA DOS EMPREGADORES

> Qualquer que seja o seu papel ou ocupação, você é uma pessoa poderosa. Quando você executa bem os seus deveres, seu papel é extremamente valioso para o seu empregador.

VOCÊ PROVAVELMENTE foi treinado para pensar que o seu empregador o escolhe para executar o trabalho, em vez de ser você quem escolhe o empregador. Os empregadores adoram quando você pensa dessa maneira porque isso perpetua o relacionamento senhor-escravo.

Mas você não precisa pensar assim.

Qualquer que seja o seu papel, qualquer que seja a sua ocupação, você é um indivíduo poderoso. Contribui para a riqueza, o poder, a posição e para o sucesso profissional de seu empregador. Quando você desempenha os seus deveres a contento, o seu papel é extremamente valioso para eles.

Deixe-me repetir isto: o seu papel é *extremamente* valioso! Tenha em mente a seguinte regra prática: em uma empresa bem administrada, a sua contribuição para a fortuna do seu empregador será várias vezes maior do que o seu custo. Provavelmente, mais que isso. Você compreendeu o que eu disse? *Várias vezes o seu custo.* Por qualquer medida convencional, você é mais valioso para o seu empregador do que o seu empregador é para você – pelo menos, na vida cotidiana da empresa.

Isso, obviamente, é teoria. Mas, de agora em diante, está em seu direito presumir que você está no seu emprego porque *você* fez a escolha.

Mesmo que você tenha sido obrigado a escolher apenas entre um empregador, considere que você escolheu o seu empregador – e não o contrário. Se você puder encarar o seu emprego dessa forma, você já estará a caminho de determinar se você estará ou não calmo em seu local de trabalho.

Como escolher o seu empregador

A maioria dos empregadores pode ser classificada em uma dentre três categorias ou numa área de transição entre duas delas. Essas descrições se aplicam igualmente a empresas públicas ou privadas. Elas também se aplicam a empresas que fabricam, consertam, vendem, anunciam, prestam serviços ou fazem a limpeza – em outras palavras, aplicam-se a todos os locais de trabalho.

Defino as três categorias de empregadores como Criadores, Cortadores e Indecisos. Essas categorias são produto das atitudes dos acionistas, das mesas diretoras e dos administradores. Em última análise, elas definem o próprio espírito da organização.

Criadores

Os criadores pensam da seguinte forma: "As pessoas são o meu maior patrimônio. Vou cultivar esse patrimônio para alcançar grandes realizações – tanto para elas como para mim. Os criadores dizem: "Como podemos melhorar as coisas?"

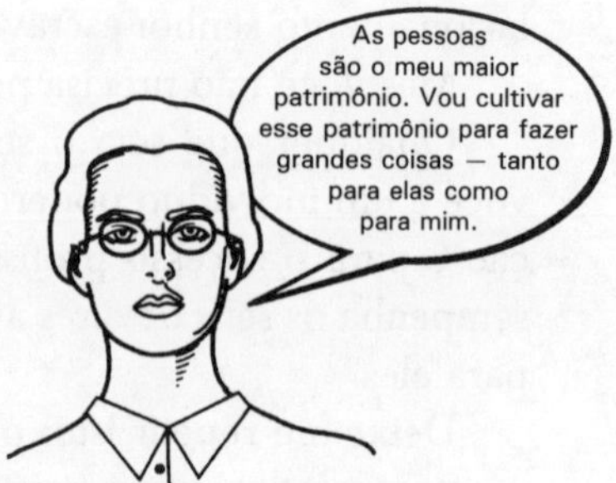

Os criadores se esforçam para melhorar o mundo em que eles vivem (e, em conseqüência, melhorar também o *seu* mundo) por meio de atividades voltadas para o exterior e orientadas para o crescimento. Isso não significa necessariamente expansão, como aumentar o tamanho da empresa ou os seus lucros: significa apenas que a organização se dedica ao melhoramento – tanto em produção como em oportunidades de emprego, aprendizado e desenvolvimento pessoal. Isso *não* é idealismo nem fantasias da "Nova Era"; essa é uma característica de todo empregador ou administrador que tem a esperança de que o seu trabalho seja importante no resultado final. E, ainda mais importante, é virtualmente uma característica de todas as empresas e organizações que produzem um impacto no mundo de hoje.

Os criadores são forças positivas nas atividades empresariais, no serviço público, na educação, na medicina, na religião e na política. Eles merecem o nosso respeito e o nosso apoio.

Minha política pessoal é ser proprietário ou trabalhar apenas para empresas que possam ser descritas como Criadoras. Essa descrição nada tem que ver com a função dessas empresas, mas tudo a ver com suas atitudes – o compromisso de fazer uma diferença no resultado final tanto para os que trabalham para elas como para aqueles a quem elas trabalham. Do ponto de vista empresarial, faz sentido ser e trabalhar para Criadores.

Cortadores

Os cortadores pensam assim: "As pessoas são a minha maior despesa. Posso reduzir facilmente a minha despesa cortando pessoal ou reduzindo os seus ganhos. Isso significa mais lucros – pelo menos a curto prazo."

Os cortadores são facilmente reconhecidos. Você vai ouvi-los descrevendo a si mesmos como sendo pragmáticos e falando interminavelmente sobre eficiência e produtividade. Embora seus orientadores nos cursos de mestrado em administração tenham procurado lhes proporcionar uma visão mais ampla, eles em geral se distinguem em funções não-produtivas, como contabilidade ou administração interna.

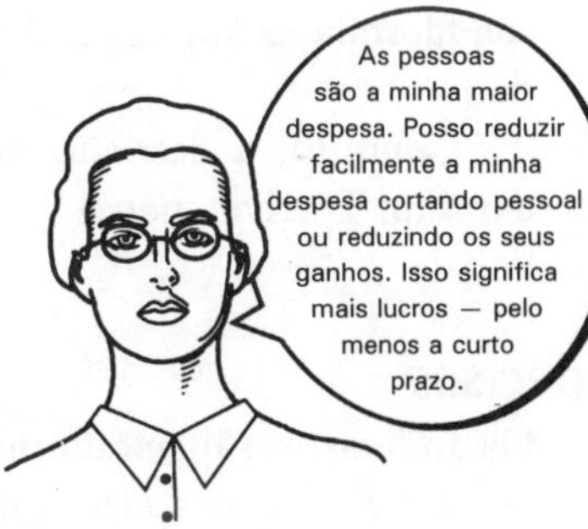

Desconfio que a maioria dos Cortadores foi intoxicada pela grande investida do pensamento Econômico Racionalista, no início da década de 90. Eles ficaram empolgados ao descobrir como é fácil aumentar os lucros – pelo menos, em curto prazo – cortando em vez de criando. Eles freqüentemente têm um compromisso servil com o enxugamento do quadro de funcionários e adoram dizer que "um dólar economizado vale por três dólares ganhos". Sua obsessão é com *o mais barato, o mais rápido, o mais enxuto*. E, mais alarmante ainda, suas táticas de curto prazo estão cada vez mais transformando-se em estratégias de longo prazo.

Embora provavelmente se sintam ofendidos pela minha avaliação, os Cortadores são uma força negativa entre os empregadores. Eles geralmente dirigem organizações introvertidas, agitadas e *nunca* têm muito sucesso a longo prazo.

Você poderia pensar que estou sendo desnecessariamente duro com uma parcela bem-intencionada da comunidade do trabalho, mas o fato é que tenho observado os infortúnios causados por essa filosofia negativa: a dizimação da gerência de nível médio, o ostracismo dos empregados mais velhos, o corte de empregos e – o efeito mais insidioso de todos – a disseminação do medo e da incerteza no local de trabalho.

Tudo isso em nome da eficiência!

Felizmente, existe agora um sólido conjunto de evidências que ressaltam o fracasso das estratégias negativas dos Cortadores. Um estudo de setecentas empresas americanas negativamente orientadas mostrou que, ao longo de um período de cinco anos, a maioria sofreu sérias quedas nos preços de suas ações. (Paradoxalmente, uma providência que seguramente garante o aumento do preço das ações de uma empresa – a curto prazo – é uma maciça redução no quadro de pessoal.) Um outro estudo mostrou que os níveis de *stress* dos empregados nas empresas desse tipo – comparados com os níveis de *stress* de empresas que você descreveria como criadoras – eram acentuadamente maiores. E, mais prejudicial do que qualquer outra coisa, um outro estudo mostrou que menos de 50% dessas empresas orientadas negativamente conseguiram alcançar a meta que a sua filosofia as impelia a alcançar: a melhoria dos seus níveis de produtividade.

Contudo, a despeito desse recorde assustador, os cortadores ainda existem. Terrível, não é?

Indecisos

Os indecisos são exatamente o que o nome implica – indiferentes, desmotivados, incapazes ou pouco dispostos a se decidirem entre ser um Criador ou um Cortador.

Não há nada de inerentemente negativo na abordagem dos Indecisos (se é que eles têm uma abordagem), mas tampouco existe algo inerentemente positivo. Embora eles possam deixar a desejar do ponto de vista de liderança ou da administração, os Indecisos ainda podem ser bons empregadores.

Para quem você deveria trabalhar?

De modo geral, os criadores criam ambientes de trabalho positivos e voltados para fora, enquanto os Cortadores são mais negativos e voltados para dentro.

Se você tiver escolha e não estiver procurando assumir o controle da organização, provavelmente terá maior prazer e menor *stress* se escolher trabalhar para um Criador (se todos os outros fatores permanecerem iguais).

Inversamente, você provavelmente obterá menor satisfação e maior *stress* se trabalhar para um Cortador.

Mesmo nas épocas das vacas magras, é melhor trabalhar para os Criadores. Durante a última recessão, uma indústria na qual eu estava trabalhando passou por uma fase difícil. A maioria dos nossos competidores estava demitindo pessoal em uma série de cortes em massa bastante divulgados. As oportunidades de obter lucros estavam diminuindo. A "sabedoria" de corte convencional preconizava o enxugamento do pessoal. Em vez disso, nosso empregador usou uma tática dos Criadores – ele pediu que todos os empregados dedicassem um período extra de 5% de seu tempo para explorar novas oportunidades para a empresa, por menores ou mais irrelevantes que elas pudessem parecer. O resultado? Cada empregado dessa empresa sobreviveu ao período de grandes dificuldades sentindo-se útil, otimista e sem ficar excessivamente estressado por causa da turbulência pela qual passava o seu ramo de trabalho. E por meio dos seus esforços, a nossa empresa foi uma das poucas desse castigado ramo a contratar empregados em vez de efetuar demissões.

Nem todas as organizações podem se dar ao luxo de optar por essa linha de procedimento. Em épocas de reviravolta nas grandes organizações, por exemplo, decisões duras – semelhantes àquelas dos Cortadores – precisam ser tomadas de forma precoce e decisiva. Nessas situações, não há lugar para sentimentalismo: não se pode confiar em empregados nos quais não se pode confiar; não é uma boa prática empresarial presumir que o contrário seja verdadeiro. Todavia, uma vez que as decisões duras tenham sido tomadas, os Criadores reassumem imediatamente a sua linha de procedimento voltada para fora – enquanto os Cortadores ficam à procura de mais oportunidades para efetuar os seus cortes.

A vida nem sempre é assim tão nitidamente definida. Muitas vezes os empregadores caem em alguma parte entre os dois extremos, demonstrando alguns atributos característicos dos Criadores e outros característicos dos Cortadores. Não obstante, o *espírito* de uma organização em geral pende para um lado ou para o outro. E se você quiser o meu conselho, e se quiser permanecer calmo, escolha uma organização que se incline para o lado dos Criadores.

4 CRITÉRIOS QUE AJUDAM A PRESERVAR A SAÚDE MENTAL

TENDO ME ENVOLVIDO com a administração em muitas empresas e empreendimentos, sempre pensei que certos fundamentos do comércio e da indústria fossem apreciados por todos os envolvidos. Todavia, surpreendo-me regularmente ao descobrir como esses critérios básicos são pouco conhecidos.

> Mesmo a tarefa mais corriqueira tem o seu valor — se você estiver preparado para procurá-lo. Ao descobrir esse valor, você vai descobrir a satisfação com o trabalho. E quando você encontrar essa satisfação, a calma não estará muito distante.

1. A natureza compartilhada do trabalho

Teoricamente, todo trabalho é um empreendimento compartilhado entre o empregador (proprietário ou acionista), administradores e empregados. Se algum grupo falhar em suas responsabilidades, o empreendimento poderá fracassar. Se o contrário acontecer e o empreendimento tiver sucesso, então cada um dos grupos teoricamente também é bem-sucedido.

Os locais de trabalho mais calmos são aqueles em que os indivíduos acreditam que existe um senso de esforço compartilhado, um contrato social, entre cada um desses grupos.

O inverso disso é o sentimento de "Eles e Nós" que existe em muitos locais de trabalho. Nos casos mais extremados, você tem trabalhadores que acreditam que a natureza básica da administração é a ganância e um alto nível de exigência, e administradores que acreditam que a natureza básica dos trabalhadores é a ganância e a indolência. Embora esses sentimentos felizmente estejam se tornando menos comuns em ambientes de trabalho esclarecidos, onde quer que existam eles costumam ser acompanhados por uma atmosfera de desconfiança e tensão. Além disso, em muitas organizações, a crescente globalização e as mudanças tecnológicas têm exigido muito do contrato social entre empregado e empregador – ou, pelo menos, provocado um distanciamento entres as partes. Esse problema não é superado com facilidade, especialmente nas grandes corporações multinacionais.

Todavia, isso significa assumir o ponto de vista abstrato ou empresarial do "empregador". A maioria de vocês considera que o seu empregador se encaixa em uma ou duas das seguintes descrições: a pessoa ou pessoas que o empregaram, ou aqueles a quem você se reporta. Neste caso, é mais fácil para você encarar o seu trabalho como um empreendimento compartilhado entre você e seu "empregador".

Ao abordar o seu trabalho dessa maneira, torna-se muito mais fácil sentir-se contente, satisfeito e calmo em relação àquilo que você faz para viver.

2. A natureza do negócio

Para que você se sinta satisfeito em qualquer trabalho é importante saber por que você o está fazendo. Por que o que eu faço é tão importante? Por que vou trabalhar todos os dias? Qual é o benefício líquido da minha contribuição?

Se você trabalha para o governo, instituições de caridade ou igreja, é provável que você tenha uma idéia relativamente clara da resposta (se você acredita que o seu objetivo é servir à comunidade). No entanto, a maioria de nós não trabalha para o governo ou em instituições de caridade ou para igreja; trabalhamos por lucro. Para nós, é importante entender um simples princípio do que seja um negócio.

Essencialmente, os negócios não existem para dar emprego, para o entretenimento dos proprietários ou para pagar impostos. *A natureza dos negócios é fabricar algo ou oferecer um serviço e depois vendê-los com lucro* – isto é, vendê-los por mais do que gastamos para produzi-los. Sem levar em conta para onde esse lucro vai no final das contas, esse princípio se aplica a todos os empreendimentos comerciais, seja um varejo de meias, uma fábrica de cachorros-quentes ou um hospital particular.

Pode parecer óbvio, pode não ser particularmente idealista e talvez até nem mesmo passível de ser considerado por você como uma razão para ir trabalhar todos os dias, mas trata-se de uma realidade comercial e reconhecer isso é decisivo para que você encontre paz e satisfação no que faz – se você escolheu trabalhar em qualquer tipo de negócio.

3. O propósito do emprego

Muitas pessoas que integram a força de trabalho têm apenas um conceito indistinto acerca dos motivos pelos quais estão trabalhando – exceto pela necessidade de se ter alguma renda. Sob essa ótica, vale a pena delinear o terceiro entendimento relativo a trabalhar para ganhar a vida.

Em última análise, você trabalha no seu emprego para o seu benefício – e não para beneficiar o patrão, o governo ou a empresa.

Você terá de percorrer um longo caminho até descobrir um empregador ou administrador que concorde em público com essa proposição; mas, se você pensar nisso, não pode haver nenhuma outra razão para se trabalhar – exceto o altruísmo.

Tudo isso pode parecer óbvio, mas você se surpreenderia ao tomar conhecimento do grande número de empregados que perdem de vista essa simples compreensão, e da enorme quantidade de *stress* que acaba sendo gerado quando isso acontece.

Uma vez reconhecido esse fato elementar, você poderá trabalhar para preservar um estado de espírito sereno com a segurança do conhecimento de que *você* é aquele que mais se beneficia com o seu trabalho.

4. O poder do indivíduo

Se você quiser encontrar paz e satisfação naquilo que faz, o entendimento mais importante são os seus direitos como indivíduo trabalhador.

Depois disso, vêm as suas responsabilidades.

Seja por medo, insegurança, gratidão ou por um senso equivocado de dever, nós às vezes perdemos de vista esses *direitos* básicos. Entre eles estão:

(i) o seu direito de pedir aquilo que você quer;
(ii) o seu direito de tomar as suas próprias decisões dentro dos parâmetros de suas funções ou da descrição do seu trabalho;
(iii) o seu direito de receber uma compensação adequada pelos seus esforços;
(iv) o seu direito à privacidade;
(v) o seu direito de dizer não ou de deixar de oferecer os seus serviços.

Esses não são apenas direitos legais; são direitos morais fundamentais; numa sociedade democrática eles não podem ser negados, retirados ou revogados. Dito isso, é igualmente importante que você reconheça as suas *responsabilidades* como trabalhador (das quais a mais destacada é a sua responsabilidade de reconhecer os direitos dos outros).

Suas responsabilidades

Na maioria dos casos, a diferença entre sofrimento e satisfação em seu trabalho está naquilo que *você* faz e não naquilo que alguma outra pessoa faz. Por mais confortador que seja saber que uma outra pessoa é sempre responsável, no que tange a você sentir-se bem com você mesmo e com aquilo que faz, só uma pessoa é responsável: você.

Todo cargo, todo emprego e tarefa podem ser importantes e dar-lhe satisfação se você permitir que assim o sejam. *Desde que você assuma a responsabilidade de fazer com que tal aconteça.*

Procure estas soluções para ter calma:
Como Conseguir o Que Você Quer .... página 193
A Arte da Negociação .... página 201
Diga o Que Você Pensa .... página 195
100% de Esforço .... página 137
O Poder do Não .... página 124

Para ajudá-lo a obter o máximo de seu trabalho — qualquer que seja o trabalho que você escolheu ou se viu obrigado a fazer — use o 100% de esforço, na página 137. Siga fielmente esse procedimento e você não apenas obterá o máximo de satisfação com o seu trabalho como também descobrirá que o próprio trabalho o ajuda a ficar calmo e tranqüilo.

5 CONSELHOS QUE ENRIQUECEM A VIDA

EM GERAL, EVITO dar conselhos. No momento, porém, incluí estas pequenas pérolas porque elas são simples e, no entanto, podem ter um grande impacto, ajudando-o a sentir-se calmo no local de trabalho.

> O seu chefe ou o seu trabalho talvez sejam responsáveis por fazê-lo sentir-se estressado, mas eles *não* são responsáveis por fazê-lo sentir-se calmo e satisfeito. O responsável por isso é você.

1. Procure o lado bom das coisas

Você já percorreu um bom caminho no sentido de se tornar calmo simplesmente porque você já deu o passo mais difícil e positivo: tomou a decisão de se tornar calmo. Continue a pensar positivamente, e irá continuar nesse rumo.

2. Assuma a responsabilidade pelos seus atos

Quando estou dirigindo seminários ou fazendo programas de aconselhamento no rádio, nunca deixo de me admirar ao observar o quanto é disseminada a crença de que "o modo como eu me sinto é responsabilidade do chefe, é uma questão gerencial e não pessoal".

Quando se escuta alguém dizer isso, a coisa parece ser plausível. Mas quando você a vê por escrito, como aqui, ela começa a parecer ridícula, não é? Sim, esta é uma das percepções mais comuns acerca do local de trabalho. É também uma das principais razões pelas quais há tanto *stress* e ansiedade no local de trabalho.

O argumento é de que os bons administradores amenizam as causas do *stress*, ao passo que os maus criam problemas que acabam criando *stress*. Muitas vezes, isso é verdade. Mas e daí? Você está em posição de fazer com que os administradores sejam substituídos? Ainda que estivesse, você está em posição de arranjar administradores melhores? Em muitos casos, isso não pode ser feito.

O seu chefe ou o seu emprego *talvez* sejam responsáveis por fazê-lo se sentir estressado, mas eles certamente não têm a responsabilidade de fazer você se sentir calmo e satisfeito, ou de fazê-lo se sentir bem com você mesmo.

Essa responsabilidade cabe a *você*.

Ao levar em conta o entendimento de que você trabalha para o seu benefício – e não para beneficiar seu patrão, o governo ou a empresa – você verá certo grau de justiça naquilo que estou sugerindo.

Você pode culpar quem quiser pela sua tensão e ansiedade, mas você mesmo deve assumir a responsabilidade de superá-las. Quanto maior o entusiasmo com que você o fizer, mais profundo será o resultado.

3. Faça primeiro o seu trabalho

Todos gostamos de que os outros nos tenham em bom conceito. E a maneira mais segura de gozar de um bom conceito é fazer qualquer coisa que alguém pedir, certo?

Bem, aqui é que está o engano.

Esse problema aumenta quando envolve determinado tipo de personalidade – o tipo que invariavelmente acaba assumindo mais responsabilidades do que o bom senso recomendaria.

Você poderia se perguntar por que isso acontece. Eles são maus planejadores? Eles superestimaram as próprias capacidades? Ou será que eles têm prazer em poder se queixar de excesso de trabalho?

A razão talvez inclua vários desses fatores, mas, muitas vezes, resume-se à simples incapacidade para dizer "não". Não consegue dizer "não" a cargas adicionais de trabalho. Você não consegue recusar convites. Não consegue deixar de atender pedidos de favores ou de ajuda.

Procure estas soluções para ter calma:

O Poder do Não .... página 124
A Maneira Elegante de Dizer Não .... página 125
Reservando Tempo Para a Calma .... página 120
Conheça os Seus Limites ..... página 127
Tempo Para Si Mesmo .... página 132
Trabalhe Um Dia de Cada Vez .. página 134

Aprenda a dizer "não" quando for necessário, e você não apenas irá sentir-se mais satisfeito por estar no controle da situação como também será muito mais eficiente por ter agido desta forma.

4. Tenha uma vida

Não diga a seu patrão que eu disse isso, mas a vida não é só trabalho.

Mesmo se você quiser chegar ao topo da carreira, ser o empregado mais importante, o líder perfeito, o proprietário mais rico, não conseguirá fazer isso sendo uma pessoa unidimensional.

Reserve algum tempo para si mesmo fora do trabalho e você vai gostar mais do seu trabalho.

Procure estas soluções para ter calma:
Trabalhe Um Dia de Cada Vez .... página 134
Divirta-se .... página 259
Busque Um Pouco de *Stress* página 181

5. Aprenda a respirar

A habilidade individual mais importante para o relaxamento é saber respirar corretamente.

"Respirar corretamente?", arqueja você. "Venho fazendo isso desde que nasci. Sou um especialista em respiração."

É provável que você não seja um especialista. É provável também que os seus hábitos incorretos de respiração não só deixem de ajudá-lo a sentir-se calmo mas de fato estejam contribuindo para fazê-lo sentir-se tenso.

Leia a seção sobre respiração (páginas 87-94), assimile-a, faça com que esse conselho se torne parte da sua vida – e você saberá mais a respeito de como ficar calmo do que 99% das pessoas que existem no mundo.

6 ÁREAS EM QUE A SUA ATUAÇÃO PODE FAZER DIFERENÇA PARA O RUMO DAS COISAS

> Qualquer que seja o seu local de trabalho, a maior parte das coisas que lhe causam *stress* irá surgir no mesmo lugar — na sua mente.

EXISTEM SEIS grandes áreas onde você pode facilmente fazer diferença no modo como você encara o seu trabalho. Faça uma melhoria significativa em alguma dessas áreas — preferivelmente em todas elas — e você fará com que seja mais fácil para si mesmo ficar calmo.

1. Comportamento

O seu comportamento no local de trabalho é uma das principais influências sobre o modo como você se sente quando está trabalhando. Abuse dos comportamentos geradores de *stress* e, em conseqüência, você se sentirá estressado.

Então, quais são alguns desses comportamentos geradores de *stress*?

Deixe todas as suas tarefas para o último momento e os seus níveis de ansiedade sempre terão algo com que se alimentar. Misture-se com seus colegas de trabalho realmente tensos e você acabará se sentindo tenso de verdade (a não ser que você possa ajudá-los a se tornarem calmos.) Fume um cigarro atrás do outro e beba quinze xícaras de café por dia, e você poderá ter certeza de se sentir à beira de um abismo, mesmo que tudo esteja correndo bem.

Inversamente, adote algumas das características de um comportamento calmo que são mencionadas neste livro, e adivinhe como você acabará se sentindo.

Procure estas soluções para ter calma:
Quão Suscetível Você É? ...... página 21
Reduzindo as Pressões dos Prazos Finais .... página 119

2. Atitude

Qualquer que seja o local de trabalho ou o ramo da indústria, a maioria dos nossos estresses irá surgir no mesmo lugar ou a partir da mesma fonte.

O lugar é a sua mente e seus atributos mais problemáticos são as suas atitudes.

Muitas das técnicas apresentadas a seguir atuam sobre os desequilíbrios que ocorrem nas suas atitudes. Não deixa de ser espantoso que até mesmo pequenos ajustes nessa área podem produzir grandes melhorias no modo como você se sente.

Procure estas soluções para ter calma:
Uma Palavra Positiva .... página 156
Contribuições Positivas .... página 157
O Quadro Positivo .... página 158
Procure Pelo Lado Oposto .... página 160
O Método dos Pontos Positivos e Negativos .... página 167
Preocupe-se Com as Coisas Importantes .... página 168

3. Circunstância

Trabalhe em uma fábrica barulhenta e, em conseqüência disso, você provavelmente vai se sentir nervoso. Trabalhe em um ambiente superlotado e você se sentirá sob pressão. Sente-se o dia todo em uma poltrona desconfortável e você logo se sentirá tenso. Use uma gravata apertada e, como resultado, você em breve terá uma sensação de constrição e inibição. Existem certos aspectos físicos relativos ao local ou aos hábitos de trabalho que irão produzir um notável impacto sobre o seu estado mental.

Procure estas soluções para ter calma:
Crie o Seu Próprio Espaço .... página 230
O Som Que Acalma .... página 232
O Cheiro Que Acalma .... página 233
O Espaço Que Acalma .... página 237

Muitos desses elementos estarão fora do seu controle. Mesmo que não se possa controlar os elementos, porém, sempre é possível controlar o modo como você reage a eles.

4. Procedimento

Freqüentemente se diz que os maus administradores criam ambientes de trabalho estressantes. O mesmo acontece com os maus hábitos e procedimentos de trabalho.

Cobrir, ou mesmo mencionar, todas essas questões foge ao escopo de um livro como este. Todavia, há uma recomendação geral que serve para todos eles: se você não puder mudar um procedimento, mude a maneira de encará-lo.

Procure estas soluções para ter calma:
A Agenda Que Acalma .... página 153
Desacelerando .... página 180
Case-se Com a Calma .... página 218

Tornar-se calmo pode ser tão fácil assim.

5. Planejamento

Administração do tempo. Definição de metas. Direcionamento para os seus objetivos. Planejamento. Volumes são escritos, cursos são ministrados e programas de mestrado em administração de empresas tem-se preocupado com esse tópico.

Quando se dirige grandes organizações, o planejamento muitas vezes significa a diferença entre o sucesso e o fracasso. Para os indivíduos, ele também pode significar a diferença na maneira de lidar com o trabalho.

As pessoas que sabem para onde estão indo têm mais facilidade para permanecer calmos ao longo do caminho. As pessoas que sabem como fazer planos podem planejar maneiras de superar a sua ansiedade. As pessoas que educam a si mesmas, que fazem cursos e procuram aumentar os seus conhecimentos podem aprender a se sentir satisfeitas e livres de *stress* no local de trabalho. E, mais importante ainda, as pessoas organizadas sofrem menos com as pressões dos prazos.

Planeje para ser calmo.

Procure estas soluções para ter calma:

O Calculador de Prioridades de Vida .... página 83
Planejador Criativo de Longo Prazo .... página 146
O Planejador Inconsciente .... página 150

6. Tomada de decisões

Muitas pessoas que buscam soluções para um problema na verdade nunca chegam a tomar a decisão de resolver esse problema. Elas têm as soluções mas não as usam. Conversam com o médico, compram o livro, estudam os mais recentes vídeos de ginástica aeróbica, fazem planos de praticar yoga, lêem as receitas – mas na verdade não tomam a única providência necessária para resolver o problema: tomar a decisão de resolver o problema.

Deixar de tomar decisões é uma característica dos fracassados e dos procrastinadores. Tomar uma decisão nada tem que ver com força de vontade ou determinação. Trata-se simplesmente de tomar uma decisão.

Procure estas soluções para ter calma:

Tempo Para a Tomada de Decisões .... página 149
A Maneira Calma de Tomar Uma Decisão .... página 152
O Método dos Pontos Positivos e Negativos .... página 167

Com o risco de tornar-me repetitivo, digo-lhe que agora é hora de tomar a decisão de tornar-se calmo. Depois que tiver feito isso, tudo o que você tem a fazer é implementar as soluções contidas neste livro.

7 AS CAUSAS DO STRESS NO LOCAL DE TRABALHO

> Para determinar as melhores soluções para você se sentir calmo no trabalho, precisamos investigar as sete principais áreas de *stress* no local de trabalho: tempo, controle, você mesmo, causas físicas, mudança, causas sociais e modo de vida.

Invariavelmente, as coisas que causam mais *stress* no local de trabalho se enquadram em uma dentre três categorias: física, emocional e comportamental.

As causas físicas podem variar de doenças e sapatos desconfortáveis até ruído, frio ou poeira. Os fatores de *stress* emocionais (psicológicos) são os que se originam em sua mente e que, dentre todos, são os mais proeminentes e complexos. Os fatores de *stress* comportamentais (a maioria deles uma combinação de condições físicas e emocionais) variam desde a procrastinação e os hábitos de trabalho ineficientes até abuso de álcool e drogas.

São essas as categorias comuns a todo *stress* do local de trabalho. As *questões* que causam o *stress*, todavia, são diferentes.

A maioria dos problemas de *stress* tendem a surgir a partir das mesmas questões. Eles estão relacionados principalmente a mudanças, tempo, controle, a outras pessoas (fatores sociais) e à carga de trabalho.

Alguns terapeutas especializados em *stress* ocupacional insistem que os problemas do local de trabalho são dominados por uma combinação de pressão máxima de trabalho e mínimo controle, enquanto outros dizem que a maioria dos problemas evoluem a partir do senso de segurança produzido pela mudança (estudos feitos há dez anos ou mais quase nunca mencionam a "mudança" como uma das causas de *stress*; hoje, todavia, ela é principal fator, em nossa concepção). Poucos estudos destacaram a importância do "próprio indivíduo" ou do "modo de vida" como causas importantes – coisa que, seguramente, eles devem ser.

O gráfico abaixo destaca as principais áreas de *stress* no local de trabalho. As proporções entre as áreas de *stress* variam de acordo com o ramo de trabalho, o país e a época.

Existe ainda uma outra crença segundo a qual os sentimentos de *stress* no local de trabalho muitas vezes nada têm que ver com o local de trabalho! Aqui você tem um outro fator importante entrando em cena: preocupações com a vida pessoal e familiar. Considerando-se a alta proporção de pais e mães que trabalham (solteiros ou casais) e a insegurança financeira

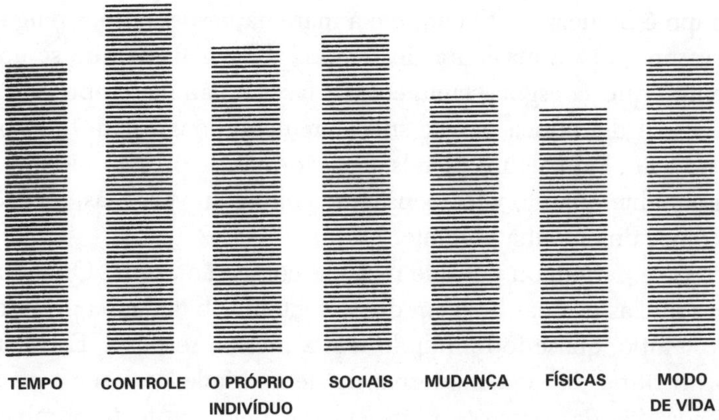

e social que parece tão predominante nos dias de hoje, não é de surpreender que as preocupações com a vida pessoal e familiar sejam tão importantes.

Essas preocupações exteriores podem englobar todos os problemas da vida – desde a má saúde e os relacionamentos pessoais tumultuados até problemas financeiros, preocupações com familiares, calvície, comer demais, alimentar-se insatisfatoriamente ou praticamente qualquer coisa à qual você se dê ao trabalho de arranjar um nome – problemas por demais numerosos para que se tente solucioná-los em um livro. Com efeito, não é minha intenção analisar quaisquer dessas causas em profundidade – conforme foi dito antes, estamos interessados nas soluções e não nos problemas. Todavia, para determinar as melhores soluções para ajudá-lo a sentir-se calmo e relaxado no local de trabalho, precisaremos explorar, ainda que superficialmente, cada um dos fatores de *stress* do local de trabalho representados no gráfico.

Se você puder reconhecer as causas, será capaz de levá-las em conta antes que elas produzam muitos danos.

Para cada uma das sete grandes causas de *stress* no local de trabalho, há uma seção correspondente no Seu *Portfólio* de Soluções Calmantes, que começa na página 81.

1. Tempo

Se você examinar os fatores de *stress* cotidianos no local de trabalho, descobrirá que o Tempo é um dos maiores culpados – vezes e vezes seguidas.

O tempo está por trás das pressões de trabalho mais bem conhecidas. Na verdade, o tempo está na origem da maioria dos problemas de *stress* que surgem ao longo do dia de trabalho.

"Tempo é dinheiro." "O tempo e a maré não esperam por ninguém." "A procrastinação é uma ladra do tempo." Prazos finais que se aproximam, tempo que se esgota, tanta coisa a fazer e não há tempo suficiente para tudo – o dia nunca parece suficientemente longo para tudo o que precisa ser feito. Para alguns de nós, essas formas de pressão são incessantes. E justamente quando você pensa que conseguiu vencê-las, o processo todo recomeça na manhã seguinte.

Você já se perguntou por que razão as coisas são assim? Quando pergunto por que as pessoas hoje em dia se sentem sob tamanha pressão por causa do tempo, quase todo mundo tem a mesma resposta. Elas falam a respeito do ritmo da vida moderna; da necessidade de fazer e alcançar mais a cada dia; das pressões representadas pelo constante bombardeio dos anúncios publicitários; da série aparentemente interminável de oportunidades de divertimento.

Sei que estou em minoria quando digo isso mas creio que esses fatores são apenas uma pequena parte dos motivos pelos quais o tempo impõe tamanha pressão sobre a nossa vida. Creio que a assim chamada "pressão do tempo" é algo que foi incutido na mente de cada um de nós desde a mais tenra idade. Você ouve algo do tipo em qualquer diálogo entre pais e filhos. Garanto que, mesmo nas famílias mais esclarecidas, uma das exortações mais comuns que você irá ouvir é: "Apresse-se" (ou "Vamos logo, Elisa, ande depressa"; ou "Rápido, Oliver!") Ouça e você ficará espantado com o número de vezes que a criança é submetida a uma dessas expressões em um dia normal. É de admirar que sejamos vítimas da pressão do tempo?

Qualquer que seja a razão, o tempo é visto como um dos fatores de *stress* mais comuns no local de trabalho. E, à medida que as expectativas de produtividade aumentam, o mesmo acontece com essa pressão do tempo.

Mas será que o tempo é mesmo o culpado?

Toda a noção de tempo é um conceito abstrato. O tempo propriamente dito não é o culpado, mas sim a sua *atitude* em relação ao tempo, as *percepções* que você tem a respeito dele. Em outras palavras, são as cabeças que criam as pressões do tempo e não os relógios.

Prazos finais

Os prazos finais e a sua percepção de tempo – ou de quanto tempo você acredita ter à sua disposição – estão diretamente relacionados um com o outro.

Para muitos de nós, o estabelecimento de um prazo final significa a criação de um problema. Isso é particularmente válido para determinados tipos de personalidade e em certos ramos empresariais. Observe o que acontece em qualquer ocupação ou com qualquer pessoa voltada para prazos finais e você descobrirá um grande número de problemas relacionados ao *stress*. As tensões aumentam à medida que os prazos finais se aproximam.

Por outro lado, algumas pessoas só trabalham mais e com um maior senso de segurança quando um prazo final é estabelecido.

Por que os prazos finais representam ameaças para um grupo e, no entanto, proporcionam tranqüilidade para outro? Uma vez mais, a resposta está em sua percepção de tempo, seguida logo atrás por sua habilidade de administrar o tempo de que você dispõe.

Procure estas soluções para ter calma:
Tempo Para Si Mesmo .... página 132
Tempo Para Reuniões .... página 134
Conheça os Seus Limites ..... página 127
Reservando Tempo Para a Calma .... página 120
As Três Leis da Administração do Tempo e do Esforço .... página 117

Carga de trabalho

Se você fizer uma pesquisa com todas as pessoas da força de trabalho e perguntar o que lhes causa *stress*, você descobrirá que uma causa é mencionada mais freqüentemente do que qualquer outra (embora não necessariamente sempre como a principal causa de *stress*).

Essa causa é o excesso de trabalho.

Isso se aplica particularmente aos anos 90 no período posterior à recessão, nos quais as exigências da produtividade fizeram com que um número sempre maior de pessoas tivessem de trabalhar com maior afinco. Estamos realmente sobrecarregados pelo excesso de trabalho? A carga de trabalho realmente aumentou tanto assim? Em muitos casos, a resposta é um retumbante sim. Todavia, em um número de casos igualmente grande, a *percepção* de que estamos trabalhando demais é tão problemática quanto a realidade.

Procure estas soluções para ter calma:
O Poder do Não .... página 124
A Maneira Elegante de Dizer Não .... página 125
Conheça os Seus Limites ..... página 127
Tempo Para Si Mesmo .... página 132
Trabalhe Um Dia de Cada Vez página 134

Sobrecarga de informações

No ambiente dos executivos, um novo problema veio à tona. Ele é chamado de "sobrecarga de informação". Tenho visto levantamentos nos quais, em alguns ramos de atividade, até 40% dos executivos entrevistados (e cerca de 25% dos não-executivos) culparam a sobrecarga de informações por sua jornada de trabalho mais longa e por alguns ou todos os seus problemas relacionados ao trabalho.

Pesquisas realizadas três anos atrás dificilmente chegam a mencionar essa categoria. Hoje em dia, até 40% dos executivos estão se queixando da sobrecarga de informações. O que está acontecendo?

Não é difícil perceber a origem desse problema. Dizem que a quantidade total de conhecimentos dobra a cada dois anos e que uma única edição do *New York Times* contém uma quantidade de informações maior do que aquela com que os nossos avós teriam entrado em contato ao longo de toda a vida deles. A Internet expõe você a uma quantidade tão grande de informações, que os cérebros mais antigos simplesmente não conseguem compreender, ou se recusam a tanto. Acerca de um dado tópico, portanto, a quantidade de informações à disposição de qualquer executivo é simplesmente espantosa. (Fato que torna difícil justificar a ignorância que grassa em determinados lugares!)

Diante de todos esses *gigabytes* de informação, você teria um pouco de razão em querer saber como se espera que você absorva toda essa carga. Mesmo o leitor mais rápido não conseguiria dar conta da enorme quantidade de informações que passa pela mesa de alguns executivos em um dia comum. Será, então, que devemos nos conformar com a ignorância?

Procure estas soluções para ter calma:
Emancipação de Informação .... página 129
O Calculador de Prioridades de Vida .... página 83

Felizmente não. Seletividade e disciplina são as respostas.

Procrastinação

Por que incluí a procrastinação na categoria "tempo" e não nas categorias "comportamento" ou "hábitos de trabalho"?

O principal motivo é que a procrastinação é um mau uso do seu tempo. Adiar as coisas que você sabe que tem de fazer simplesmente contribui para aumentar as pressões da sua vida. Além do mais, as coisas que você adia são invariavelmente as que você menos gosta de fazer, de modo que tem essas coisas desagradáveis à sua espera em algum momento distante, mas que vai se aproximando a cada minuto.

Procure esta solução para ter calma:
100% de Esforço .... página 137

2. Controle

De maneira geral, o impacto das situações estressantes é regido por três fatores: ser capaz de prever o acontecimento estressante e seu resultado; ser capaz de exercer algum controle sobre ele; e poder contar com o apoio emocional de outras pessoas diante desses acontecimentos.

Os psicólogos ocupacionais dizem que a falta de controle sobre o seu trabalho é um dos principais fatores que contribuem para o *stress* no local de trabalho. Quanto menor o controle que você exercer sobre o seu trabalho e sobre o seu mundo, maior a probabilidade de que, em decorrência, você venha a sofrer de algum grau de *stress*, medo, ansiedade ou raiva. (O que realmente importa é o nível de controle que você *sente* ter.)

A solução que eles começaram a promover é uma política de "delegação de poderes" – criar um ambiente de trabalho onde os empregados ou subordinados recebam certo grau de autonomia e possam exercer algum controle sobre seu trabalho e produção. Segundo essa teoria, isso resulta numa redução dos sentimentos estressantes que normalmente acompanham a falta de controle. E a coisa funciona. Entretanto, embora o conceito de delegação de poderes seja em princípio admirável, ele é mais um dos ideais do tipo "isso é com o patrão" e apresenta pouco interesse para o foco principal deste livro. Se você tem de depender da administração para superar os seus sentimentos de pressão e tensão no trabalho, isso significa que você está em uma posição muito vulnerável.

A verdadeira autonomia vem de dentro. Quando você opta por exercer controle sobre os aspectos do seu trabalho que você consegue controlar – por menores ou menos importantes que inicialmente possam parecer – você está aumentando a sua autonomia.

O que, então, você pode fazer?

Sabemos que o *stress* é causado por tarefas monótonas e repetitivas; sabemos que ele é causado por uma supervisão autoritária e pouco comunicativa; e sabemos que ele é causado pela frustração devido à carga de trabalho, posição, falta de informação e descrição inadequada do trabalho. Também sabemos que quanto menos controle você *acha* que tem, maior a probabilidade de que você se sinta sob pressão. Na verdade, alguns pesquisadores mostram que o *stress* relacionado com o trabalho pode aumentar em proporção direta com o nível de impotência que alguém sente em seu trabalho. Isso acontece porque, se você não está no controle das coisas que ocorrem em seu mundo, então você é uma vítima delas; você não pode determinar ou influenciar o ritmo do tempo, apenas reagir a ele. Esse estado de coisas não o ajuda a se tornar calmo.

(Você poderia pensar que as pessoas que desfrutam maior nível de controle sobre seus empregos são os administradores – afinal de contas, eles não estão dando ordens aos outros, tomando todas as decisões, ditando ritmo dos acontecimentos? Se as coisas fossem assim, seguir-se-ia necessariamente que a maior parte dos administradores teria a sensação de possuir total controle sobre sua vida e destino. Isso está longe da verdade. Os administradores, assim como todos os outros membros da força de trabalho, sofrem dos mesmos sentimentos de não estar no controle do que acontece na vida deles – apenas a escala dos detalhes varia.)

Tão estressante quanto a crença de que você não pode controlar nada na sua vida é a crença de que você *tem* de controlar tudo em sua vida. Sem dúvida, você já ouviu falar pejorativamente do indivíduo "controlador" – tipicamente alguém que tenta controlar todas as pessoas e acontecimentos com os quais entra em contato. Esse tipo de pessoa sempre estará sob pressão, porque nada na vida segue o roteiro escrito por eles. E quando não podem controlar, eles ficam anormalmente frustrados ou enraivecidos.

Assim, por um lado, temos pessoas que talvez pudessem exercer o controle mas não o fazem e, de outro, pessoas que insistem em exercer o controle mas não conseguem fazê-lo.

Em ambos os casos, um simples entendimento poderia ser a solução para os seus problemas: a única coisa na vida que você pode ter confiança de poder controlar é você mesmo. Os seus atos, suas atitudes e suas percepções. Ponha-os na linha e você se surpreenderá com o quanto você conseguirá sentir-se no controle das coisas.

Espera

Se você não sabe o que esperar ou quando esperar, a espera pode ser estressante.

Quando você é informado de que o chefe está zangado e quer falar com você (que não sabe quando vai ser chamado para conversar), meia hora de espera pode ser mais estressante do que a própria reprimenda.

Outras pessoas, porém, poderiam achar essa meia hora relaxante em vez de estressante; elas poderiam conversar com a recepcionista ou ler uma revista.

O seu desafio consiste em tomar essa espera não programada e transformá-la em algo mais produtivo. Então, você poderá ser calmo.

Procure estas soluções para ter calma:

O Fim do Tédio .... página 140
100% de Esforço .... página 137

Tédio

O tédio muitas vezes é acompanhado por uma sensação de inquietação e impotência – é por isso que buscamos distração quando estamos entediados. O tédio é uma causa de *stress* tão importante quanto o excesso de trabalho. Além disso, se você sente os efeitos prejudiciais do *stress* você também estará mais propenso a se sentir entediado.

A grande pergunta é: o tédio é conseqüência do *stress* ou o *stress* é conseqüência do tédio?

Isso na verdade não importa. Você precisa lidar com o tédio para sentir-se satisfeito e reduzir os efeitos negativos do *stress* em sua vida.

Frustração

Você está preso em um congestionamento de trânsito, tem pela frente a tarefa mais tediosa do mundo, sofre com um assistente que nunca irá aprender ou está desesperado para ser ouvido pelo chefe do seu departamento – em si mesmas essas questões podem ser apenas incômodos relativamente pequenos mas, para muitos de nós, elas são o cúmulo da frustração.

A frustração produz *stress* negativo. Inversamente, quanto maior o seu nível geral de *stress*, maior a sua inclinação para a frustração. Ao tratar um, você trata o outro.

Procure estas soluções para ter calma:
100% de Esforço .... página 137
O Fim do Tédio .... página 140
A Alegria da Repetição .... página 138

Contudo, você ficará feliz em saber que a frustração, assim como o tédio, pode ser facilmente superada.

Responsabilidades divididas

A última área de "controle" – ou, mais precisamente, de falta de controle – são as responsabilidades divididas que surgem quando você mistura o trabalho com a vida familiar.

Segundo uma pesquisa, num dado momento, até 40% da força de trabalho leva problemas pessoais e familiares para o local de trabalho. Embora muitos desses problemas estejam relacionados a acontecimentos temporários, como discussões ou dificuldades financeiras, muitas vezes eles refletirão a natureza mutável da unidade doméstica.

Em uma outra era, você tinha chefes de família, donas de casa e os filhos, com uma mínima variação na unidade familiar. Hoje, na maioria das famílias que contam com pai e mãe, é preciso que ambos trabalhem fora. Muitas famílias não contam com pai e mãe, mas apenas com um dos dois. A maioria dessas famílias luta com dificuldades financeiras e muitas sofrem privações. A maioria das famílias que contam apenas com o pai ou com a mãe não consegue dar a devida atenção aos filhos ou acompanhar de perto o que se passa em casa. A maioria dos pais ou mães que criam os filhos sozinhos precisa viajar para trabalhar e, no entanto, dispõem de cada vez menos tempo para isso. Assim, não é de surpreender que muitas famílias onde o pai ou a mãe criam os filhos carreguem sozinhos um fardo desproporcional.

Procure estas soluções para ter calma:
O Calculador de Prioridades de Vida .... página 83
Responsabilidades Divididas .... página 141
O Poder do Não .... página 124
Faça Um Fundo de Reserva .. página 187

Essa unidade familiar alterada influencia outras coisas além da família. Muitos adultos agora moram sozinhos. Existem mais pessoas solteiras do que casais. Existem mais pessoas divorciadas, mais viúvos e viúvas do que em qualquer outra época da História. O impacto de todas essas mudanças domésticas tem um pronunciado efeito sobre estilos de vida e atitudes – os quais, então, são levados para o local de trabalho.

Quando se tem conflitos de responsabilidade, tem-se também *stress*.

3. Você mesmo

Aquela que é tranqüilamente a maior causa de desarmonia no local de trabalho não diz respeito ao tempo, à mudança ou à falta de controle. Essa causa é você. O modo como você pensa. O tipo de personalidade que você tem. As coisas em que você acredita. O modo como você raciocina. *O que está dentro da sua cabeça.*

Eu poderia dedicar um livro todo a esse tipo de problema e, mesmo assim, mal tocaria a superfície. Todavia, as soluções podem perfeitamente ser cobertas em poucas páginas.

O aspecto confortador de saber que os problemas existem dentro da sua cabeça é saber que as soluções encontram-se no mesmo lugar – para você, um dos lugares mais acessíveis à sua disposição.

Ao concentrar-se em suas percepções e atitudes, bem como no modo como você responde aos problemas do trabalho, você pode ajudar a eliminar esses problemas e avançar no caminho que conduz a um estado de calma.

Personalidade

Uma pergunta deve ser feita: algumas pessoas são naturalmente predispostas a se sentirem tensas e ansiosas? Algumas são mais vulneráveis do que outras ao nervosismo e às preocupações?

Embora alguns de meus colegas acadêmicos possam encolher-se com a crueza da terminologia, existem pessoas que só poderiam ser classificadas como "preocupadoras". Conheço muito bem essa condição: eu mesmo tenho esta inclinação.

Além disso, há toda uma gama de tipos de personalidade que, em virtude de sua constituição, mostram-se suscetíveis aos problemas do *stress* negativo.

A maioria dos leitores de *Calma no Trabalho* provavelmente apresenta as características comportamentais das pessoas Positivas. De acordo com o estereótipo, as pessoas Positivas sofrem mais com os problemas relacionados ao *stress* do que as pessoas tranqüilas. Uma das características do comportamento das pessoas Positivas é a impaciência, de modo que o leitor Positivo se sentirá inclinado a pular páginas, lendo uns poucos parágrafos aqui e ali, antes de desviar sua atenção para alguma outra coisa.

Procure estas soluções para ter calma:
Quão Suscetível Você É? ...... página 21
Finja Ser do Tipo B .... página 172
Uma Pausa Para a Tranqüilidade .... página 173
Divirta-se Com o Trabalho .... página 174
Busque Um Pouco de *Stress* página 181
Sorria e Mantenha o Sorriso .... página 239

Uma segunda característica das pessoas Positivas é a crença de que elas têm maior controle — sobre si mesmas e as situações — do que os outros tipos comportamentais.

Ansiedade

Já ouvi dezenas de teorias sobre as causas da ansiedade. Elas variam desde as mais exóticas — síndrome de lembranças reprimidas, desequilíbrios bioquímicos ou neuroquímicos, perspectivas culturais — até fatores culturais, como as condições domésticas, sociais e relativas ao local de trabalho. A teoria a que dou mais crédito é a que diz que a ansiedade é a segunda fase da degeneração do *stress* — a primeira decorre de uma sucessão de incidentes ou comportamentos estressantes e, em seguida, vêm os sentimentos generalizados de ansiedade (a terceira fase é a perda de controle emocional).

Qualquer que seja a teoria que goze de sua preferência, a ansiedade persiste, porque ela é um "resultado" e não uma "causa". Na verdade, você talvez nunca chegue a ter consciência do que causou a sua ansiedade.

Procure saber junto às pessoas ansiosas o que as levou a se sentirem assim, e a maioria delas não terá nenhuma idéia. "Simplesmente sinto-me ansiosa." Esses sentimentos são tão comuns e afetam tantas pessoas, que talvez seja uma surpresa saber que não são tão vagos e generalizados quanto possam parecer.

Os sentimentos de apreensão que conhecemos como "ansiedade" são bastante específicos: eles sempre são produto da imaginação, sempre estão relacionados ao tempo e quase sempre dizem respeito ao futuro (mesmo que estas características não estejam óbvias na pessoa ansiosa). "E se....?", "O que deverei fazer se...?", "Quem vai...?" e assim por diante. Eles podem ser expressos de uma variedade de maneiras: preocupações com questões financeiras ou de saúde, inquietações relativas a responsabilidades, medo de autoridade ou do fracasso ou, então, manifestarem-se apenas na forma de sentimentos generalizados de medo e desassossego.

Todas essas preocupações têm duas coisas em comum: elas geralmente carecem de substância e relacionam-se ao futuro. Não importa se elas dizem respeito a um futuro previsível – digamos, daqui a trinta minutos – ou a um futuro distante; o fato é que você está preocupado com uma coisa que ainda não existe. No momento presente, o futuro nada mais é do que um conceito abstrato. Os nossos esforços para conferir-lhe algum tipo de realidade (mesmo por meio de palavras como "futuro previsível" e "futuro distante"), ou para tratá-lo como algo que pode ser controlado ou manipulado exacerbam – se é que não causam – esses sentimentos de ansiedade.

Se você fosse capaz de analisar a probabilidade de que as suas preocupações se transformassem em realidade, provavelmente concluiria que elas eram muito improváveis. Deste modo, você não teria nada com que se preocupar, não haveria nenhuma razão para você se sentir ansioso.

Obviamente, poucos de nós possuem a objetividade necessária para analisar as nossas ansiedades desta maneira. É por isso que desenvolvemos diversas técnicas para superar essas pressões por meio de abordagens que contribuem para o relaxamento e que, às vezes, chegam a ser divertidas.

Procure estas soluções para ter calma:
Um Passeio Pelo Parque ...... página 183
A Sua Escolha de Pressões ...... página 176
Usando o Seu Nariz ...... página 169
O Eliminador de Preocupações ...... página 161
Procure Pelo Lado Oposto .... página 160

Ambição

Você provavelmente pensa que, no trabalho, as pessoas ambiciosas devem gozar de algum tipo de vantagem sobre aquelas que carecem de ambição; afinal de contas, elas sabem o que querem e, em geral, estão motivadas a dedicar qualquer concentração e esforço que forem necessários para alcançar seus objetivos – e isso inclui estar no controle dos diversos fatores de *stress* presentes no local de trabalho. Ou, pelo menos, é o que diz a teoria.

Na verdade, as pessoas ambiciosas são tão vulneráveis aos efeitos perniciosos do *stress* negativo quanto quaisquer outras e, quem sabe, talvez ainda mais vulneráveis. As pressões decorrentes do fato de a pessoa ser ambiciosa estão estreitamente relacionadas àquelas pressões que atuam sobre as pessoas voltadas para os prazos finais: você estabelece um objetivo para si mesmo e, então, começa a se pressionar para alcançar esse objetivo. Em conseqüência desse impulso, haverá muitas pessoas ambiciosas lendo este livro.

O fato de a ambição o impelir a alcançar determinadas metas não se torna, por si só, um fator de *stress*; na verdade, muitas pessoas sentem-se enriquecidas e revigoradas pelo desafio. Para algumas delas, a ambição confere sentido e propósito à vida profissional. À medida que as pessoas vão ficando mais velhas, a ambição pode certamente tornar-se uma força poderosa e que contribui para prolongar a vida. Mas quando a ambição está associada a metas maldefinidas, ela constitui um perigoso coquetel, porque você tem o impulso todo mas nada da satisfação decorrente das realizações. Portanto, metas vagamente definidas como "quero ser rico" ou "quero ser famoso" – especialmente se elas estiverem além da sua capacidade ou além dos limites de tempo que você concedeu a si mesmo – criam as suas próprias pressões.

A melhor maneira de usar a sua ambição para alcançar paz e satisfação consiste em definir objetivos claros para si mesmo. Nos anos em que trabalhei como planejador estratégico, aprendi que as organizações mais tranqüilas (e eficientes) são as que compreendem perfeitamente quais são os seus objetivos; em outras palavras, as que têm planos. Eles também descobriram que os planos mais sólidos emanam de estruturas mentais calmas – as quais não são influenciadas pela ambição descontrolada e tampouco pelo pânico.

Procure estas soluções para ter calma:
O Calculador de Prioridades de Vida .... página 83
O Eliminador de Preocupações .... página 161
As Três Leis da Administração do Tempo e do Esforço .... página 117

Medo

O medo é um dos mais cruéis fatores de *stress* existentes no local de trabalho. A não ser pelo modo como ele mobiliza os seus recursos para defender-se contra ameaças ou contra a adversidade, os efeitos fisiológicos do medo são quase que inteiramente negativos. Na verdade, o medo às vezes é considerado o fator de *stress* emocional mais pernicioso. E, por alguma razão, ele tende a proliferar no local de trabalho.

O medo raramente é racional. Você tem medo de que o comentário que fez no almoço possa chegar aos ouvidos do seu supervisor – muito embora o senso comum lhe diga que isso é improvável. Você teme que a irresponsabilidade ambiental dos seus competidores destrua o planeta. Você tem medo de que outra pessoa venha a conseguir o cargo que você cobiça para si. Você teme que o fiscal do imposto de renda vasculhe a sua vida por causa das deduções que você apresentou na declaração do ano passado. Ainda mais debilitante do que qualquer dos exemplos acima é quando você não tem consciência daquilo que está especificamente causando o seu medo – você simplesmente se sente inquieto, temendo que alguma coisa *possa* acontecer.

Os temores que ocorrem no local de trabalho geralmente são tão irracionais quanto as sensações de ansiedade – preocupações que se voltam para alguma coisa que não está de fato acontecendo num dado momento e que, em muitos casos, provavelmente não ocorrerá no futuro. Nesses casos, você temeria aquilo que *poderia* acontecer.

Fica bastante claro que esses sentimentos não são apenas contraproducentes mas também irritantes. Felizmente, são neutralizados pela mesma coisa que os causou: o seu subconsciente – um recurso que você estará utilizando cada vez mais no decorrer da leitura deste livro.

Procure estas soluções para ter calma:
O Método dos Pontos Positivos e Negativos .... página 167
Uma Palavra Positiva .... página 156
O Quadro Positivo .... página 158

Culpa

Por mais improvável que possa parecer, os sentimentos de culpa são uma outra grande causa de *stress* no local de trabalho. Quer eles sejam inspirados por suas próprias inseguranças, por pressões impostas a você por influências externas ou, até mesmo, por um senso exacerbado de dever, os resultados são igualmente negativos.

De modo geral, a culpa se enquadra em duas categorias:

(i) aquilo que você pensa de si mesmo (como, por exemplo, o tipo de pessoa que você é, as coisas que você fez ou pretende fazer, ou aspectos de si mesmo que você foi condicionado a pensar que eram ruins ou pouco atraentes); e

(ii) aquilo que os outros tentam levá-lo a sentir ou a fazer (como ser responsável pelo humor ou pelas condições *deles*, ou levá-lo a se sentir culpado pelas coisas que você faz no trabalho).

Felizmente, quanto mais calmo você for, menos estará propenso a sofrer com sentimentos de culpa e a fazer os outros sofrerem por isso.

Ego

Qual o grau do sofrimento causado, não por aquilo que você pensa de si mesmo, mas pelo que você acha que os outros possam pensar de você? Você se magoa ao descobrir que alguém o considera ineficiente, amador ou indigno de confiança; magoa-se ao descobrir que não é querido ou respeitado.

Nem sempre esse é um caso de vaidade ou presunção, as quais, como emoções negativas, constituem mais causas de *stress* negativo no ambiente de trabalho. Isso em geral ocorre como resultado de as pessoas pensarem certas coisas a seu respeito que se chocam com a imagem que você faz de si mesmo. Quando essa discordância existe, você se sente magoado, injustiçado, angustiado.

Uma maneira de contornar isso é ter uma imagem razoável e objetiva de si mesmo – saber quais são os seus pontos fortes e fracos e aceitá-los tais como são.

Os psicólogos nos dizem, porém, que temos dificuldade para formular uma avaliação precisa de nossa personalidade sem a ajuda de uma outra pessoa. Embora eu não possa em sã consciência contestar a existência dessa limitação, rejeito totalmente a idéia de que isso deva limitar o modo como *vemos* a nós mesmos. Afinal de contas, somos produto de nossos próprios pensamentos e auto-imagens. Sendo este o caso, o que nos impede de criar pensamentos e auto-imagens que irão ajudar-nos a conseguir aquilo que queremos? O que nos impede de criar imagens mentais de nós mesmos como pessoas calmas, confiantes e capazes? O que nos impede de criar imagens de nós mesmos nas quais somos vencedores, realizadores e seres humanos bem-sucedidos?

Nada.

Tudo o que você precisa é saber como fazê-lo.

Procure estas soluções para ter calma:

Modelo Básico de Visualização .... página 105
Estabeleça os Seus Próprios Referenciais .... página 178
O Calculador de Prioridades de Vida .... página 83
Permissão Para Rejeitar o Sucesso .... página 179
100% de Esforço .... página 137

Insegurança

A insegurança merece uma menção especial. Ela é ubíqua e, à medida que o mundo se modifica, torna-se mais pronunciada.

Nos locais de trabalho de hoje, a insegurança tende a aumentar com o correr do tempo. Há um estágio na maioria das carreiras em que o empregado percebe que não é mais capaz de acompanhar o ritmo dos outros, que não é mais indispensável e que existem pessoas bem mais preparadas do que ele para fazer o seu trabalho. Esse conhecimento é intensificado pela percepção de que a sua competência está diminuindo. A base de conhecimento que a pessoa possui é superada por um banco de dados, por um jovem recém-formado ou por um vendedor dinâmico e familiarizado com a cultura das ruas.

Quaisquer que sejam as suas realizações ou a sua posição, há uma compreensível tendência para você sentir-se inseguro quando essas coisas ocorrem. Com um pouco de planejamento, porém, esses sentimentos podem ser facilmente superados.

Procure estas soluções para ter calma:

Finja Que Você Está Seguro .... página 185
Diga Que Você Está Seguro . página 186
Faça Um Fundo de Reserva . página 187
O Cheiro Que Acalma .... página 233

Direção

Os compêndios tendem a ignorar essa última categoria, a qual, no entanto, é uma das grandes causas de *stress* negativo no local de trabalho.

Isto tem a ver com o direcionamento, com o foco, com a concentração dos esforços para um determinado objetivo ou, mais precisamente, com a *falta* dessas qualidades.

Você provavelmente já viu e ouviu comentaristas esportivos falarem de modo reverente em "direcionamento". Os perfis de personalidade na literatura empresarial usam a mesma palavra – "um executivo-chefe extremamente direcionado" ou "uma organização direcionada". Em ambos os casos, esse atributo está associado ao sucesso e a realizações.

Você raramente lê alguma coisa complementar acerca do inverso, do *não*-direcionado. Uma pessoa não-direcionada nunca está segura a respeito de seus objetivos e muda de rumo de um momento para outro. O indivíduo não-direcionado leva mais tempo para fazer as coisas, executa o seu trabalho com menor competência e, no processo, tem mais frustrações. Da mesma maneira, o líder não-direcionado espalha *stress* e desarmonia, e a organização não-direcionada é um péssimo lugar onde se trabalhar.

Muito embora você talvez não exerça nenhuma influência sobre o direcionamento da organização para a qual trabalha, você ainda está numa posição de poder: se você, como um indivíduo, souber como tornar-se direcionado e como permanecer voltado para o seu objetivo, estará trilhando um caminho que lhe permitirá ser calmo e controlar o modo como você se sente com relação ao trabalho.

Procure estas soluções para ter calma:
100% de Esforço .... página 137
Planejador Criativo de Longo Prazo .... página 146
Um Curso de *Marketing* em Trinta Segundos .... página 199
O Planejador Inconsciente .... página 150
Responsabilidades Divididas . página 141

A essa altura você estará pensando que esta minha conversa sobre direcionamento diz respeito aos ideais superiores de sucesso e realização. Esta é, afinal de contas, uma das qualidades mais freqüentemente atribuídas aos grandes realizadores. Mas eu estou apenas me referindo a uma maneira de usar o direcionamento para tornar o seu trabalho mais fácil e mais satisfatório, quer você opte ou não por distinguir-se entre os seus pares.

Estar direcionado é, por si só, uma técnica. Adiante, falaremos mais sobre esse assunto.

4. Sociais

Sabemos que as principais causas de *stress* negativo no local de trabalho dizem respeito às pressões do tempo, à falta de controle sobre aquilo que você faz e à falta de apoio social naquilo que você faz.

Essa última causa – falta de apoio social no local de trabalho – é um monstro de múltiplas cabeças. Ele varia desde a falta de respeito por você como pessoa e a falta de reconhecimento por suas contribuições até os conflitos cotidianos que envolvem pessoas com as quais ou para as quais você trabalha, clientes e até mesmo fontes remotas, como a diretoria ou as autoridades dos órgãos reguladores.

Competitividade

A ênfase cada vez maior na competição e na competitividade, por parte do governo e da indústria, alimenta as tensões sociais no local de trabalho. Essa busca por competitividade está apenas começando a esquentar e vai intensificar-se muito mais. Irá a competição eliminar todo o prazer de viver? A competição irá forçar os mais fracos dentre nós a uma aposentadoria precoce ou a um papel redundante? Seremos forçados a optar por tornarmo-nos mais competitivos ou perecer?

A competição, por sua própria natureza, é estressante.

Muitos dos "grandes competidores" têm aprendido a transformar este *stress* em uma força positiva e usado esta força para ajudá-los a esforçarem-se aquele pouquinho a mais ou a procurar alcançar metas cada vez mais difíceis. Para essas pessoas, o *stress* da competição pode se enquadrar em uma área de *stress* positivo (veja a página 181) que é revigorante e, ao mesmo tempo, contribui para enriquecer a vida.

Por outro lado, muitos de nós respondem à competição de forma exatamente oposta. Em vez de considerá-la estimulante e enriquecedora, descobrimos que ela é debilitante ou vulgar. Aqueles dentre nós que não foram criados em um ambiente competitivo podem considerá-la intimidante. E os que são afligidos por sentimentos de insegurança ou dúvidas a respeito de si mesmos serão os maiores prejudicados.

Por quê? Porque não gostamos de ser comparados. Não gostamos da sensação de sermos constantemente postos à prova. Achamos desagradável que as pessoas ganhem as suas recompensas (ou uma gratificação) comparando o seu desempenho com o nosso ou esperando que o nosso desempenho seja comparado com o delas.

Estou convencido de que a maioria das pessoas no local de trabalho pode ser classificada nesta última categoria: as que consideram a competição como um *stress* mais negativo do que positivo. Se você estiver nessa categoria, provavelmente tudo o que você quer de seu emprego é dar um dia de trabalho rigoroso e ser adequadamente recompensado por tê-lo feito. A idéia de ter a nossa contri-

Procure estas soluções para ter calma:
Quão Suscetível Você É? ...... página 21
Estabeleça os Seus Próprios Referenciais .... página 178
Permissão Para Rejeitar o Sucesso .... página 179
Um Curso de *Marketing* em Trinta Segundos .... página 199

buição avaliada e comparada com a de nossos colegas de trabalho ou com trabalhadores da Coréia, da Suécia ou da República Checa pode parecer-lhe ofensiva. E tudo isso representa mais *stress*.

O segredo para se ter um dia de trabalho calmo e satisfatório em tal atmosfera consiste em abordar o seu trabalho com um propósito, e trabalhar de acordo com o melhor das suas capacidades. Embora à primeira vista isso possa parecer idealismo, você irá descobrir que essa é uma maneira fácil e satisfatória de passar o dia.

Raiva

Os efeitos fisiológicos da raiva são semelhantes àqueles do medo (ou de outros estados de excitação): aumento da freqüência cardíaca, respiração acelerada, pupilas dilatadas, sangue desviado do estômago e intestino para o cérebro e os músculos, aumento dos níveis de açúcar no sangue e assim por diante.

Embora seja bem sabido que a raiva geralmente é um subproduto do *stress*, ela pode também ter um efeito inverso e exacerbar o seu *stress*. A razão disso é simples. A resposta natural dos seres humanos é dispersar os efeitos de sua raiva seja fugindo fisicamente da fonte de sua frustração ou atacando-a (física ou verbalmente). Ataques físicos em geral não são bem vistos nos bons locais de trabalho, e os ataques verbais nem sempre cumprem os seus propósitos, de modo que muitas vezes não podemos nos dar ao luxo dessas liberações. Da mesma forma, distanciar-se fisicamente da fonte de nossa frustração não é uma maneira popular de progredir em sua carreira. Além disso, a fonte de sua frustração no trabalho muitas vezes poderá ser vaga, estar fora do seu controle ou, quem sabe, talvez não seja sequer conhecida. Assim, tudo o que você pode fazer é deixar a sua raiva se transformar em mais e mais *stress*. Dificilmente, essa poderia ser considerada uma boa maneira de passar a vida.

Procure estas soluções para ter calma:
Para Dissipar a Raiva .... página 192
Um Passeio Pelo Parque ...... página 183

A raiva é uma emoção com a qual você tem de lidar. Ela acaba lhe encurtando a vida, quer você a expresse ou não. Todavia, você ficará feliz em saber que existem duas técnicas simples que você pode empregar para superar os efeitos negativos dessa emoção.

Inveja

Uma das características mais evidentes das empresas privadas é a ganância. Estreitamente relacionada a ela está a inveja, a qual em geral diz respeito a sentimentos acerca da posição, posses ou realizações de uma outra pessoa. Ambas resultam em sentimentos estressantes.

Como a inveja freqüentemente vem acompanhada por altos níveis de expectativa (uma causa de *stress*), ela também pode levar à frustração (uma outra causa de *stress*) se essas expectativas não forem satisfeitas. Ela também tem a capacidade de embotar a lógica e cegar pessoas normalmente bem equilibradas, levando-as a agir de forma tola e insensata.

Quanto à inveja, o importante é reconhecer a sua mera existência. Ter consciência dela e de seus inconvenientes é em geral o primeiro passo para superá-la. Feito isso, quaisquer das técnicas deste livro relacionadas ao planejamento e à positividade irão completar o processo.

Procure estas soluções para ter calma:

O Calculador de Prioridades de Vida .... página 83
Uma Palavra Positiva .... página 156
Divirta-se .... página 259

Relacionamentos

Como você lida com um chefe opressor, um supervisor insensato ou com um subordinado pouco receptivo às suas críticas e sugestões? Qual a sua atitude diante de alguém rancoroso ou desonesto? Como você lida com um valentão? Como você faz para conseguir que, de vez em quando, as coisas sejam feitas do jeito que você quer?

As pessoas me dizem que é preciso ter muita coragem para ser capaz de afirmar que se dispõe de soluções para essa gama tão díspar de questões sociais. Em geral, porém, creio que a maioria dos problemas de relacionamento pode ser classificada em algumas poucas categorias e todos podem ser amenizados com algumas habilidades simples.

Procure estas soluções para ter calma:

100% de Esforço .... página 137
Como Lidar Com Pessoas Difíceis .... página 191
A Arte da Negociação .... página 201
Autodefesa Tranqüila .... página 206

Firmeza

À medida que a indústria, o comércio e o serviço público são forçados a se tornarem mais competitivos, há uma correspondente pressão para que os empregados dessas organizações desenvolvam a capacidade de serem afirmativos e de expressarem sem medo suas crenças e desejos.

Embora essa qualidade também possa ser classificada nas seções anteriores Controle ou Você mesmo, ela é mais necessária na interação com os outros.

Você já deve ter notado que boa parte da frustração e dos sentimentos de impotência no local de trabalho podem ser atribuídos à falta de firmeza da parte do indivíduo – principalmente se você trabalha com grupos grandes ou cuja composição está sempre mudando. Embora alguns possam tentar pôr de lado esta questão e considerá-la como um fracasso da administração em sua responsabilidade de proteger os empregados "mais fracos", isso não lhe servirá de consolo se acontecer de você encontrar-se nessa posição.

Procure estas soluções para ter calma:
Quão Suscetível Você É? ...... página 21
Como Conseguir o Que Você Quer .... página 193
Diga o Que Você Pensa .... página 195

Para você, a única solução é aprender a ser mais afirmativo.

Pressões sociais externas

Uma importante categoria de causas de *stress* no local de trabalho pode ser definida livremente como "Pessoal". Essas causas referem-se principalmente a relacionamentos fora do local de trabalho – família, amigos, amantes, amantes em potencial – ou a questões relativas a eles.

Freqüentemente, as responsabilidades divididas que surgem quando você combina trabalho e vida familiar parecem intransponíveis. Mas, em geral, elas podem ser mantidas em perspectiva se você seguir alguns passos simples:

(i) Saber aquilo que você quer com o seu trabalho.
(ii) Ter estratégias para obter aquilo que você deseja.
(iii) Compartilhar essas estratégias com sua/seu companheira/o, família ou qualquer outra pessoa que acompanhe a sua carreira.

Procure estas soluções para ter calma:
Responsabilidades Divididas .... página 141
O Calculador de Prioridades de Vida .... página 83
Esbalde-se na Banheira .... página 259
Para Dissipar a Raiva .... página 192
Faça um Fundo de Reserva .. página 187
Planeje Uma Variação .... página 184

5. Mudanças

Certa vez, trabalhei com uma mulher – líder no seu ramo de atividade – que, depois de assumir a direção geral de uma empresa, imediatamente fez com que todos os executivos sênior mudassem de sala. "A mudança perturba suas zonas de bem-estar", confessou ela. "Quando eles tiverem se reajustado, eu estarei no controle." Isso funcionou. Ela era uma mulher muito poderosa.

E manipuladora. O que ela fez certamente não se enquadraria nos bons padrões administrativos dos dias de hoje mas, de fato, foi extremamente eficaz para perturbar o *status quo*.

Hoje, a mudança é a única coisa de que podemos ter absoluta certeza em relação ao nosso emprego. Ela não apenas é inevitável mas está ocorrendo exponencialmente. E vai continuar a ocorrer.

Se você não gosta da idéia de mudança – e a maioria das pessoas pensa dessa forma – a perspectiva de ter de se confrontar com um mundo cada vez mais dinâmico, fluido e, possivelmente, até mesmo conturbado, pode ser apavorante. Isso acontece porque, quando o *status quo* é alterado, é natural a pessoa se sentir tensa e insegura. Você fica cego com a perspectiva de perda ou fracasso, em vez de ser inspirado por suas possíveis vantagens.

Mas a mudança traz incontáveis benefícios. Métodos aprimorados de produção e organização continuam a elevar o nosso padrão de vida. Dispomos de melhores serviços médicos, sistemas de transporte mais seguros, melhor controle de doenças, comunicações mais baratas, governos mais responsáveis...

Se puder compreender que as mudanças trazem mais coisas boas do que ruins – fato confirmado por evidências estatísticas – você será capaz de assegurar que a mudança atue para o *seu* benefício. Para a melhoria da *sua* vida, do *seu* trabalho e do *seu* bem-estar.

Além disso, em virtude do aumento da nossa expectativa de vida e de nosso desejo aparentemente insaciável por melhores condições de lazer e entretenimento, a mudança pode trabalhar a nosso favor no que tange à satisfação com o emprego. Talvez agora seja o momento de pensar em mudar o rumo de sua carreira para a fase seguinte da sua vida...

Aceite a mudança pelo bem que ela pode lhe proporcionar e também por causa da sua inevitabilidade. Assim, você não se sentirá apenas mais relaxado em seu mundo atual, mas também aumentará o seu potencial para alcançar o sucesso no futuro.

Procure estas soluções para ter calma:

A Lista de Mudança .... página 221
Nunca É Tarde Demais Para Ficar Calmo .... página 223
Uma Mudança Para Melhor .. página 224

6. Físicas

Há cinco mil anos, a maior parte do *stress* sofrido pelos seres humanos era físico – ou você pegava a sua presa ou ela pegava você; você escapava de um incêndio na savana ou rechinava ao fogo; encontrava uma caverna para dormir ou morria de frio. Depois, quando as pessoas começaram a trabalhar para viver, o *stress* tornou-se mais complicado.

Cem anos atrás, a fonte mais comum de *stress* no local de trabalho se devia às condições físicas que você enfrentava no decorrer da jornada: fatores ambientais como calor, frio, umidade, escuridão, clarão e secura combinavam-se com fatores ocupacionais como condições de trabalho inseguras, má iluminação e má ventilação.

Os locais de trabalho modernos podem ser igualmente estressantes mas, de modo geral, são fisicamente muito menos ameaçadores. Esse foi um dos grandes avanços da era industrial: em parte alguma as causas físicas do *stress* são tão pronunciadas quanto o eram um século atrás.

Não obstante, elas existem. Mergulhadores, mineiros e bombeiros trabalham em condições de extremo desconforto ambiental, ao passo que trabalhadores de outros ramos sofrem com ruídos, vibrações e várias formas de poluição, tais como odores, gases, poeira e substâncias tóxicas.

As causas de *stress* físico, todavia, são mais corriqueiras. Por exemplo: muitas pessoas acham estressante e desconfortável ficar o dia todo servindo por trás de um balcão. Muitos que passam o dia diante de monitores de computador têm queixas semelhantes. O mesmo acontece com os que trabalham nas linhas de produção, no setor de emergência dos hospitais ou em hortas. Trabalhadores que trocam turnos sofrem pressões fisiológicas que a maioria de nós nunca conheceu.

Conquanto você possa pensar que nenhuma das ocupações acima pareça ser assim tão fisicamente estressante, essas atividades podem produzir efeitos debilitantes naqueles que trabalham nelas.

De modo geral, porém, as causas físicas do *stress* requerem soluções físicas — algumas das quais são óbvias (e, possivelmente, além do escopo deste livro) e outras são abordadas adiante neste livro.

Procure estas soluções para ter calma:

Crie o Seu Próprio Espaço ... página 230
Diminua o Barulho .... página 229
O Som Que Acalma .... página 232
Endireitando-se Para se Acalmar .... página 241
As Mandíbulas da Calma ..... página 243
Massagem Facial Que Acalma .... página 245
Os Pés e a Calma .... página 253

7. Hábitos relativos ao modo de vida

Nunca fui capaz de entender a omissão dessa categoria nas listas populares de causas do *stress* no local de trabalho.

Certamente, a vida que você leva *fora* do local de trabalho é, potencialmente, uma das principais causas de *stress* dentro dele. Se você fuma, costuma beber muito café, sai de casa e volta tarde todas as noites, não faz exercícios, bebe demais, não dorme o suficiente, briga com seu cônjuge ou tem algum dentre centenas de diferentes hábitos, é provável que você seja mais suscetível aos estresses emocionais e físicos do trabalho.

Para superar isso nem sempre é necessário mudar de alguma forma a sua maneira de viver. Tudo o que você precisa fazer é reconhecer a existência desses fatores e aprender a compensá-los.

Procure estas soluções para ter calma:

Mime a Si Mesmo .... página 256
Satisfaça os Seus Desejos ... página 258
Brinque Com Você Mesmo .. página 258
Esbalde-se na Banheira .... página 259
Seis Maneiras de Conquistar Uma Calma Duradoura .... página 263

O SEU PORTFÓLIO DE SOLUÇÕES PARA TER CALMA

PRIMEIRO, TOME UMA DECISÃO

> Tome hoje mesmo a decisão de concentrar a sua energia nas coisas importantes para você, tais como ficar calmo.

O PASSO MAIS IMPORTANTE para fazer o seu trabalho render o máximo é decidir o que você quer conseguir com ele.

A única maneira de fazer isso é contestar aquilo em que você acredita e aquilo que você pensa que quer conseguir com o seu trabalho e, em seguida, fazer um planejamento adequado. Se você puder trabalhar rumo às metas que *você* definiu e nas quais *você* acredita, você será calmo e ficará satisfeito com aquilo que faz.

Eis aqui uma técnica simples para ajudá-lo a ordenar aquilo que é importante em sua vida.

O CALCULADOR DE PRIORIDADES DE VIDA

O propósito do Calculador de Prioridades de Vida é ajudá-lo a determinar as suas prioridades. A sua maior prioridade é o trabalho? A posição? O dinheiro? A família? A felicidade? Os seus relacionamentos são mais importantes? Você quer apenas conhecer pessoas? O que estará no alto da sua lista?

O Calculador de Prioridades de Vida vai ajudá-lo a decidir.

Se, depois de completar este teste, você concluir, por exemplo, que o sucesso em seu ramo é a sua maior prioridade, você pode então concentrar-se em alcançar este sucesso. Depois que você tiver dado início a essa missão, muito do *stress* e da frustração do trabalho cotidiano desaparecerá ou terá sua importância reduzida.

Para usar o calculador você precisa se sentar em algum lugar tranqüilo.

Antes de começar, passe alguns minutos sem fazer nada exceto ouvir a sua respiração.

Quando você se sentir confortável com isso, imagine-se com 65 anos de idade. Imagine como será sua aparência e o que você estará fazendo.

Em seguida, pense na vida que você tem levado...

O Seu Calculador de Prioridades

Pense na vida que você levou até os 65 anos de idade. Agora, tendo feito isso, hierarquize os seguintes itens na ordem de sua importância para você

- Fui bem-sucedido no meu trabalho.
- Ganhei muito dinheiro com o meu trabalho.
- Ascendi ao topo da minha profissão.
- Ajudei as outras pessoas e compartilhei com elas a minha fortuna.
- Tornei-me diretor-administrativo.
- Fui proprietário de uma casa e de um carro maravilhosos.
- Cultivei meus relacionamentos com os amigos.
- Passei os meus melhores momentos com a minha família.
- Reservei algum tempo para desenvolver o meu relacionamento com minha/meu companheira/o.
- Tive algumas férias maravilhosas.
- Aprendi muitas habilidades não relacionadas com o meu trabalho e que enriqueceram a minha vida.
- Fiz de cada dia uma aventura.
- Escrevi um livro/construí uma casa/aprendi violino/velejei pelo mundo/ fiz um PhD.
- Cuidei bem da minha saúde.
- Sempre que possível, passei cada momento com os meus filhos, quando eles eram pequenos.

Embora isso não signifique de modo nenhum uma lista definitiva de metas, ela poderá ser útil para ajudá-lo a ordenar as suas prioridades. Você poderá descobrir que as prioridades relativas ao trabalho – dinheiro, posição, "sucesso" – encontram-se no topo da sua lista. Nesse caso, você pode fazer a opção de ser bem-sucedido em seu trabalho a qualquer custo e ter a confiança de que apenas o fracasso irá causar-lhe *stress*.

Por outro lado, você talvez chegue à conclusão de que os relacionamentos ou os aspectos enriquecedores da vida se encontram no topo da sua lista. Sendo esse o caso, não faz sentido deixar que considerações acerca do seu trabalho o impeçam de seguir essas atividades.

De uma maneira ou de outra, você terá tomado uma decisão. Se escolheu a última opção (os relacionamentos e uma vida enriquecedora), você poderá abordar o seu trabalho com diligência e sinceridade, mas sem perder o sono por causa das manobras políticas no local de trabalho ou das perspectivas de avanço na carreira. Isso talvez fira a ética do trabalho, mas irá aumentar a sua satisfação com a vida.

Cada um de nós tem determinada quantidade de energia psíquica (isto é, não-física) para dedicar às atividades de nossa vida. Concentrar-se nas coisas que lhe são importantes é uma maneira segura de ser bem-sucedido; desperdiçar essa energia em coisas irrelevantes seria uma vergonha.

Procure estas soluções para ter calma:
Respiração Calmante .... página 93
Modelo Básico de Visualização .... página 105

Tome uma decisão hoje.

SEGUNDO, RESPIRE COM CALMA

> Domine a sua respiração e você conseguirá encontrar um refúgio de calma, mesmo nos ambientes de trabalho mais estressantes.

HÁ UMA CARACTERÍSTICA comum às pessoas estressadas e nervosas: o modo como elas respiram.

A respiração das pessoas que vivem sob tensão é invariavelmente sem profundidade. O tipo de respiração dessas pessoas é intranqüilo e instável. Como a respiração é curta, você precisa aumentar-lhe a freqüência respiratória para poder fornecer quantidade suficiente de ar aos pulmões. E como esses movimentos respiratórios são muito rápidos, você não expira realmente todo o ar viciado dos seus pulmões – ele fica lá, de forma mais ou menos permanente.

Esse modo de respirar dá início a uma reação fisiológica estressante em cadeia: restringe a quantidade de oxigênio disponível na corrente sangüínea (ao mesmo tempo que deixa de diminuir os níveis de dióxido de carbono), causando constrição dos vasos sangüíneos de todo o corpo e reduzindo o nível de oxigênio no cérebro, fato que, por sua vez, provoca sentimentos de tensão e nervosismo.

Uma pessoa calma e relaxada, por outro lado, respira de forma diferente: sua respiração é lenta, rítmica e profunda. O padrão é tranqüilo e relaxado. Isso significa que mais oxigênio é transportado para a corrente sangüínea, mais dióxido de carbono é removido e mais oxigênio chega ao cérebro, o que, por sua vez, promove a liberação de endorfinas (o hormônio tranqüilizante), as quais o ajudam a sentir-se calmo e relaxado.

A conclusão: se você quiser ficar calmo e relaxado, tudo o que você precisa fazer é cuidar para que a sua respiração seja lenta, rítmica e profunda.

Será que isso pode realmente ser tão fácil assim?

Correndo o risco de parecer falastrão ou excessivamente otimista, digo-lhe que uma maneira rápida, segura e eficaz de ficar calmo e relaxado consiste em aprender a respirar corretamente.

Controle a respiração e você conseguirá encontrar um refúgio de calma até mesmo nos ambientes de trabalho mais estressantes. *Lembre-se* de dominar a sua respiração e você terá a capacidade de lidar praticamente com qualquer pressão.

Respiração lenta, rítmica e profunda. É o que basta.

Os efeitos do estado emocional sobre a respiração

	Extremamente nervoso	**Nervoso**	**Normal**	**Calmo**
Respirações por minuto	35-40	20-28	12-18	6-8
Volume de ar inalado a cada respiração (ml)	170-150	300-215	500-530	1000-750
Ar viciado expelido por minuto (ml, aproximado)	100	2400	4200	5100
Ar viciado retido por minuto (ml, aproximado)	5900	3600	1800	900

RESPIRAÇÃO CALMANTE

A respiração é singular entre as funções humanas por ser a única atividade física involuntária sobre a qual temos controle consciente. Quando você é capaz de controlar o modo como respira, influencia sua saúde, seu bem-estar, sua maneira de pensar e seu estado de espírito de modo geral. Mais importante ainda, você pode influenciar todos esses estados – físicos ou emocionais – por meio dos poucos passos seguintes.

Devo confessar que não fui o primeiro a descobrir esse aspecto mágico da respiração – os chineses e os indianos sabem disso há mais de 5 mil anos e dedicaram parte de seu tempo a integrar esse conhecimento com as artes marciais e os rituais de meditação. Entretanto, posso mostrar-lhe como aprender, em segundos, a melhor parte desse conhecimento!

Essa técnica é chamada de Respiração Calmante.

Ela constitui a base de *todas* as técnicas calmantes. (É também a base da maioria das técnicas atléticas e das apresentações artísticas públicas, e pode facilmente ser a base de seu destacado desempenho no trabalho – mas isso já é outra história.)

A Respiração Calmante é o mais importante exercício físico que você encontrará neste livro. A não ser que você já tenha dominado esta habilidade, nenhum outro exercício isolado – seja yoga, tai chi, meditação, exercícios autogênicos ou *biofeedback* – irá servir para ajudá-lo a permanecer calmo onde e quando você precisar fazê-lo.

A beleza da Respiração Calmante está no fato de que ela pode transformar-se num trampolim para todas as outras disciplinas calmantes, incluindo yoga, tai chi, meditação e assim por diante. Outro aspecto positivo é que ela envolve apenas três passos, de modo que você pode aprender a praticá-la em poucos minutos.

Os três passos são:

(i) Respire fundo.
(ii) Respire lentamente.
(iii) Ouça.

1. Respire fundo

Pergunte à maioria das pessoas o que a respiração significa para elas e você obterá um olhar estranho; a respiração certamente é algo que acontece e não precisa de estudo nem de análise. Mesmo se ela merecesse algum estudo, você certamente já seria considerado um especialista no assunto; afinal de contas, você vem respirando com sucesso desde o momento em que nasceu.

Quanto à respiração profunda, você é um perito também nisso. Você se lembra de todas as coisas que você aprendeu nas aulas de educação física, no ginásio de esportes ou no exército?

Façamos um teste com as suas habilidades. Tente fazê-lo em pé, diante de um espelho.

Respire fundo. O máximo que você puder. A maior e mais plena respiração de que você é humanamente capaz. Faça tudo o que sabe para insuflar em seus pulmões a maior quantidade de ar possível.

Experimente fazer isso agora, neste exato momento.

Observe o que você fez com os seus ombros e com o peito.

Seus ombros devem ter se levantado, a parte superior de seu peito deve ter se elevado visivelmente e seu estômago deve ter sido sugado para dentro (veja o lado A da figura abaixo.)

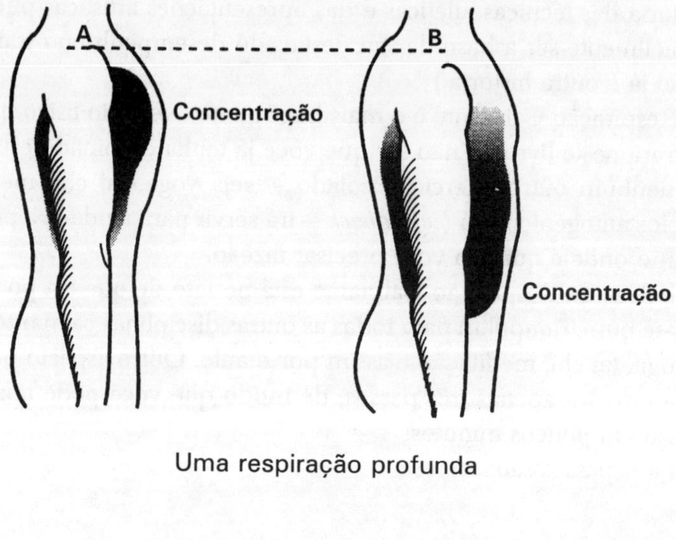

Uma respiração profunda

Você deve ter-se concentrado na parte superior do peito. "Peito pra fora; barriga pra dentro", do modo como você aprendeu quando criança, certo?

Infelizmente, ensinaram-lhe errado. (Embora cantores, dançarinos, atores e alguns atletas possam ter pensado de maneira diferente.)

A maneira correta de respirar fundo, para realmente encher os seus pulmões de ar, não envolve elevação dos ombros ou projetar o peito para fora. Muito ao contrário, ela envolve concentração na *base* dos seus pulmões, sugando o ar diretamente para baixo e para perto do umbigo; desse modo, você pode sentir o seu estômago expandir-se com a entrada do ar. (veja o lado B da figura da página anterior).

Dê uma olhada na figura do lado oposto, observando o modo como o pulmão se expande, e você verá que não há comparação entre os dois métodos. A quantidade de ar inalado quando você está se concentrando em encher a parte superior do peito (veja lado A) é significativamente menor do que a quantidade de ar inalado quando você se concentra em encher a parte de baixo, como em B.

Os atletas e as pessoas em bom estado de condicionamento físico geralmente acreditam que respiram dessa maneira, inconscientemente. Todavia, a não ser que elas tenham recebido algum treinamento, alimento sérias dúvidas de que isso realmente aconteça. Atletas e pessoas com bom condicionamento físico usam a "respiração intermediária", na qual os músculos movimentam as costelas para cima e para fora para permitir que uma maior quantidade de ar penetre nos pulmões. Ainda assim, eles não utilizam plenamente a capacidade dos pulmões.

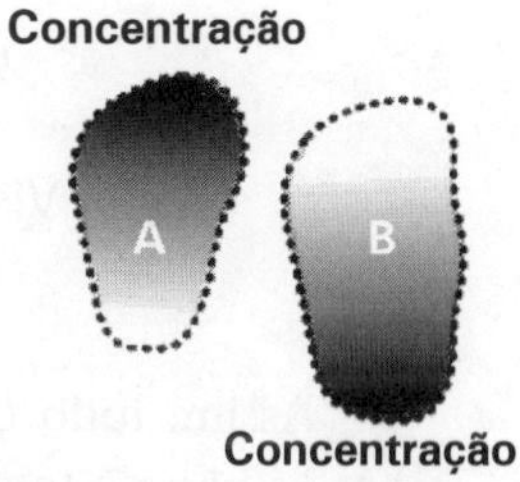

Expansão do pulmão

Isso só é possível por meio de uma técnica correta de respiração profunda. Aqui, os músculos *intercostais* movimentam as costelas para cima e para fora, enquanto o *diafragma*, situado abaixo de seus pulmões, contrai-se e faz com que os seus pulmões expandam-se para baixo. É por isso que, na respiração profunda feita com técnica correta, você concentra a sua atenção na base de seus pulmões.

Imagine isto

Imagine os seus pulmões como um longo e rígido cilindro, como no lado A da figura da página seguinte. Na base desse cilindro imaginário, há um material macio e flexível, semelhante a um balão de borracha. Este é o seu diafragma. Quando você inspira, forçando o ar para dentro do cilindro rígido dos seus pulmões, a única maneira de acomodar todo esse ar adicional é expandir o material macio e elástico do fundo, como em B. Então, quando você interrompe a inspiração e cessa a pressão de ar voltada para baixo, o que é que acontece? O material macio e elástico se contrai, voltando à sua forma normal, e o ar é expelido.

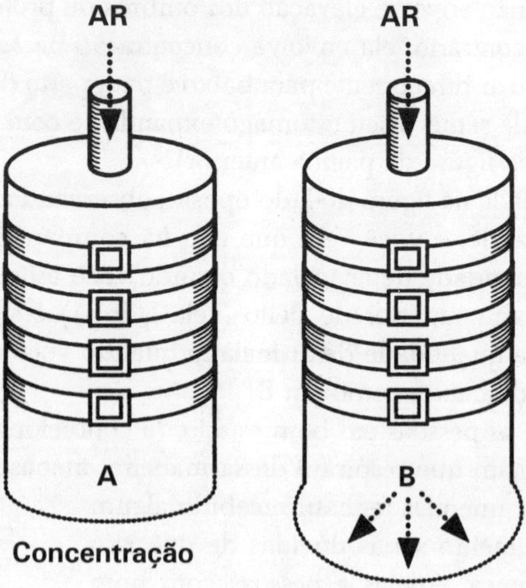

Visualização de uma respiração profunda

Assim, tudo que você tem a fazer é concentrar a sua respiração na base e não no topo dos seus pulmões. Quando você faz isso e sente o seu pulmão expandir-se, todo o resto se resolve.

Que tal isso lhe parece?

Obviamente, ler e, até mesmo, imaginar isso talvez não seja suficiente para você realmente sentir como deve ser a respiração profunda. Eis aqui um exercício simples que pode ajudá-lo a sentir de que modo o seu diafragma se expande quando você está respirando corretamente.

Coloque as mãos sobre os quadris (ver ao lado), as pontas dos dedos quase tocando o umbigo. Os seus polegares estarão se apoiando na região deprimida acima de cada quadril, e os seus dedos sobre o estômago, estendendo-se até logo abaixo do umbigo. (Não se preocupe muito com o posicionamento exato.)

Agora, atento para não erguer os ombros, respire fundo, até que possa sentir o abdome se encher sob os dedos e polegares. Ao inspirar, concen-

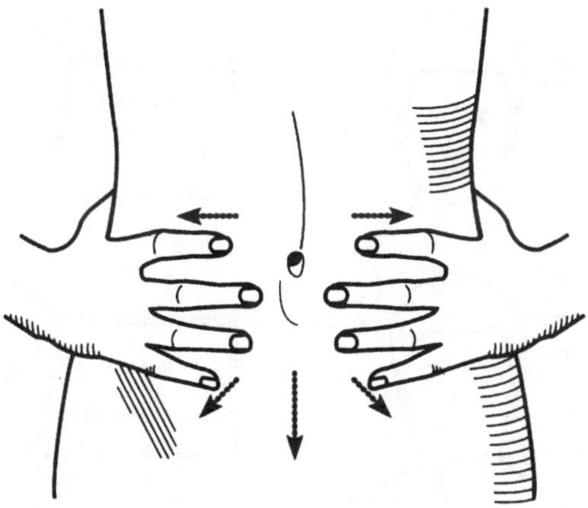

Sinta o seu abdome expandir-se

tre-se no fundo do seu pulmão. Assegure-se de que os seus ombros não se movimentem. À medida que o seu diafragma se expande para acomodar a sua respiração, você vai sentir o seu abdome fazer pressão sob os seus dedos.

Agora, expire lenta e uniformemente até sentir o seu abdome cair.

Esta é a respiração profunda, o primeiro passo para a Respiração Calmante.

2. Respire lentamente

Você se lembra do modo como respiram as pessoas tensas e nervosas? Em resumo, movimentos respiratórios curtos. Rápidos. Irregulares. O ritmo respiratório aumenta-lhes a sensação de tensão, enquanto a freqüência os impede de expirar um volume satisfatório de ar viciado.

Você poderá descobrir que uma pessoa extremamente nervosa irá respirar 35 a quarenta vezes por minuto, expirar apenas uma pequena quantidade do ar viciado, se é que o faz, e ficar a um passo da hiperventilação.

Uma pessoa menos nervosa poderia respirar de vinte a 28 vezes por minuto – embora não esteja hiperventilando, ela ainda está respirando rápido, acumulando tensões e ainda expelindo uma proporção inadequada dos gases viciados.

Agora, ficamos mais relaxados. Um estado emocional "normal" faria a freqüência respiratória cair para 12 a 18 movimentos respiratórios por minuto. Se você respirar nesse ritmo em condições normais, você em geral vai se sentir razoavelmente relaxado.

Todavia, a freqüência respiratória ideal para que a pessoa se torne calma – isso é, a freqüência ideal para a Respiração Calmante – é de

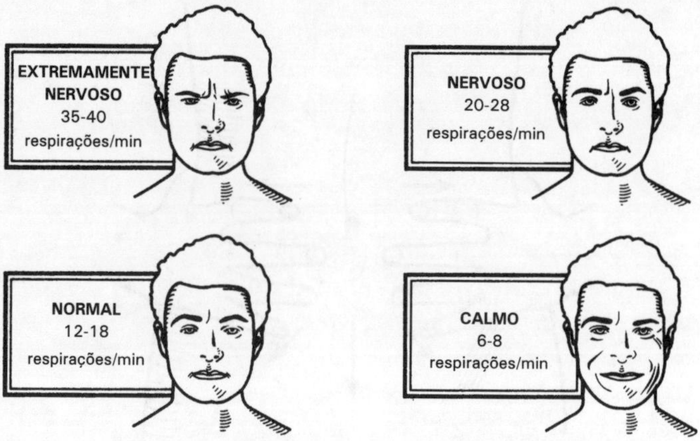

Freqüência respiratória

apenas 6 a 8 movimentos respiratórios por minuto. Quando você estiver relaxado talvez lhe pareça fácil reduzir a sua freqüência respiratória para dez a 12 movimentos respiratórios por minuto; seis movimentos respiratórios por minuto requerem um pouco mais de concentração mas constituem um objetivo possível e alcançável. (Meditadores experimentados às vezes podem fazer apenas quatro movimentos respiratórios por minuto.)

Respirar profundamente irá permitir que um volume máximo de oxigênio chegue à sua corrente sangüínea, e lhe permitirá expelir o volume máximo de gases viciados. Isso significa que você não apenas começa a sentir-se mais relaxado como será capaz de influenciar o modo como você se sente.

Respire fundo, respire devagar e você será calmo.

Agora, o que é necessário para poder relaxar – quase imediatamente – e ser capaz de fazê-lo à vontade?

3. Ouça

O último passo da Respiração Calmante transforma um método comprovadamente eficaz de controlar o corpo e as emoções – como já descrevemos – em uma técnica de ação rápida para a calma, passível de ser prontamente reproduzida.

Em outras palavras, ela permitirá que você realize à vontade a Respiração Calmante, mesmo nas situações mais tensas.

Ela envolve os ouvidos.

É muito fácil.

Você respira fundo (direcionando o fluxo de ar para a parte inferior de seus pulmões). Você respira lentamente (qualquer coisa entre seis a oito respirações por minuto). Então, tudo o que você tem a fazer é ouvir.

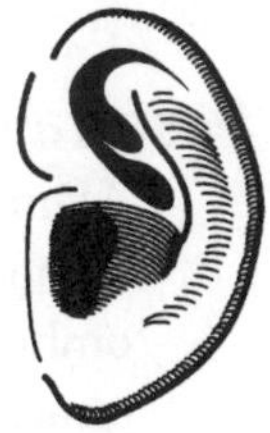

É isso. Simplesmente ouça o som da sua respiração conforme o ar entra e sai. Ouça o influxo de ar fresco através de suas narinas. Ouça o som da saída do ar enquanto você expira pela boca.

Trate apenas de ouvir. Isso é tudo o que você tem a fazer. Respire fundo. Expire lentamente. E ouça.

Você descobrirá que essa técnica funciona nos ambientes mais improváveis. Ao concentrar-se dessa maneira você facilmente ouvirá o som de sua respiração “dentro” da sua cabeça, mesmo nos ambientes mais ruidosos. Se você se esforçar para ouvir, você vai escutá-la. E com clareza, como se você estivesse flutuando ou nadando sob a água.

Experimente fazer isso você mesmo. Onde você estiver agora, seja o que for que você esteja fazendo, respire fundo e ouça o som de sua respiração conforme o ar entra e sai.

Como foi fácil!

Respiração Calmante

1 Respire fundo (use a parte inferior dos pulmões).
2 Respire devagar (seis a oito movimentos respiratórios por minuto).
3 Ouça o som de sua respiração enquanto você inspira — o ar entrando através das suas narinas.
4 Ouça o som da sua respiração enquanto você expira — o ar saindo pela sua boca.
5 Repita por sessenta segundos ou indefinidamente.

Buscando a calma duradoura

Se você quer permanecer calmo o tempo todo, concentre-se em respirar corretamente ao longo do dia. Embora seja fácil aprender a técnica, lembrar-se de fazê-lo requer esforço. Anos de maus hábitos respiratórios não são superados instantaneamente; toda essa respiração provavelmente enfraqueceu o diafragma e os músculos abdominais, os quais precisarão de algum tempo para voltarem a ficar em forma.

Pratique durante os momentos de calma e a Respiração Calmante irá surgir naturalmente nos momentos de *stress*. Quanto mais você praticar, mais intuitivo este tipo de respiração irá se tornar. E quanto mais você praticar durante os momentos de calma, mais você associará os sentimentos de calma com esta atividade.

Postura calma

Além do hábito e da técnica, há um outro fator que irá influenciar o modo como você respira. A sua postura. Mesmo a mais ligeira curvatura dos ombros pode ter um efeito restritivo: ela reduz o volume da sua caixa torácica, o que, por sua vez, faz com que você respire com a parte superior do peito (respiração curta) em vez de com suas costelas e diafragma.

Entretanto, com uma correção em sua postura, coisas espantosas tornam-se possíveis. Abra a sua caixa torácica e deixa o ar inflar a parte inferior dos seus pulmões. Isso, por sua vez, remove o ar viciado e afrouxa a tensão muscular em torno do seu estômago e da região das costelas. E, quando essa tensão é eliminada, a respiração correta começa a ficar automática.

Procure estas soluções para ter calma:

Endireitando-se Para se Acalmar .... página 241
O Som Que Acalma .... página 232
Sorria e Mantenha o Sorriso .... página 239

TERCEIRO, PONHA O SEU SUBCONSCIENTE PARA TRABALHAR

> A maioria das formas de *stress* resulta daquilo que acontece em seus pensamentos e não do que acontece em seu corpo.

ANTERIORMENTE, ESCREVI que, se você confiar em sua intuição para orientá-lo quanto às melhores soluções, terá acesso a algumas das mais poderosas técnicas deste livro.

Muitas dessas técnicas requerem certo grau de confiança em sua intuição ou em seu subconsciente para poderem funcionar em seu nível ótimo. Não é incomum que isso aconteça. *Todos* os melhoramentos significativos na vida requerem esta confiança em maior ou menor grau.

Para muitas pessoas no local de trabalho, porém, isso é um anátema. Elas construíram suas carreiras sendo lógicas, não-emocionais e esforçando-se por estarem no controle o tempo todo. As idéias que se afastavam da trilha prática e racional não eram encorajadas. Em conseqüência disso, elas começaram a desenvolver uma propensão para certo tipo de comportamento – o pensamento do "cérebro esquerdo". Ao examinar a ilustração abaixo, você começará a perceber por que o pensamento do cérebro esquerdo domina os negócios, a indústria e a maioria dos ambientes de trabalho.

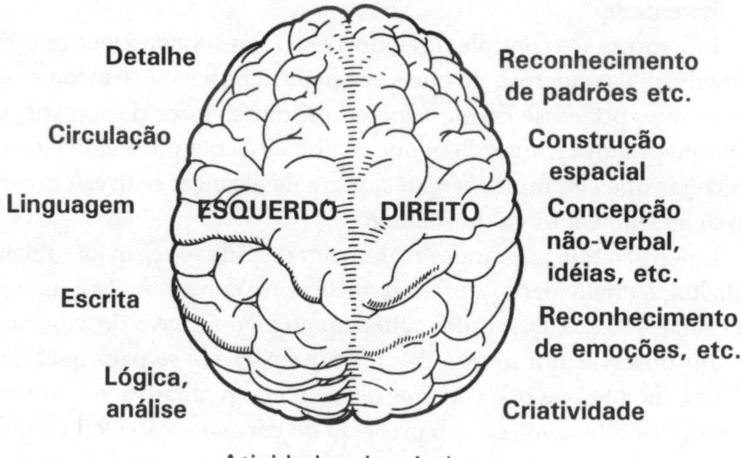

Atividades do cérebro

O cérebro humano é dividido em dois hemisférios. Essencialmente, o hemisfério esquerdo é usado para processos de pensamento estruturados, analíticos e racionais – o tipo de pensamento que é comum, esperado e altamente recomendado na maioria dos locais de trabalho.

O lado direito do cérebro está associado a processos mais criativos, imaginativos, abstratos ou emotivos. Como resultado, ele em geral é *menos* usado nas atividades cotidianas do trabalho.

Embora muitas organizações pudessem se beneficiar se houvesse mais pensamento do tipo cérebro direito (criativo, imaginativo), a abordagem do cérebro esquerdo (estruturada, racional, analítica) tende a ser predominante. Mesmo nos ramos que você possa considerar mais criativos e imaginativos, como na publicidade e na televisão, isto continua acontecendo. Tendo em vista esse domínio do cérebro esquerdo, você pode perceber como seria difícil convencer as pessoas a usar seu subconsciente ou intuição. Afinal de contas, a utilização desses recursos dificilmente parece ser uma coisa racional ou lógica.

Ou será que é?

A lógica do subconsciente

A atividade do seu subconsciente é uma simples parte da função normal do seu cérebro. Ela se relaciona a coisas que não se encontram sob o foco de sua atenção mas que, ainda assim, são registradas (ou observadas) em alguma outra parte da sua consciência, ou seja, no seu subconsciente.

Se eu pudesse convencê-lo de que depositar confiança em seu subconsciente é essencial para a maioria – se não para todas – das grandes conquistas da vida, você diria que isso também iria beneficiá-lo em seu trabalho.

É verdade.

Em termos de controle das emoções, o seu subconsciente é significativamente mais poderoso do que a sua mente consciente, e incomensuravelmente mais poderoso do que o peso total da sua força de vontade. Os que realizam grandes feitos sabem que o subconsciente pode ajudá-los a alcançar coisas que eles nunca seriam capazes de alcançar se tivessem recorrido tão-só à razão e à força de vontade.

É por isso que as grandes realizações da vida – sejam elas relativas ao trabalho, à criatividade, a proezas atléticas ou concernentes à manutenção da calma – só são alcançadas com o apoio pleno e ativo do subconsciente.

Ao observar um mestre de caratê preparando-se para quebrar cinco tijolos com a testa, você verá nos olhos dele um olhar vago e distante. Ele poderá dizer-lhe que esse é o processo de concentração e/ou de utilização de seu *chi* (força vital) mas, na verdade, ele está recrutando o seu subconsciente – porque é o subconsciente que lhe permitirá acreditar que pode realizar coisas que todos "sabem" que não podem ser feitas (tais como quebrar cinco tijolos com a testa).

Você verá esse mesmo olhar vago nos grandes músicos antes de atingirem o ponto alto de suas apresentações ou nos olhos de lutadores de boxe, corredores ou de nadadores antes do início das competições.

Tenho visto isso nos olhos de empresários antes de fecharem um grande negócio. *E você freqüentemente verá isso nos olhos de pessoas que ficam calmas em situações estressantes.*

Qualquer que seja o nome que você lhe dê, esse é um processo simples de convidar o seu subconsciente a participar. Se souber como usar o seu subconsciente e aprender a confiar nele, você poderá alcançar quase qualquer coisa – incluindo tornar-se calmo em situações nas quais você normalmente ficaria estressado.

Mas, antes de qualquer outra coisa, você precisa aprender a confiar nele.

Uma verdade que lhe é familiar

Eu lhe darei um exemplo de eficácia do subconsciente com o qual você provavelmente está familiarizado.

Você já disse para si mesmo, antes de se deitar: "Amanhã vou acordar às 7 horas?" Depois de ter feito isso, você com certeza acordou na manhã seguinte quando o relógio estava marcando 6h59. Como isso é possível? Como pôde haver tamanha precisão?

Conquanto seja verdade que os cientistas recentemente descobriram uma parte do cérebro que não apenas é responsável pelo senso de tempo mas que também é extraordinariamente precisa, não lhe é possível ter acesso a ela com a sua mente consciente. Você pode fazer tudo o que quiser, usar toda a força de vontade que você for capaz de reunir e, mesmo assim, você irá falhar, pois você só consegue ter acesso a esta parte do cérebro com o seu subconsciente.

O que há de espantoso e belo em seu subconsciente é o fato de que ele trabalha melhor quando você *acredita* que ele irá funcionar melhor. Confie em seu subconsciente para acordá-lo às 7 horas e você irá acordar às 7 horas. Todas as vezes, exatamente no horário, sem falta. (Se você me disser que tentou este método do despertador mental e ele não funcionou, eu lhe direi que você não confiou em seu subconsciente. Confie nele e, com toda a certeza, ele irá trabalhar para você.)

Não estou exagerando. Isso acontecerá todas as vezes.

O seu subconsciente realiza outras coisas "impossíveis" com monótona regularidade. Uma das demonstrações mais evidentes é o modo como você, numa festa barulhenta, ouve o seu nome ser mencionado do outro lado da sala – a uma distância na qual você consideraria impossível ouvir qualquer palavra da conversa. Da mesma forma, é o seu subconsciente que o avisa que a pessoa à qual você acabou de ser apresentado é indigna de confiança ou que o próximo trecho do caminho esconde uma armadilha.

O seu subconsciente também o ajudará a se tornar calmo.

Você é inteligente demais para isso?

No fundo, muitas pessoas intelectualizadas são céticas a respeito do poder do subconsciente. Elas têm tanta fé e capital investido no poder cognitivo de seus cérebros, que se recusam a aceitar que possa haver alguma outra coisa igualmente poderosa moldando-lhes a vida – ou, horror dos horrores, ainda mais poderosa. Essas pessoas adoram dizer: "Prove isso" (o que, obviamente, não é obrigação de ninguém.) Secretamente elas acreditam que, se elas não podem ver ou ouvir alguma coisa, então essa coisa não pode existir.

Se você tem fé apenas naquilo que pode enxergar – ou *acredita* poder enxergar – talvez valha a pena considerar o seguinte: uma grande proporção das informações "visíveis" que passam dos seus olhos para o seu cérebro estão longe de serem visíveis. Elas não vão para seu córtex visual (a parte de seu cérebro responsável pelo pensamento e raciocínio) mas chegam ao sistema límbico ("não-consciente"/emocional/motivacional) ou, ainda mais bizarro, ao seu córtex auditivo – a parte de seu córtex que lhe permite ouvir. Assim, embora você possa ter consciência de *algumas* informações visuais que você estiver recebendo, boa parte delas alcançam partes do cérebro que estão relacionadas a funções "não-conscientes", tais como sentimento e intuição.

Outros sentidos também trabalham dessa forma. Boa parte das informações que você ouve, por exemplo, não vão para as partes cognitivas do seu cérebro, de modo que você não pode perceber conscientemente tudo o que você deve estar ouvindo.

Além disso, há um estado psicológico bem documentado em que você realmente *vê* sons e *ouve* cores. Nesse estado, conhecido como *sinestesia,* um estímulo detectado por um sistema sensorial é percebido em um outro sistema sensorial. Artistas e músicos o conhecem muito bem, mas alguns cientistas acreditam que todos temos essa capacidade em um ou outro momento – se prestarmos atenção.

Como você se sente ao saber que não está escutando ou enxergando todas as coisas que você está ouvindo ou para as quais está olhando?

A boa notícia é que o seu *sub*consciente tem acesso imediato a todas estas informações – tanto consciente como inconsciente. Assim armado, ele o ajuda a realizar façanhas aparentemente impossíveis. Ele faz com que você perceba a aproximação de um carro mesmo que esteja olhando para a direção oposta. Atrai a atenção dos seus olhos para o seu nome numa página de jornal mesmo se ele estiver perdido no meio de milhares de pequenas palavras dispostas em colunas apertadas. Ele o avisa acerca das intenções hostis de alguém mesmo que as palavras dessa pessoa sejam amistosas.

Ele também pode ajudá-lo a alcançar a grandeza, a superar os problemas e a tornar-se calmo.

Algumas das técnicas que se seguem necessitam do apoio do seu subconsciente. Se estas técnicas lhe parecerem apropriadas, e se, por conseguinte, você confiar em seu subconsciente para colocá-las em prática, elas irão funcionar em seu caso.

Administrando o seu subconsciente

Saber que o seu subconsciente pode ser um poderoso aliado é apenas uma parte dessa história; mais importante ainda é fazê-lo trabalhar para você, ajudando-o a permanecer calmo em todas as ocasiões.

Embora uma discussão acerca do subconsciente possa parecer técnica ou acadêmica, não é necessário nenhum treinamento adicional para fazer com que ele trabalhe para você.

O primeiro passo é deixar de lado a sua força de vontade. Depois que você tiver feito isso, escolha qualquer dos seguintes caminhos:

(i) Imaginação
(ii) Repetição
(iii) Sedução

Imaginação

Os mais disciplinados dentre nós foram treinados para acreditar que, com suficiente força de vontade, podem alcançar o que quer que sua mente se proponha a fazer, e que o simples peso da vontade e da personalidade superam todos os impulsos ou compulsões inconscientes.

Lamento ter de dizer-lhe que as coisas não são assim.

No que diz respeito ao subconsciente, a sua imaginação é infinitamente mais poderosa. Vou dar-lhe um exemplo: você sabe que as suas chances de ser atacado por um monstro encapuzado em um cemitério escuro são de aproximadamente uma em um bilhão. Você também sabe que tem uma chance muito maior de ser atropelado por um ônibus ou de morrer de intoxicação alimentar. Por que, então, a sua freqüência cardíaca aumenta quando você caminha por um cemitério à noite, ao passo que ela pouco se altera quando você atravessa uma estrada comendo um hambúrguer?

Isso acontece por causa da sua imaginação.

O poder da sua imaginação aumenta em proporção direta com a quantidade de força de vontade à qual você recorre na tentativa de controlá-la. Continuando com a analogia do cemitério, quanto mais você tentar usar a sua força de vontade para *não* pensar nos monstros encapuzados, mais pensará neles ao passar pelos túmulos caminhando nas pontas dos pés.

Se você quiser influenciar seu modo de pensar ou sentir, portanto, é preciso apelar para a sua *imaginação* e não para o intelecto.

Mais adiante, você lerá a respeito das técnicas de visualização que o ajudam a utilizar o poder da imaginação para superar sentimentos ou situações estressantes.

Repetição

Você já viu sessões de hipnose na televisão o bastante para reconhecer o expediente preferido do hipnotizador: a repetição. Ele faz a mesma sugestão vezes seguidas. Embora usando talvez palavras diferentes, ele repete sempre a idéia.

Qualquer forma de repetição tem um efeito não discriminatório sobre o subconsciente. Se você fala que o seu trabalho o deixa tenso e repete isso muitas vezes, é provável que tenha tensão muscular sempre que estiver por lá. Sugestões (ou pensamentos) negativos repetidos irão produzir fracasso, acidentes e doença. Inversamente, a repetição de sugestões positivas pode fazer com que a pessoa alcance o sucesso, superando problemas e a adversidade.

Por quê? Por uma razão: a repetição tende a dominar o pensamento consciente, aumentando a possibilidade de que o subconsciente venha a ser influenciado. Isso lhe permite concentrar-se de uma forma que nunca seria possível por meio apenas da força de vontade. Quando você consegue concentrar-se dessa forma – não por meio da força de vontade mas por meio da *ausência* do pensamento consciente – o seu subconsciente mostra-se mais receptivo. E essa é a melhor ocasião para realizar uma mudança positiva.

Se você quiser influenciar o seu subconsciente, repita, repita e repita – usando palavras (afirmações), atos ou pensamentos positivos.

Sedução

O subconsciente não pode ser impelido a se comportar racionalmente. Isso não pode ser feito pela lógica, pela força de vontade, pelo senso comum nem por qualquer outro mecanismo.

Para que ele aceite algum de seus pedidos lógicos, práticos e bem definidos – isto é, uma ordem da sua vontade – ele tem de ser *seduzido* a responder do modo como você quer. Tem de ser cativado, adulado, levado a fazer aquilo que você pediu.

Isso é conseguido por meio da sugestão.

Ao contrário da mente consciente, o subconsciente não tem nenhuma capacidade de discriminar: em condições propícias, qualquer sugestão que você apresentar será levada em conta e posta em prática (desde que ela não contrarie demasiadamente suas crenças ou desejos gerais).

A compreensão desse poder de sugestão permite que um grande vendedor exerça sua influência sobre um cliente, faz pessoas saudáveis ficarem doentes e pessoas doentes recuperarem a saúde, possibilita que praticantes de artes marciais realizem grandes façanhas e permite que esportistas sejam bem-sucedidos. Essa compreensão também constitui a base da hipnose, da auto-hipnose e de muitos programas de auto-ajuda.

É por isso que uma conversa sobre comichão fará com que você sinta vontade de se coçar. É por isso que fingir que está cansado o fará bocejar. Esse fenômeno é conhecido como "sugestão aplicada". Ele pode originar-se a partir de uma outra pessoa (como alguém que se queixa, um vendedor ou um hipnotizador) ou de você mesmo mas, uma vez aceita a sugestão, é o subconsciente que se põe a transformá-la em realidade.

Assim, se você ficar dizendo para si mesmo coisas *positivas* e *calmantes*, elas irão transformar-se em realidade. Se você for persistente, isso com toda a certeza vai funcionar. Mais poderosa ainda é a sugestão *visual*. Se você puder "ver" mentalmente essas coisas positivas e calmantes e, especialmente, se você puder "ver" a si mesmo incluído neste contexto, então você estará bem perto de transformá-las em realidade.

QUATRO RECURSOS DO SUBCONSCIENTE

> O subconsciente freqüentemente comporta-se como uma criança pequena; ele adora diversão, jogos e se dá bem com sonhos, emoções, idéias abstratas, conceitos, imagens, ideais e fortes estímulos visuais.

SERIA POSSÍVEL argumentar que existem centenas de recursos que você poderia usar para influenciar o subconsciente e, assim, alcançar os seus objetivos no local de trabalho.

Simplifiquei esse processo dividindo esses recursos úteis em quatro categorias – principalmente porque cada um deles funciona com brilhantismo, mas também porque tenho feito muitas pesquisas acerca de sua eficácia.

Cada uma dessas categorias é apresentada como um modelo – uma base técnica ou fórmula que você pode ampliar ou modificar de acordo com as suas necessidades ou desejos. São elas:

(i) Visualização
(ii) Afirmação
(iii) Auto-hipnose (e meditação)
(iv) Representação

Aprenda essas técnicas básicas e, em seguida, você poderá aprimorá-las ou expandi-las para formular soluções sob medida para os problemas específicos do seu local de trabalho. Inicialmente, porém, elas são técnicas para serem usadas em casa – para prepará-lo para coisas que podem acontecer no trabalho; elas não são necessariamente apropriadas para uso no local de trabalho, exceto, talvez, em épocas de tranqüilidade.

1. Visualização

O clichê de que "uma imagem vale por mil palavras" nunca foi mais verdadeiro do que quando usado para descrever a influência de uma imagem (mesmo de uma imagem mental) sobre o subconsciente.

Você sabe disso por experiência própria: a briga de rua que você testemunhou é muito mais ofensiva do que a que lhe foi descrita pelo telefone; um vislumbre de Tom Cruise em pessoa é muito mais memorável que uma vívida descrição do ator em um artigo de revista.

Desse modo, se você alimentar o seu subconsciente com imagens visuais poderosas – imagens visuais *positivas* – o seu subconsciente estará muito mais propenso a recolhê-las.

Assim, a visualização é a técnica mais poderosa que você poderá empregar para produzir mudanças de humor ou de comportamento – porque ela apela para a sua imaginação, a faculdade mental responsável pela formação das imagens.

As visualizações requerem apenas o nível básico de capacidade imaginativa. Se você duvida da sua capacidade de visualizar, aja como se você pudesse fazer isso facilmente e o resultado será igualmente bom.

Em seguida, apresentamos a técnica básica para a visualização. Embora tenha sido criada para ser modificada conforme a necessidade, essa técnica é singularmente poderosa em qualquer de suas formas.

A tela de prata

Essa técnica foi criada para a nossa era da eletrônica e dos sistemas multimídia. A técnica emprega um item (imaginário) da tecnologia com o qual todos estamos familiarizados: uma tela de cinema grande e prateada (ver abaixo). Em vez de tentar imaginar ou visualizar alguma área mal-definida da sua mente, você simplesmente imagina a visualização ocorrendo nessa grande tela.

A tela prateada usada na visualização

Todos os procedimentos apresentados em seguida são realizados com os olhos fechados. Em primeiro lugar, escolha uma imagem que seja mais adequada para expressar o modo como você gostaria de se sentir. Se você estiver se sentindo estressado e sobrecarregado de trabalho, você poderia escolher uma imagem na qual você está trabalhando e sentindo-se calmo, relaxado e com o completo controle de si mesmo. Uma alternativa é uma imagem de puro escapismo, em uma luxuriante e pacífica floresta tropical ou em uma paradisíaca ilha do Pacífico Sul.

Uma vez escolhida a imagem que mais o atrai, você a projeta em sua enorme tela prateada, ou seja, você a imagina aparecendo nessa tela.

Com os olhos ainda fechados, absorva todos os detalhes visuais da imagem da tela: o tapete de folhas sobre o solo da floresta, os longos trechos de areia branca na praia da ilha.

Quando enxergar essa imagem com clareza, imagine-se subindo nessa tela e tornando-se parte da imagem.

Observe a si mesmo nessa floresta tropical ou nas areias da ilha banhada pelo sol tropical. Observe as roupas que você está usando, a sua postura tranqüila, o modo como a brisa agita os seus cabelos, o sorriso calmo em seu rosto.

Imagine agora o que você estaria vendo se estivesse realmente no local apresentado na tela. "Veja" com os seus próprios olhos o cenário dos arredores.

Ao mesmo tempo, você começa a "ouvir" os sons desse local como se você realmente estivesse lá. Ondas quebrando-se na praia ou pássaros cantando na floresta tropical.

Em seguida, você "sente" como seria estar nesse cenário. O calor do sol sobre o seu corpo, a fresca brisa em seu rosto e o leito de folhas ou a areia macia sob os seus pés.

Quando você sentir que está realmente passando pela experiência de estar nesse local específico, tire uma fotografia do cenário. Ou congele a imagem. Para completar, acrescente a isso todas as imagens, sons e sensações.

Depois disso, faça uma pausa e aproveite essa sensação.

Dentro de segundos você estará sentindo-se calmo e relaxado — como se você realmente estivesse naquela maravilhosa ilha ou na tranqüila floresta que você criou em sua imaginação.

Procure estas soluções para ter calma:
Respiração Calmante .... página 93
Endireitando-se Para se Acalmar .... página 241
O Som Que Acalma .... página 232
O Quadro Positivo .... página 158

Modelo Básico de Visualização

1 Pratique a Respiração Calmante por cinco minutos. Ouça o som de sua respiração à medida que inspira e expira o ar.
2 Quando você estiver relaxado, feche os olhos e imagine à sua frente uma imensa tela prateada.
3 Quando você puder "enxergar" essa tela prateada, visualize o ambiente mais tranqüilo que você puder imaginar. Examine esse local detalhadamente.
4 Imagine agora você subindo nessa tela e entrando na imagem. Veja-se sempre agindo, falando e pensando de forma *positiva* — exatamente do modo como você gostaria de ser.
5 Agora que você é parte do cenário, "veja" tudo o que existe ao seu redor.
6 "Ouça" todos os sons à sua volta.
7 Sinta a brisa, a textura e a temperatura.
8 Quando tudo isso se mostrar de modo vívido em sua mente, tire uma fotografia (ou congele a imagem) de si mesmo, com todas estas imagens, sons e sensações.
9 Relaxe e deixe as sensações positivas alcançarem a sua consciência (não é necessário nenhum esforço).
10 Se necessário, repita o exercício.

2. Afirmação

A afirmação é uma técnica bem conhecida pelos hipnoterapeutas, psicoterapeutas, promotores de cursos de autodesenvolvimento e, acima de tudo, por produtores de fitas de auto-ajuda. O processo é conhecido como auto-instrução ou auto-sugestão, e é uma das técnicas de aplicação mais fácil.

As afirmações são simplesmente um conjunto de palavras cujo poder depende da repetição. Como essas palavras são repetidas vezes seguidas, elas começam a influenciar o subconsciente e se realizam por si mesmas; as palavras ou sentimentos que você escolher irão determinar os resultados que você irá alcançar.

Isso parece simples — e o é. Mas a afirmação é um instrumento extremamente poderoso para operar mudanças — especialmente quando se trata de trazer calma e ordem para a sua vida.

Escolhendo as palavras certas

As palavras que você escolher para sua afirmação devem estar no tempo presente e precisam ser simples, ativas e positivas. Não há lugar para orações subordinadas e qualificações, mas apenas para sugestões simples, diretas e positivas. Exemplo: "Estou apreciando cada vez mais o meu trabalho. A cada momento ele se torna mais recompensador."

Além disso, como você quer apelar mais para a imaginação do que para o intelecto, o uso de palavras emotivas ("apreciar", "gostar", "admirar", "confiante", "feliz") fazem com que a afirmação torne-se ainda mais poderosa.

Mais poderosas do que qualquer outra coisa são as palavras que inspiram imagens, as quais, por sua vez, empolgam a sua imaginação. Palavras como "eu olho", "as pessoas me vêem", "mantenho a cabeça erguida". Nem sempre é fácil incorporá-las a uma afirmação mas, se você conseguir imaginar maneiras de fazê-lo, tanto melhor.

Digamos, por exemplo, que uma das suas maiores preocupações com o trabalho seja um chefe intimidador que tenha o hábito de denegrir os seus esforços e qualidades. Para contrapor-se a isso você escolhe para a sua afirmação palavras que estão direcionadas apenas para a *solução* que você deseja – e não palavras relativas às características negativas de seu chefe ou de seu relacionamento com ele.

O foco de suas palavras deve ser você mesmo e o modo como você se sente – afinal de contas, você é tudo o que importa nessa equação. De nada serve acrescentar frases como "meu chefe acha que sou um excelente funcionário" se você não acreditar realmente nisso. Trabalhe suas atitudes e habilidades e deixe que as outras questões se resolvam por si mesmas.

As palavras que você poderia escolher nesse caso particular poderiam ser algo como:

Tenho completa confiança em minha capacidade para realizar o meu trabalho. Sei que posso realizar qualquer coisa que me dispuser a fazer. Irradio calma e confiança para todas as pessoas que estão ao meu redor.

Tente dizer essas palavras para si mesmo algumas vezes – com autoridade – e observe a diferença que elas fazem no modo como você se sente. Se você repeti-las diversas vezes por dia, dentro de pouco tempo você modificará o modo como você se sente em relação a si mesmo.

Se você não sentir que essas palavras estão alcançando aquilo que você quer alcançar, escolha um outro conjunto de palavras. Uma vez mais, escolha palavras simples, diretas, positivas e que estejam no presente.

Continue repetindo-as para si mesmo – tão alto quanto lhe for possível – até que a sua consciência fique repleta delas. Faça isto durante pelo menos cinco minutos de cada vez. Quando você divagar, não pense em nada e simplesmente volte para essas palavras.

Procure estas soluções para ter calma:
Respiração Calmante .... página 93
Diminua o Barulho .... página 229
Diga Que Você Está Seguro .... página 186
Uma Palavra Positiva .... página 156
Tranqüilize-se Com o Poder da Palavra .... página 178

Modelo Básico de Afirmação

1 Pratique a Respiração Calmante durante cinco minutos. Ouça o som da sua respiração à medida que o ar entra e sai.

2 Escolha palavras e frases positivas que:
- reflitam o modo como você idealmente gostaria de ser;
- sejam simples, diretas, positivas e digam respeito ao assunto;
- estejam no tempo presente;
- apelem para a imaginação ou para as emoções e não para o intelecto.

3 Continue repetindo essas frases para si mesmo. Repita-as, sempre.

4 Faça isso várias vezes por dia.

3. Auto-hipnose

Há algo de exótico na expressão "auto-hipnose". Ela faz aparecer imagens de mágicos de palco e pessoas tolas ficando com sono, com sono, com sono...

A realidade, obviamente, não é tão exótica. A auto-hipnose é uma habilidade simples e altamente acessível, que quase todos podem usar e se sentir bem ao fazê-lo. E, na maioria dos aspectos, ela está muito longe da hipnose de palco que você conhece.

A principal diferença entre a hipnose em que há uma terceira pessoa (a hipnose de palco ou hipnose clínica) e a auto-hipnose é a pessoa que estabelece o ritmo. No primeiro caso, você abre o seu subconsciente para a orientação de uma outra pessoa – o hipnotizador – ao passo que, no segundo caso, você mesmo conduz todo o processo. Em ambos os casos, porém, *você* tem o controle supremo sobre tudo o que estiver acontecendo.

As técnicas de afirmação e de visualização que você acabou de ver são, em muitos aspectos, semelhantes à auto-hipnose. Todas as três técnicas envolvem a *sugestão aplicada* – em que você oferece um determinado *input* para o seu subconsciente – e todas as três apresentam resultados semelhantes no sentido de que o seu subconsciente começa a dirigir a sua mente consciente. (É desse modo que você supera medos, formas de tensão e sentimentos aparentemente irracionais.)

Então, como se pode realizar a auto-hipnose?

Uma maneira é visitar um hipnotizador e pedir que ele lhe faça uma sugestão pós-hipnótica, que, por sua vez lhe permita entrar em um estado hipnótico no momento em que você quiser. A maioria das pessoas, todavia, irá preferir usar a técnica simples apresentada a seguir.

A técnica da auto-hipnose

A hipnose de qualquer tipo consiste em dois passos:

(i) induzir um transe; e

(ii) apresentar uma sugestão de que o seu subconsciente irá transformar em uma realização.

Muito embora a própria palavra "transe" seja suficiente para evocar todo tipo de imagens sombrias e misteriosas, o transe é um fenômeno completamente natural e corriqueiro que cada um de nós já experimentou. Sim, até mesmo você.

Você já esteve em uma viagem de trem, sem nada para fazer exceto olhar pela janela e ouvir o ruído das rodas sobre os trilhos? Você se lembra de que nessa ocasião ficou com "os olhos perdidos no ar", "sonhando acordado", "sem pensar conscientemente em coisa alguma?" Você já foi fazer uma massagem, um tratamento para a pele do rosto ou mesmo um corte de cabelo e descobriu-se "sonhando acordado" e, quem sabe, até mesmo fazendo gestos com a cabeça?

Isso foi um transe. Muito provavelmente, ele foi tão profundo e significativo – por mais breve que tenha sido – quanto qualquer transe hipnótico. Ele pode ter durado apenas alguns minutos, apenas alguns segundos, mas foi um transe. Exatamente o mesmo tipo de transe usado nos palcos. Exatamente o mesmo tipo de transe que você pode usar numa auto-hipnose para ter calma.

Esse estado hipnótico difere do seu estado normal de vigília de diversas maneiras significativas. Dentre elas, a mais destacada é o foco da sua atenção. Em seu estado normal de vigília, você pode perceber centenas de estímulos ao mesmo tempo; no estado de transe, a sua percepção é mais direcionada e intensa. Essa percepção intensificada é que faz o seu subconsciente ser tão receptivo às sugestões que você irá lhe dar.

E, assim como você não caiu num sono profundo nem perdeu o controle nas ocasiões corriqueiras em que passou por um estado de transe (no trem, no banho, durante uma massagem facial), isso também não irá acontecer quando você estiver executando o procedimento que se segue.

1. Indução de um transe Embora existam milhares de maneiras de produzir um estado de transe, eis aqui uma maneira simples que descobri por acaso e que ainda é experimental (mais pela novidade do que por qualquer outra coisa).

Em essência, ela nada mais é do que um processo para encher os seus sentidos com visões, sons e sensações presentes ao seu redor e, em seguida, reduzir sua variedade, uma a uma, enquanto sua atenção torna-se cada vez mais direcionada.

O que poderia ser mais simples do que isso?

Para começar, acomode-se em uma sala tranqüila e pouco iluminada. Tire os sapatos, afrouxe as roupas, sente-se e fique à vontade.

Fique sentado alguns minutos praticando a Respiração Calmante.

Antes de fazer qualquer outra coisa, diga a si mesmo – com convicção! – que, no momento em que você alcançar um estado de transe, o seu queixo vai se erguer; lentamente, seguramente e por si só. Esse será o sinal de seu subconsciente, indicando que você alcançou o desejado estado de transe – o estado em que o seu subconsciente está mais receptivo a qualquer sugestão que você possa lhe dar. (Não há nada de mágico nisso; trata-se apenas do despertador mental de que falamos no início desta seção, na página 97.)

Deixe as suas mãos apoiarem-se confortavelmente em seu colo, sem se tocarem.

Concentre-se num ponto brilhante da sala, como um reflexo de uma maçaneta de latão ou uma mancha de sol no chão.

Concentre a sua atenção nesse ponto brilhante.

Agora, *usando apenas a sua visão periférica*, atente para seis coisas diferentes que você pode *ver* nessa sala. Em seguida, sem deixar que os seus olhos se afastem da luz para a qual você está olhando, identifique seis diferentes sons que você pode *ouvir*. Uma vez mais, sem permitir que os seus olhos se afastem do ponto de luz, identifique seis diferentes coisas que você pode *sentir*.

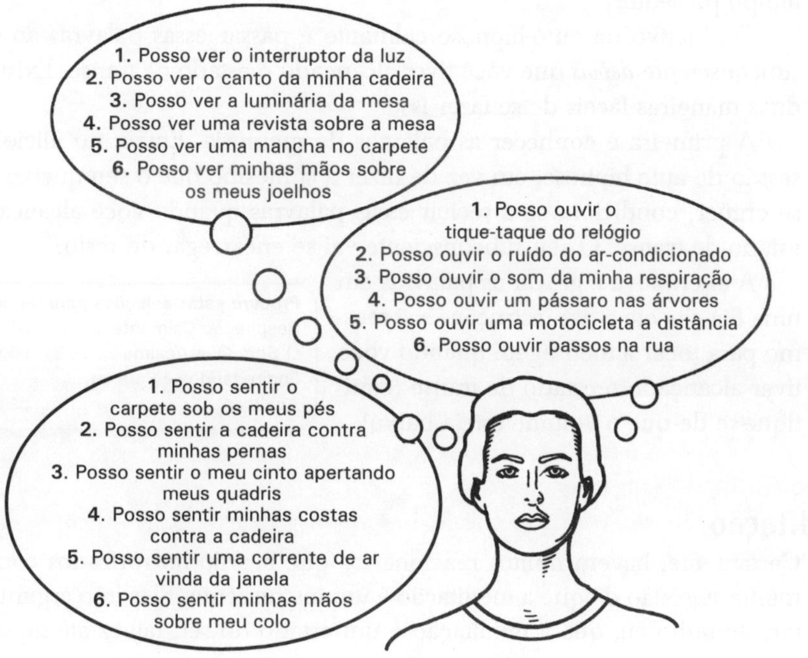

Da próxima vez, identifique apenas cinco das coisas que você consegue ver, ouvir e sentir. (Tudo isso enquanto continua mantendo o olhar fixo no ponto de luz.)

Em seguida, identifique apenas quatro coisas.

E três.

E duas.

E uma.

Neste momento, você provavelmente vai notar que o seu queixo se ergueu por si só. Você provavelmente ficará tão surpreso, que irá sair instantaneamente do seu adorável e tranqüilo estado de transe. (Esta última parte do processo, a inclinação do queixo para cima, nada mais é do que um truque que serve para demonstrar de que modo o seu subconsciente pode comunicar-se com você. Como ele não tem nenhuma outra função, você pode descartá-lo no futuro.)

2. Apresentando a sugestão As palavras que você usou na seção de afirmações (página 105) são conhecidas como auto-sugestões. Se quiser, você pode usar as mesmas palavras na auto-hipnose.

Se tudo o que você desejar da auto-hipnose for, por exemplo, sentir-se calmo e relaxado, poderá escolher palavras como estas:

Estou relaxando cada vez mais e entrando em um estado de grande paz e calma. Estou me sentindo contente, tranqüilo e em paz com o mundo. Irradio paz e calma para todas as pessoas com as quais entro em contato.

(Você notou que todas as palavras são positivas, emocionais e estão no tempo presente?)

O objetivo da auto-hipnose calmante é passar essas palavras ao seu subconsciente *depois* que você tiver alcançado o estado de transe. Existem duas maneiras fáceis de se fazer isso.

A primeira é conhecer as palavras de memória. Então, no início da sessão de auto-hipnose, em vez de dizer a si mesmo que o seu queixo vai se erguer, condicione-se a recitar essas palavras quando você alcançar o estado de transe. O seu subconsciente vai se encarregar do resto.

A alternativa é gravar as palavras em uma fita cassete e dar instruções a si mesmo para tocar a mensagem quando você tiver alcançado o estado de transe (certifique-se de que o volume esteja baixo).

Procure estas soluções para ter calma:

Respiração Calmante .... página 93
O Som Que Acalma .... página 232
Endireitando-se Para se Acalmar .... página 241

Meditação

Certamente, haverá muitos reacionários que ficarão horrorizados com a minha sugestão de que a meditação é um instrumento. Eles irão argumentar, suponho eu, que a meditação é um estado do ser, talvez até mesmo

Modelo Básico de Auto-hipnose

1 Sente-se em uma poltrona confortável, tire os sapatos e apóie as mãos sobre o colo.
2 Pratique a Respiração Calmante durante cinco minutos. Ouça o som da sua respiração à medida que inspira e expira o ar.
3 Diga a si mesmo que você vai recitar suas auto-sugestões depois de entrar em um estado de transe.
4 Concentre-se num ponto brilhante da sala e continue a olhar fixamente para ele ao longo de todo o exercício.
5 Usando apenas a sua visão periférica, identifique seis coisas que você pode ver nessa sala.
6 Identifique seis coisas que você pode ouvir.
7 Identifique seis coisas que você pode sentir.
8 Em seguida, identifique cinco coisas que você pode ver. E ouvir. E sentir.
9 Repita esse processo identificando quatro coisas. Depois três, duas e uma.
10 Recite as auto-sugestões para si mesmo. Alternativamente, ponha para tocar a fita previamente gravada.

uma dádiva sagrada e que, com certeza, ela não é algo que possa ser considerado um simples instrumento do subconsciente.

Você pode acreditar nisso, se quiser.

Ou então, pode adotar uma abordagem pragmática (coisa que faço) e usar o *exercício* da meditação – em contraste com a filosofia – como uma ferramenta do subconsciente. Esse é um instrumento que o ajuda a se tornar calmo e positivo, a resolver problemas e a melhorar a sua saúde.

Em suma, a meditação é um estado de consciência alterada, em que você se sente profundamente relaxado e longe do mundo exterior e, no entanto, ao mesmo tempo, está bem acordado e faz parte de um mundo muito mais amplo (quanto mais estudar as diversas técnicas de meditação, mais apreciará os paradoxos).

A prática da meditação é ao mesmo tempo agradável e benéfica aos que a utilizam. Quanto mais você a utiliza, mais agradável e benéfica ela se torna.

Este tópico é examinado mais pormenorizadamente adiante neste livro (ver página 266). Alternativamente, você descobrirá uma seção animada e projetada especificamente para esse propósito no *site* do Calm Centre na Internet (http://www.calmcentre.com), que irá conduzi-lo visualmente através dos passos desse processo.

4. Representação

Às vezes, você pode se sentir um ser humano muito inadequado. Todo aquele intelecto e força de vontade a sua disposição, e você ainda não consegue ter controle sobre o modo como reage à menos complicada das situações! Você está se sentindo tenso e apreensivo com alguma coisa, você sabe que é tolice se sentir assim e, no entanto, mesmo lançando mão de todos os recursos intelectuais e de personalidade a sua disposição, não consegue fazer nada a respeito desse problema.

Agora você sabe por que isso acontece: a sua força de vontade não tem nenhuma influência sobre o seu subconsciente.

Em muitos aspectos, o subconsciente se comporta como uma criança pequena; adora ser entretido, participar de jogos e criar sonhos, emoções, idéias abstratas, conceitos, imagens, ideais e visões plenas de significado ou importância.

Uma das maneiras mais eficazes de que você dispõe para influenciar o seu subconsciente foi aperfeiçoada por você ainda na infância. Essa técnica lhe permitiu escapar do tédio da vida normal e transportar-se para castelos de contos de fadas ou para o "batmóvel" num piscar de olhos. Ela lhe permitiu ser tão pequeno quanto um dedal, ou tão alto quanto uma árvore.

Ela é a sua capacidade de fingir, de representar papéis imaginários.

Sendo uma técnica criativa, divertida e repleta de imagens irreais, fingir – ou *assumir* um papel – é uma maneira eficaz de apelar para o subconsciente. Alguns dos psicoterapeutas mais habilidosos, particularmente os que trabalham com hipnose, utilizam esse instrumento para superar as barreiras e intrusões da mente consciente. Ao fazerem com que os pacientes finjam ser alguma coisa ou sentir de determinada maneira, em vez de efetivamente tentarem fazer isso na realidade, eles contornam inibições conscientes e recrutam o subconsciente do paciente para contribuir para os seus esforços.

Isso significa que o sucesso ocorre cem ou mesmo mil vezes mais rápido do que se a mente consciente estivesse tentando fazer isso sozinha.

A técnica da representação

A seguir, lhe mostraremos como usar a técnica da Representação para tornar-se calmo e relaxado. (Com uma ligeira modificação, ela poderia ajudá-lo a superar a timidez, a deixar de fumar, a melhorar o seu desempenho esportivo ou a sair-se bem numa situação com a qual você estivesse pouco familiarizado.)

Para começar, você evoca mentalmente todas as características que você iria exibir se fosse uma pessoa totalmente calma: o que estaria usando; como você estaria tranqüilo; os gestos serenos que você exibiria; a fala lenta. Você conseguiu formar a imagem?

Agora vamos à técnica.

Você simplesmente *finge* que está se sentindo dessa maneira. Represente todos os atos que acalmam; fale com aquela voz lenta; movimente-se do modo como uma pessoa calma o faria. Em outras palavras, você finge que está calmo e relaxado. Você finge que se acha no completo controle da situação e de todas as outras situações semelhantes. *Finja* estar familiarizado com essa sensação de tranqüilidade.

Se você fizer tudo isso, adivinhe como você estará se sentindo depois de cinco minutos? Exatamente. Você estará se sentindo calmo.

E se você quiser tornar essa experiência ainda mais profunda, use este simples expediente: você finge que todo mundo o vê como uma pessoa calma e tranqüila que você está fingindo ser.

Faça isso com sinceridade e diligência e você rapidamente irá acreditar no que faz.

Procure estas soluções para ter calma:
Modelando a Calma .... página 216
Assumindo o Controle .... página 139
Finja Que Você Está Seguro . página 185
Finja Ser do Tipo B .... página 172
Esqueça o Relógio .... página 116

Modelo Básico de Representação

1 Pratique a Respiração Calmante durante cinco minutos. Escute o som do ar entrando e saindo.
2 Quando você estiver relaxado, feche os olhos e imagine uma imensa tela prateada diante de você.
3 Imagine que está vendo a si mesmo nessa tela como uma pessoa calma, tranqüila e em paz com o mundo (ou com quaisquer características que você tenha escolhido). Observe de que modo você está respirando, falando e se movendo.
4 Quando tiver uma imagem clara de si mesmo, "desligue" a tela prateada e abra os olhos.
5 *Agora*, faça o seguinte, enquanto prossegue com sua vida normal.
   - Finja que você é exatamente como a pessoa que você imaginou ser. (Isso é apenas um faz-de-conta e, portanto, você pode ir tão longe quanto quiser em sua representação.) Finja ser calmo. Movimente-se como uma pessoa calma, fale como uma pessoa calma, aja como uma pessoa calma.
   - Em seguida, finja que os outros o vêem da maneira como você está imaginando sentir-se.

QUANDO A CAUSA É O TEMPO

PERGUNTE À MAIORIA das pessoas que trabalha duro o que é que lhes causa mais preocupações no local de trabalho e é provável que a resposta delas esteja relacionada com o tempo.

> A maioria das pressões do tempo é causada pela cabeça e não pelo relógio.

Ou com a falta dele.

Talvez você possa compreender isso. Afinal de contas, o mundo torna-se mais ocupado a cada dia e uma coisa sobre a qual você não tem nenhum controle é o tempo. Ou será que tem?

Por que algumas pessoas conseguem fazer mais coisas em um dia do que outras em uma semana? Serão elas sobre-humanas? Elas possuem alguma habilidade exclusiva de que os outros não dispõem? Dispõem de algum meio mágico de controlar o tempo?

Provavelmente não. Embora elas talvez possuam determinadas capacidades e técnicas de administração do tempo, sua verdadeira vantagem quase com certeza é de atitude ou percepção – o modo como elas *percebem* o tempo e não a quantidade de tempo que elas têm a sua disposição porque, conforme já discutimos, a maioria das pressões do tempo é causada pela cabeça e não pelo relógio.

Eis aqui algumas técnicas que irão ajudá-lo a controlar essa sua cabeça e, em conseqüência, a sua percepção do tempo.

Como controlar o tempo

Vamos direto ao assunto: ninguém pode controlar o tempo. Nem você, nem eu, nem ninguém. Tudo o que você poderá controlar são os acontecimentos e, talvez, o tempo que eles consomem. Portanto, a idéia de "controlar" o tempo consiste em:

(i) controlar os acontecimentos que consomem o seu tempo; e
(ii) controlar o modo como você encara o tempo.

O inimigo número 1 do tempo

Chegou a hora de identificar um dos piores inimigos do tempo no local de trabalho. Não se trata de uma pessoa, de uma prática usada no local de trabalho ou de um problema de atitude.

Trata-se de um relógio de pulso.

Se você tem propensão para um comportamento do tipo Assertivo (veja página 33), é provável que você dê uma olhadela no relógio cerca de cem vezes por dia. Cada vez que o relógio é consultado, você cria uma pressão sobre si mesmo. "Tenho de terminar isso às..."; "Veja como resta pouco tempo para..."; "Como vou conseguir terminar isso..."; "Simplesmente não tenho tempo".

Você ainda estará fazendo essas coisas quer use ou não um relógio de pulso. Mas algo ainda mais importante acontece quando você não está usando um: você começa a se comportar como se fosse alguém com uma personalidade do tipo Tranqüilo – alguém menos preocupado com o tempo, os prazos finais e com as assim chamadas pressões do tempo.

ESQUEÇA O RELÓGIO

Pense nestes fatos por um momento:

(i) As pessoas do tipo "Tranqüilo" não se preocupam indevidamente com o tempo, com os prazos finais ou com outras pressões do tempo.
(ii) As pessoas do tipo "Tranqüilo" não apresentam sintomas de abstinência quando se esquecem de usar seu relógio de pulso em alguma ocasião.
(iii) As pessoas do tipo "Tranqüilo" preocupam-se tão pouco com o tempo, que, às vezes, optam por não usar relógio.

Agora que você e o seu subconsciente tomaram conhecimento dessas estatísticas, o simples ato de remoção do seu relógio de pulso pode servir de lembrete para você agir como uma personalidade do tipo "Tranqüilo" e preocupar-se menos com o tempo. Este poderia ser o seu primeiro passo para se tornar calmo.

Se você achar que isso não tem importância, faça um favor a si mesmo e experimente isso uma vez. Você descobrirá que o seu subconsciente adora esse jogo e irá reagir favoravelmente.

Para torná-lo ainda mais poderoso...

Para levar esse jogo a uma nova dimensão, você pode usar o Modelo Básico de Representação, que se encontra na página 113. Uma vez feito isso, trata-se da simples questão de aplicar essa técnica onde e quando você desejar fazê-lo.

Todas as vezes que você quiser se tornar menos preocupado com o tempo, tudo o que você precisa fazer é tirar o seu relógio de pulso, recordar-se das características das pessoas do tipo "Tranqüilo", as quais você visualizou em sua tela prateada imaginária (na visualização), e deixar o resto a cargo do seu subconsciente.

Procure estas soluções para ter calma:
Respiração Calmante .... página 93
Modelando a Calma .... página 216
Finja Ser do Tipo B .... página 172

Esqueça o Relógio

- Pratique a Respiração Calmante durante cinco minutos. Ouça o som do ar entrando e saindo.
- Quando estiver relaxado, feche os olhos e imagine que está em uma imensa tela prateada, calmo, relaxado e em paz com o mundo. Observe como se sente muito mais tranqüilo por não estar usando um relógio de pulso. Veja como os prazos finais não se tornam tão ameaçadores, como você tem tempo para completar o seu trabalho, faz uma coisa de cada vez e gosta disso.
- Quando você tiver uma imagem clara do modo como os outros o vêem, abra os olhos.
- Agora, tire o seu relógio e continue trabalhando normalmente.
- Finja que você é exatamente igual à pessoa que você imaginou. Finja que é alguém do tipo Tranqüilo. Aja como se você fosse do tipo Tranqüilo, como alguém que não está preocupado com o tempo.
- Em seguida, finja que os outros o vêem do modo como você está imaginando sentir-se.

Já que estamos falando de pulsos...

Existem duas outras pequenas técnicas que colecionei ao longo dos anos e que estão relacionadas ao pulso, embora não necessariamente relacionadas com o tempo. Ambas utilizam técnicas simples de acupressão para induzir um estado de calma.

As técnicas propriamente ditas requerem um mínimo de esforço. Depois que você souber onde estão os pontos de acupressão relevantes, tudo o que você tem a fazer é aplicar uma firme pressão em cada um deles com o dedo indicador.

(i) Aplique a pressão ao expirar. Solte-a ao inspirar.
(ii) Repita este processo diversas vezes: pressione ao expirar e solte ao inspirar.

Não é fácil?

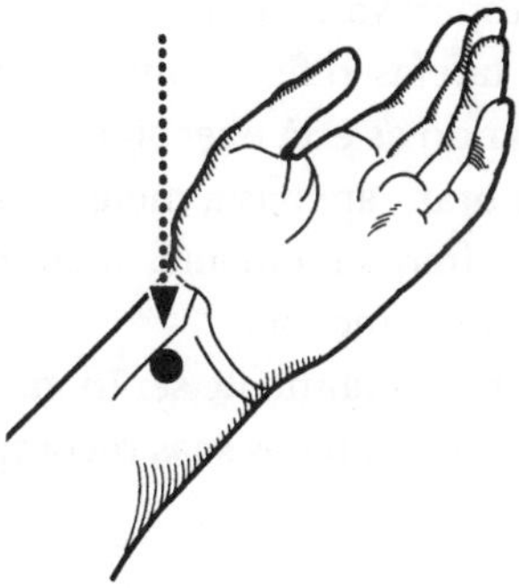

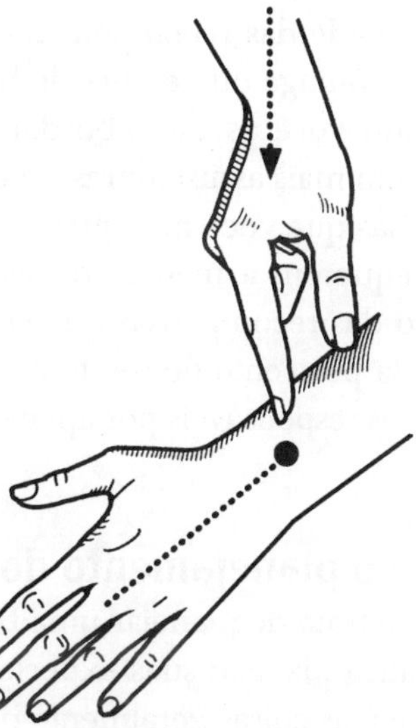

Esse ponto de acupressão é usado para o tratamento da ansiedade. Ele está localizado no centro do seu pulso, numa linha que parte do seu dedo médio, aproximadamente duas larguras de polegar abaixo da extremidade inferior da palma da mão. Há uma fenda natural logo atrás do osso do pulso.

Esse segundo ponto — uma alternativa ao primeiro — está no lado superior do seu pulso, diretamente sobre a linha que parte do dedo médio, a cerca do dobro da largura do polegar acima da dobra de seu pulso. Você vai sentir uma espécie de reentrância.

AS TRÊS LEIS DA ADMINISTRAÇÃO DO TEMPO E DO ESFORÇO

Qualquer pessoa que enfrente problemas com o tempo concordará que as maiores causas de desperdício de tempo não são os grandes projetos (isto é, os grandes fatores de *stress*), mas os pequenos, aqueles com os quais você talvez nem sequer devesse estar se preocupando.

Embora devamos estar atentos para o risco de simplificar excessivamente problemas complexos, há um conjunto simples de leis "naturais" relacionadas à administração do tempo e do esforço. De forma pouco imaginativa, elas foram chamadas As Três Leis da Administração do Tempo e do Esforço. Tenho visto amplas provas de seu poder ao longo dos anos, e as recomendo a você como uma simples prescrição para planejar e manter em perspectiva os seus esforços no trabalho.

(1) As coisas que você realmente quer em geral demoram o dobro do tempo para se realizarem, custam o dobro do esforço e trazem-lhe ape-

nas metade das recompensas que você (ou seu chefe, diretoria, acionistas, cônjuge ou gerente de banco) esperava receber.

(2) Quando você as está abordando, as tarefas difíceis invariavelmente parecem mais assustadoras do que quando as está executando. Assim, as coisas que você não quer fazer demoram apenas a metade do tempo, requerem a metade do esforço e, freqüentemente, trazem-lhe o dobro das recompensas que você esperava receber.

(3) Oitenta por cento do seu tempo e esforço geralmente serão gastos em projetos responsáveis por apenas vinte por cento das suas recompensas.

1. A lei para o planejamento do seu tempo

Quando se trata de planejar uma tarefa ou evento desejável – o que também significa planejar suas expectativas em relação a isso – lembre-se da primeira lei: as coisas geralmente demoram o dobro do tempo, requerem o dobro do esforço e trazem-lhe apenas metade das recompensas que você esperava receber. Se um maior número de empreendimentos comerciais fossem planejados dessa maneira, haveria uma queda dramática no número de falências. Se um maior número de pessoas planejassem os seus dias de trabalho e sua vida profissional dessa maneira, haveria muito menor frustração quando elas deixassem de realizar aquilo que tinham planejado fazer dentro de determinado cronograma.

Planeje com esses referenciais em mente e, então, *esforce-se por melhorá-los durante a execução do projeto!*

2. A lei para a aplicação do seu esforço

As pessoas que mais sofrem com as pressões do tempo tendem a ser os procrastinadores.

Não faço a menor idéia se as pressões causam a procrastinação ou vice-versa. O que sei é que a aplicação é uma forma mais eficiente de lidar com as pressões do tempo do que a procrastinação. Depois que você começar a trabalhar em uma tarefa, o tempo necessário para dedicar-se a ela parece diminuir. Quanto mais cedo você começar a fazer alguma coisa, menos tempo ela levará para ser concluída.

O truque é simplesmente começar a trabalhar.

3. A lei para investir no seu talento

Você pode desperdiçar muito tempo e energia seguindo diretrizes de ação frustrantes, pouco lucrativas e que consomem muito tempo. A velha fórmula 80:20 aplica-se tanto ao tempo quanto ao esforço: oitenta por cento do seu esforço produzem apenas vinte por cento dos seus resultados e vice-versa.

Seja rigoroso ao concluir em quais tarefas vale a pena investir seu tempo e esforço. Concentre-se primeiramente nelas.

Procure estas soluções para ter calma:
O Calculador de Prioridades de Vida .... página 83
O Poder do Não .... página 124
A Maneira Elegante de Dizer Não .... página 125
Planejador Criativo de Longo Prazo .... página 146
O Planejador Inconsciente .... página 150

Aplicação das Três Leis da Administração do Tempo e do Esforço

- Quando você estiver planejando tarefas ou acontecimentos desejáveis, considere que elas poderão levar o dobro do tempo, custar o dobro do esforço e trazer-lhe a metade das recompensas esperadas pelos acionistas — e, então, trate de procurar melhorar esses valores!
- Quando mais cedo você iniciar uma tarefa, menor o tempo necessário para completá-la. A procrastinação faz com que os projetos fiquem mais demorados.
- Concentre o seu esforço nos vinte por cento do trabalho que terão os melhores resultados.

Reduzindo as pressões dos prazos finais

Para muitas pessoas, a definição de um prazo final significa o surgimento de um problema. Isso é particularmente válido para determinados tipos de personalidade (ver páginas 28-29), e em determinados ramos de atividade. Faça um levantamento junto a qualquer ocupação em que haja muitos prazos finais e junto a qualquer pessoa orientada para prazos finais, e você verá um grande número de problemas relacionados ao *stress*.

Embora a definição de prazos finais possa ser um instrumento eficaz de administração do tempo no sentido de superar a procrastinação e fazer com que as tarefas sejam executadas, ela também aumenta o *stress* do dia de trabalho. À medida que os prazos finais se aproximam e se torna necessário concluir as tarefas, a tensão aumenta.

Certamente, existem pessoas que trabalham mais e se sentem mais seguras apenas quando prazos finais são estabelecidos. Todavia, os prazos finais representam uma pressão a mais no trabalho e criam problemas.

Por quê?

A maioria das pessoas dirá algo do tipo "o tempo está se esgotando". Eu não aceito isso.

Segundo as minhas observações, um prazo final iminente incomoda as pessoas não tanto por causa da percepção que elas têm do tempo mas porque elas o vêem como um ponto final ameaçador e que vai-se tornando cada vez maior – em outras palavras, certo medo irracional criado pelo subconsciente dessas pessoas.

Todavia, com uma pequena redefinição das suas tarefas você poderá acabar totalmente com essa ameaça – sim, usando o seu subconsciente.

RESERVANDO TEMPO PARA A CALMA

É simples redefinir uma tarefa de modo a acabar com a pressão de um prazo final. Em vez de pensar em termos de prazos finais, você simplesmente muda os termos de referência para "reservas de tempo". Assim, se a tarefa tem de ser completada no mesmo período na semana seguinte, em vez de estabelecer um prazo final, você reserva determinada quantidade de tempo para a tarefa.

Nesse caso, seriam sete dias. Ou, se você quiser números maiores, 168 horas. Mais importantes do que o número de horas, porém, é o fato de que você pode modificar essa reserva de tempo de acordo com a sua vontade – conceda a si mesmo 144 horas, ou 99 horas, ou 12 horas.

Você percebeu o que fez? Embora em geral seja outra pessoa que estabelece os prazos finais, é *você* que faz a reserva de tempo. Assim, você está encarregado do seu próprio destino. E as pessoas que sentem que estão no controle do seu destino sofrem menos com o *stress* relacionado com o trabalho. (Obviamente, se você desperdiçar as horas que você reservou para uma tarefa, esteja preparado para a pressão que surgirá quando lhe restar apenas uma quantidade limitada de horas.)

Se você algum dia sentir que o prazo final que alguém estabelece não lhe ofe-

Procure estas soluções para ter calma:
O Calculador de Prioridades de Vida .... página 83
O Poder do Não .... página 125
A Maneira Elegante de Dizer Não .... página 125
A Arte da Negociação .... página 201

Reservando Tempo para a Calma

- Negocie os prazos finais no início do projeto ou o mais cedo possível.
- Se um prazo final for estabelecido por alguma outra pessoa, traduza-o *imediatamente* em reserva de tempo.
- Varie um pouco a reserva de tempo, para que você se sinta no controle.
- Para projetos maiores, anote num papel essa reserva de tempo e, em seguida, mantenha um registro das horas que você gastar.
- Relaxe com o conhecimento de que você está no controle do seu próprio tempo.

rece margem de manobra suficiente para uma reserva de tempo suficiente, o momento de negociar isso é no início do projeto – e não perto do prazo final.

Procrastinação

Os peritos em administração de tempo sabem que, no local de trabalho, a prática mais debilitadora relacionada com o tempo é a procrastinação. Eles também sabem que ela é a mais difícil de ser corrigida.

À primeira vista, você poderia pensar que a procrastinação deveria levá-lo a se sentir mais relaxado e a ter uma vida mais tranqüila. Adiar todas as tarefas difíceis e desagradáveis até o último minuto lhe permitiria ter horas de agradável ociosidade seguidas por um breve período de agitação e trabalho duro. Infelizmente, não é assim que as coisas funcionam.

Adiar aquilo que você sabe que tem de ser feito serve apenas para aumentar as pressões sob as quais você vive em seu trabalho. Como as tarefas que você adia são invariavelmente aquelas de que você menos gosta, você tem todas estas coisas desagradáveis acumulando-se a sua frente. Assim, a procrastinação tem um efeito negativo sobre a sua produtividade. Pior, ela tem um efeito prejudicial sobre a sua auto-estima e os seus níveis de *stress*, porque permite que você seja controlado pelos acontecimentos e não o contrário.

Por esse motivo, acredito que a procrastinação é um dos principais – embora menos visível – fatores de *stress* no local de trabalho.

Enquanto a procrastinação contribui para aumentar a tensão, a ação leva à calma. "Ataque" cada problema à medida que eles forem surgindo e você terá preparado o caminho para a paz de espírito. Mas como você pode superar a tendência para procrastinar?

A maioria dos especialistas em administração do tempo aconselha que você estabeleça prazos finais e, assim, crie um senso de urgência para cada tarefa. Entretanto, como sabemos que os prazos finais constituem outra fonte geradora de *stress*, há necessidade de uma solução mais completa.

O ELIMINADOR DE PROCRASTINAÇÃO

A procrastinação surge a partir da falácia de que no futuro teremos mais tempo do que agora para realizar as tarefas do dia de hoje.

Além de ser ineficiente e improdutiva, essa crença também contribui para aumentar a sensação de *stress* no trabalho. A maneira de superá-la envolve sete etapas.

1. Divida as tarefas grandes em tarefas menores

Você já leu sobre isso antes, não? Sem mais desculpas, agora é hora de colocar isso em prática.

Se você tiver uma grande tarefa, às vezes só as suas dimensões e complexidade podem servir de pretexto para continuar adiando-a. Todavia, quase todas as grandes tarefas podem ser divididas em uma série de tarefas menores.

Depois que você tiver isolado essas tarefas menores, a tarefa total não lhe parecerá mais tão assustadora.

2. Anote-as por escrito

Dividir as suas tarefas grandes em uma série de tarefas menores contribui por si só para um tratamento mais eficiente dos detalhes – e isso é bom para o seu trabalho. Para acrescentar um pouco de disciplina ao seu programa, tome nota de cada uma dessas tarefas em um local que você possa consultar continuamente.

3. Reserve tempo para cada tarefa

Depois que você tiver tomado nota da sua relação de tarefas, reserve o tempo para a execução de cada uma delas. Agindo assim, você sentirá que tem mais controle sobre as coisas do que se optasse por estabelecer prazos finais.

4. Vá direto para a parte da qual você menos gosta

Como os procrastinadores deixam as tarefas menos agradáveis para o fim, suas procrastinações geram invariavelmente sentimentos de insatisfação.

Isso pode ser facilmente superado simplesmente invertendo-se a ordem das suas inclinações: faça primeiro as tarefas menos agradáveis e, depois disso, deixe as mais fáceis como recompensa para o final.

No instante em que você tiver definido as suas tarefas, "ataque" a que, dentre todas, é a de que você menos gosta. O ímpeto que você gera ao fazer isto irá acompanhá-lo até o final do projeto.

5. Transforme o seu trabalho num jogo

Você não espera que pessoas adultas se divirtam com seu trabalho, não é? Bem, elas podem e devem fazê-lo. Se você puder transformar as suas tarefas em um jogo – correndo contra o relógio; fingindo que é um cientista espacial em vez de um digitador; aperfeiçoando a sua voz ao telefone – você não apenas estará recrutando o seu subconsciente para a tarefa como o tempo positivamente irá voar.

6. Documente as suas recompensas

Se você quiser adquirir o hábito de superar a procrastinação, então terá de treinar a si mesmo para enxergar os benefícios dessa prática. Um atalho para isso é introduzir uma recompensa em seu programa. Esta pode ser alguma coisa tangível, como algum tipo de guloseima ou, então, alguma coisa mais relacionada ao trabalho, como fazer uma pausa de uma hora e caminhar num parque.

Para tornar esta recompensa ainda mais atraente e atribuir-lhe maior importância, anote-a por escrito – juntamente com sua lista de tarefas e distribuição de tempo.

7. Aplique os 100% de esforço

Por fim, quando chegar o momento de dar início a uma tarefa – especialmente as suas partes menos agradáveis – aborde-a com total concentração e esforço. Com isso, não só o tempo passará rápido como você terá com ela um inesperado nível de satisfação. (Você também poderá ter um desempenho mais eficiente, mas isso é outra história.)

Procure estas soluções para ter calma:
Reservando Tempo Para a Calma .... página 120
Brinque Com Você Mesmo ... página 258
As Três Leis da Administração do Tempo e do Esforço .... página 117
100% de Esforço .... página 137

O Eliminador de Procrastinação

- Divida as tarefas grandes em tarefas menores.
- Anote-as por escrito.
- Reserve tempo para cada tarefa.
- Passe direto à parte da qual você *menos* gosta.
- Transforme seu trabalho em um jogo.
- Documente as suas recompensas.
- Aplique os 100% de esforço.

Excesso de trabalho

Quando você faz um levantamento na força de trabalho nos dias de hoje, e pergunta às pessoas o que é que está lhes causando mais angústia, você descobre uma causa que é mencionada com mais freqüência do que qualquer outra.

Excesso de trabalho.

As exigências de aumento de produtividade na última década significam que as pessoas na verdade estão trabalhando mais tempo e com menos apoio do que em qualquer outra época da história recente. Mas será que a carga de trabalho aumentou realmente tanto assim? Estamos de fato sobrecarregados pelo excesso de trabalho?

Mesmo se a resposta for negativa, a *percepção* de que estamos com excesso de trabalho existe e é tão problemática quanto a realidade.

O trabalho extra raramente significa que a pessoa esteja sobrecarregada de trabalho. Se você tivesse 12 horas a mais de trabalho num dia e a mesma quantidade de trabalho para fazer, é provável que você não ficasse sobrecarregado de trabalho.

Portanto, agora que você definiu melhor o problema – qual seja, um excesso de exigências para o tempo de que você dispõe – torna-se mais fácil resolvê-lo.

O PODER DO NÃO

Você já se perguntou por que você permite que sejam feitas tantas exigências para o tempo de que você dispõe? É provável que se deva não a uma falha de planejamento ou a uma superestimação das suas capacidades, mas simplesmente a sua incapacidade para dizer “não”.

Para o bem da sua própria saúde e eficiência, essa é uma habilidade que você deveria desenvolver. Mas como fazer isso? Onde traçar um limite, quando dizer “não”?

Eis aqui três passos simples que tornarão isso mais fácil.

(i) Defina metas e resultados para todos os aspectos do seu trabalho.

(ii) Assuma apenas aquilo que irá ajudá-lo a alcançar estas metas e resultados. Diga "não" a tudo o mais.

(iii) Ignore todos os argumentos em contrário.

O ponto de partida é o seu resultado: no final do processo, o que você terá realizado? Como você terá se beneficiado? Como você irá se sentir? Depois que você tiver definido o resultado que você quer alcançar, anote-o por escrito no alto de uma folha de papel em branco – use linguagem positiva, no tempo presente – e, logo abaixo, relacione as suas metas. (Metas são os passos a serem alcançados no caminho que conduz ao seu resultado final.)

Então, quando alguém lhe pedir que assuma uma tarefa que você não havia planejado fazer, você tem três escolhas claras:

(i) Diga "sim", se isso o ajudar a alcançar seu resultado final ou suas metas.

(ii) Diga "sim", se isso ajudar alguém em um assunto importante sem produzir um impacto negativo em seu resultado ou metas.

(iii) Diga "não".

Aprenda a dizer "não" quando for necessário e você não apenas vai se sentir melhor consigo mesmo como também vai trabalhar mais eficientemente depois de ter dito isso.

Procure estas soluções para ter calma:
A Arte da Negociação .... página 201
Diga o Que Você Pensa .... página 195
Como Conseguir o Que Você Quer .... página 193

O Poder do Não

- Estabeleça metas e resultados.
- Comece com o resultado final: ao cabo do processo, o que você terá alcançado? De que maneira se terá beneficiado? Como você irá se sentir?
- Anote o seu resultado no alto da página e relacione suas metas logo abaixo.
- Avalie todos os pedidos de acordo com aquilo que você escreveu no papel. Diga "sim" para aquelas tarefas que irão ajudá-lo a alcançar suas metas e resultados. Diga "não" *rapidamente* para tudo o mais.
- Resista a toda argumentação em contrário.

A MANEIRA ELEGANTE DE DIZER NÃO

Se você for uma daquelas pessoas que não conseguem recusar exigências de trabalho adicionais, convites ou pedidos de ajuda, e se você estiver sofrendo as conseqüências do excesso de trabalho, você se beneficiaria com o desenvolvimento de uma poderosa habilidade: a capacidade de dizer "não" gentilmente quando tiver de fazê-lo.

Existem sólidos argumentos para justificar a aquisição dessa capacidade, inclusive do ponto de vista dos empregadores: quando você exige demais de si mesmo, o nível de *stress* aumenta, a eficiência diminui, a produtividade desaba e todas as funções são distendidas e colocadas em risco. Você provavelmente conhece as estatísticas segundo as quais a maioria das falências empresariais é resultado de muitos problemas pequenos e não de um só problema grande.

Desse modo, dizer "não" quando for necessário agir assim não deverá fazer com que você seja considerado preguiçoso, anti-social, negativo ou pouco cooperativo. Ao contrário, você será tido como uma pessoa eficiente e que está no controle do seu dia de trabalho – especialmente se você explicar os motivos pelos quais está dizendo "não".

Existem dois passos que irão tornar isso mais fácil para você:

(i) estabelecer as suas prioridades; e
(ii) racionalizar a sua recusa.

Estabelecendo as suas prioridades

Como saber quais tarefas aceitar e quais rejeitar? Em primeiro lugar, você tem de determinar o que lhe é importante.

Para o quadro geral ou decisões globais, use O Calculador de Prioridades de Vida, na página 83 ou o Planejador Criativo de Longo Prazo, na página 146. Estes irão ajudá-lo a determinar as prioridades da sua vida – trabalho, posição, dinheiro, sucesso, família, felicidade e assim por diante.

Para as decisões corriqueiras relativas à sua capacidade, contudo, não existe nenhum substituto para um planejamento detalhado. A essência do trabalho de planejamento é determinada pelo seguinte:

(a) as tarefas que você tem de realizar;
(b) o tempo que você reservou para elas; e
(c) sua ordem de prioridade.

Depois que você tiver levado isso em conta, estará em posição de calcular a sua capacidade de assumir mais tarefas.

Racionalizando a sua recusa

Muitas pessoas percebem que não estão na posição de aceitar pedidos adicionais e, mesmo assim, se sentem mal em recusá-los – razão pela qual acabam assumindo tantos encargos.

Se você sofre com a sua "bondade", provavelmente precisará racionalizar as suas recusas, e a melhor maneira de fazê-lo é ter um plano de trabalho, mesmo que seja apenas para o seu próprio uso.

Esse não é um documento formal nem algo que você tenha de mostrar a alguém. Trata-se simplesmente de uma relação das tarefas que você tem a fazer, em ordem de importância e acompanhadas do tempo que você reservou para cada uma delas.

Quando o seu dia ou semana tiver sido planejado dessa maneira, você achará fácil dizer que a sua distribuição de tempo não lhe permite fazer favores ou assumir tarefas adicionais.

Procure estas soluções para ter calma:
O Calculador de Prioridades de Vida .... página 83
Uma Palavra Positiva .... página 156
Planejador Criativo de Longo Prazo .... página 146
O Planejador Inconsciente .... página 150

A Maneira Elegante de Dizer Não

- Estabeleça as suas prioridades: as tarefas que você tem de fazer, em sua ordem de importância, e o tempo que você reservou para cada uma.
- Anote-as por escrito num plano de trabalho (para o seu uso).
- Quando surgirem pedidos adicionais que não possam ser acomodados no seu plano de trabalho, recuse-as polidamente — citando o seu próprio plano de trabalho.
- Tenha fé no seu plano de trabalho, caso a outra pessoa tente negociar.

CONHEÇA OS SEUS LIMITES

Provavelmente, a informação mais valiosa que você pode ter quando está ameaçado pelo excesso de trabalho é o conhecimento dos seus limites – e o modo como eles se aplicam a seu tempo, recursos e capacidades.

Uma vez conhecidos os seus limites, torna-se mais fácil para você determinar as coisas com as quais você tem capacidade de lidar ou consegue alcançar.

Isso se aplica não só às posições e responsabilidades que você assume como também às tarefas e prazos finais.

Sobrecarga de informações

Sobrecarga de informações. Excesso de informação, excesso de novos desenvolvimentos, excesso de mudança. Atualmente, essa é uma das causas mais comuns de *stress* no local de trabalho – particularmente entre executivos, na mídia, entre as pessoas que trabalham com tecnologia de informação, saúde e virtualmente em qualquer área tecnológica.

O conhecimento existente no mundo parece quase infinito. Boa parte dessas informações estão agora ao seu alcance – por meio de *e-mail*, pela Internet, por meio de bibliotecas e universidades. Como você vai manter-se a par de tudo isso? Como se espera que você proteja o valor dos conhecimentos especializados que você adquiriu ao longo dos anos? Qual é o valor de suas capacidades profissionais numa época em que o conhecimento está se expandindo tão rapidamente? E como você absorverá todas as informações que passam por sua mesa de trabalho num dia comum?

As preocupações acima são reais. O problema da sobrecarga de informações não o é.

Na grande maioria dos casos, o problema simplesmente não existe. Poucos membros da força de trabalho tiveram alguma vez uma *sobrecarga* de informações. Ninguém os obriga a assimilar todas as informações disponíveis. Elas simplesmente têm uma quantidade enorme de opções para escolher.

As opções devem ser temidas? Vale a pena ficar estressado por causa de uma escolha? Se for, não existe justiça, pois uma parcela ainda maior da força de trabalho cita a *falta* de opção como a principal causa de *stress* no local de trabalho.

No momento em que você substitui a palavra "sobrecarga" por "escolha", o problema diminui. Essa é a maravilha e a beleza de viver nesta era: você tem uma enorme quantidade de opções quando se trata de decidir quais informações podem ajudá-lo em seu trabalho.

Se você acreditar que tem de consumir *toda* essa informação para ser bem-sucedido, então você tem razão de estar estressado. Mas você não precisa fazê-lo.

Pausa para uma história da vovó

Quando eu estava escrevendo isso, lembrei-me de uma história sobre minha avó. No início do século, ela e seu marido juntaram-se a uma turma de trabalhadores ferroviários contratados para construir uma ligação ferroviária com uma parte remota do sertão australiano.

Um dos jovens de sua turma era uma alma infeliz que carecia de quase todos os refinamentos básicos da vida. Não fosse pelos pacotes de alimentos que sua irmã lhe mandava no trem semanal de suprimentos, ele teria morrido de fome. Mesmo assim, ele quase morreu de fome. Sem ter nenhuma noção de planejamento, ele consumia de imediato todo o alimento que a sua irmã lhe enviava para passar a semana, e depois ficava sem nada até a chegada do próximo pacote.

Sabendo disso, minha avó começou a convidá-lo para compartilhar suas modestas refeições. Imagine a mesa: um prato de batatas, outro de carne e mais um de pão. Qualquer que fosse o prato que estivesse diretamente diante do jovem, ele iria devorar todo o seu conteúdo. Nada do que minha avó pudesse dizer-lhe sobre partilha ou espera conseguia dissuadi-lo – se estava diante dele, o jovem comeria tudo. Nunca havia nenhum tipo de escolha; ele era compelido a consumir.

Em muitos aspectos, os executivos de hoje, "sobrecarregados" de informações, são como o jovem ferroviário de 1921. Eles têm essa crença obsessiva de que tudo o que for colocado diante deles – não alimento, dessa vez, mas informação e pesquisa – tem de ser assimilado.

Mas isso não precisa ser assim. Você simplesmente dispõe de uma série de opções dentre as quais poderá fazer as suas escolhas.

EMANCIPAÇÃO DE INFORMAÇÃO

Vivemos numa era iluminada. Qualquer que seja o seu interesse, qualquer que seja a sua ocupação, você dispõe de uma enorme quantidade de pesquisas e informações dentre as quais poderá fazer as suas escolhas com o propósito de realizar suas tarefas da melhor forma possível.

Isso não é sobrecarga de informação. É escolha.

Tudo o que você precisa para tirar proveito disso é um pouco de previsão, alguns filtros e um pouco de disciplina.

Previsão

Reduzido à expressão mais simples, isso tem a ver com planejamento. Usando o seu Calculador de Prioridades de Vida, determine o que é importante para você, para sua carreira e sua vida. Quando você tiver isolado o que é importante, tome nota disso num pedaço de papel.

Para alcançar esse objetivo, você provavelmente necessitará de certo grau de informações e de dados.

Uns poucos filtros

Agora que você determinou o que é importante na sua vida, chegou o momento de usar alguns filtros. Use quaisquer das técnicas de planejamento relacionadas abaixo com o propósito de determinar quais são os filtros de que você irá necessitar. Anote por escrito os seus filtros de informação. Você precisa fazer isso apenas uma vez ou, no máximo, cerca de uma vez por ano.

(i) O primeiro filtro consiste em decidir se você pretende ser um generalista (com uma perspectiva ampla mas com um conhecimento menos detalhado) ou um especialista (com um conhecimento mais profundo sobre uma área mais restrita).

(ii) O segundo filtro é baseado na ocupação. Em que área você está trabalhando *agora*, em que área você poderá estar trabalhando *no futuro* e em que área você *gostaria* de estar trabalhando (supondo-se que esta seja diferente das outras duas)?

(iii) O terceiro filtro é geográfico ou baseado no mercado. Onde você pretende competir e realizar o seu trabalho? Onde está o seu mercado hoje em dia? Onde ele estará amanhã?

(iv) E você progressivamente acrescenta mais filtros de acordo com as suas necessidades, interesses, metas ou ambições.

(v) O papel do último filtro é o de filtrar todos os seus filtros: algum deles pode ser substituído por um perito ou por uma fonte de informações? (Se você disser que o seu futuro mercado terá por base a Ásia, por exemplo, não seria melhor contratar ocasionalmente um perito em Ásia do que tentar ampliar a sua área de competência para abarcar também a Ásia?)

Um pouco de disciplina

Essa é a parte fácil. Tudo de que você precisa agora é um pouco de disciplina. Quando as informações lhe forem apresentadas, você aplica os filtros acima (os quais você mantém numa relação guardada em sua gaveta). Ou, se você tiver um assistente ou secretária, você pede que ele aplique esses filtros.

Informações que não atendem aos critérios dos seus filtros são ignoradas. Não tente descobrir para quem elas poderiam ser úteis, pois isso pode ser ao mesmo tempo uma coisa estressante e um desperdício de tempo. Se uma informação não passar pelos seus filtros, ela será ignorada ou rejeitada.

Isso não pode ser assim tão fácil, pensaria você. E se você for o executivo-chefe de uma grande organização e *todas* as informações que passarem por sua mesa forem relevantes para sua organização e, em conseqüência, relevantes para você? Como fica a eficácia dos seus filtros nessa situação?

Uma vez mais, você escolhe os filtros. Os executivos-chefe de uma grande organização precisam ser generalistas e não especialistas, de modo que o primeiro filtro elimina a maior parte das informações geradas pela organização que eles dirigem.

Assim, se você tiver uma tarefa a realizar, você segue os mesmos dois passos que as pessoas têm repetido ao longo da história: você reúne *as informações de que precisa* e, então, age com base nestas informações.

A questão é: quais são as informações de que você precisa?

Emancipação de Informação

1 Use O Calculador de Prioridades de Vida para determinar o que é importante para você.
2 Anote por escrito aquilo que é importante para você.
3 Use as técnicas de planejamento para determinar os filtros que você irá aplicar às informações.
4 Você é um generalista ou um especialista? Em que área está trabalhando? Que filtro geográfico ou de mercado você deve aplicar? Quais outros filtros?
5 Tome nota dos seus filtros de informação.
6 Existe algum especialista ou fonte de dados que poderia eliminar a necessidade de usar os filtros acima?
7 Avalie agora, de acordo com esses filtros, todas as informações apresentadas a você.
8 Rejeite todas as informações que deixarem de preencher os seus critérios. (Não perca o sono tentando pensar em quem mais poderia fazer uso delas.)

Outra consideração a respeito do tópico sobrecarga de informação é, para muitos, a intrusão do *e-mail*. Algumas pessoas que conheço recebem até quinhentas mensagens indesejáveis por semana.

Conquanto você possa ignorar a correspondência indesejável que o carteiro entrega em sua casa todos os dias, é muito mais difícil ignorar o seu *e-mail*. A não ser que você tenha o *software* correto. A maioria dos programas de correio eletrônico permite que você filtre os *e-mails* de acordo com o remetente ou o assunto. Se você achar que o seu *e-mail* é uma intrusão, você precisa deste *software*: um preço pequeno a pagar para permanecer calmo.

Procure estas soluções para ter calma:
O Calculador de Prioridades de Vida .... página 83
Um Curso de *Marketing* em Trinta Segundos .... página 199
Planejador Criativo de Longo Prazo .... página 146
O Planejador Inconsciente .... página 150

O seu tempo

Agora, chegamos à parte que pode salvar-lhe a vida, a saúde e a sanidade mental. Ela também tem que ver com o tempo.

Aqueles dentre nós que, no local de trabalho, são escravos do tempo – e, convenhamos, a maioria de nós é assim – invariavelmente descuram de um elemento fundamental para o nosso desenvolvimento pessoal. Trata-se do tempo para recarregar as energias. Do tempo para o nosso desenvolvimento e para a nossa sobrevivência.

Esse é o tempo que você tem para si mesmo, para usar como quiser. E adivinhe o que você tem de fazer – absolutamente nada!

Por mais altos que sejam os protestos do trabalhador que existe dentro de você, optar ocasionalmente por não fazer absolutamente nada pode ser uma poderosa maneira de usar o tempo. Você provavelmente está pensando que já faz isso. Talvez ache que o faz regularmente. Se fizer mesmo, ótimo.

Mas poucos trabalhadores fazem realmente isso!

Os procrastinadores não o fazem. Nem os que classificamos como deprimidos (dentre os quais encontram-se muitas pessoas que trabalham duro), que têm uma vida social muito limitada e, concluiria você, tempo para não fazer nada. Não o fazem nem mesmo os que classificamos como solitários (categoria dentro da qual, uma vez mais, acham-se incluídos muitos trabalhadores dedicados).

Em virtude da combinação de uma sociedade superestimulada e de uma ética do trabalho equivocada, pouquíssimas pessoas se permitem ter algum tempo para si mesmas, no qual elas possam recostar-se indolentemente e não fazer absolutamente nada.

Antes que você comece a zombar disso, vejamos o que é preciso para "não fazer nada".

TEMPO PARA SI MESMO

O tempo para si mesmo é simplesmente um período de tempo que você reserva *a cada dia* para simplesmente existir, para libertar-se das pressões da vida cotidiana e para ficar sozinho.

O Tempo para Si Mesmo consumirá de 15 a trinta minutos ou até mesmo mais tempo, se você preferir. Ele pode ser a primeira coisa da manhã, a última coisa da noite ou qualquer intervalo entre esses dois extremos. O Tempo para Si Mesmo não permite nenhuma companhia, nenhum estímulo, nenhuma diversão, nenhuma tentativa de resolver problemas e, certamente, nenhum pensamento relativo a trabalho. Quando você tentar fazer essas coisas, elas talvez lhe pareçam mais difíceis do que você inicialmente pensou. Isso acontece porque você se condicionou a pensar que isso é indolência, desperdício de tempo.

Nada poderia estar mais longe da verdade.

Depois de entregar-se algumas vezes ao Tempo para Si Mesmo, você considerará esses momentos indispensáveis. Você não pensará em mais nada a não ser em acordar trinta minutos mais cedo todas as manhãs para poder regalar-se dessa maneira. Você não pensará em roubar estes preciosos momentos de sua companheira/o ou de seus filhos – porque isso significa que o tempo que você *de fato* passa com eles será enriquecido.

Quinze a trinta minutos por dia. Todos os dias. Só para desfrutar sua própria companhia.

Não importa se você usa esse tempo para meditar, para praticar a Respiração Calmante ou para se sentar e ficar olhando para a parede. O importante é que você tenha a cada dia o compromisso de passar algum tempo sem fazer nada.

Se você for uma pessoa ocupada, sem tempo livre, provavelmente pensará que estes 15 a trinta minutos poderiam ser usados de maneira mais proveitosa colocando em dia a leitura, assistindo aos noticiários da televisão ou conversando com seu cônjuge ou filhos. Não é esse o caso.

O seu Tempo para Si Mesmo não deve usurpar os momentos importantes do seu dia. Ele se destina a ocupar os seus momentos *pouco* importantes. (A propósito, quantas pessoas bastante estressadas você conhece, que têm grande confiança no assim chamado método de relaxamento, o qual, por sua vez, consiste em escarrapachar-se diante da televisão? Por menos desafiador que seja o programa, assistir à tevê é estimulação e não relaxamento.)

E enquanto estamos discutindo o que é importante, considere isto: se você usar regularmente o Tempo para Si Mesmo, você irá se preocupar menos, estará menos inclinado a ter problemas relacionados com o *stress*, a sua saúde será melhorada e sua vida enriquecida e prolongada. Em outras palavras, reservar algum Tempo para Si Mesmo é uma atividade extremamente produtiva para toda pessoa ocupada.

Procure estas soluções para ter calma:

Respiração Calmante .... página 93
A Técnica Que Acalma .... página 266
O Espaço Que Acalma .... página 237
Sorria e Mantenha o Sorriso .... página 239
Desacelerando .... página 180

Tempo para Si Mesmo

- Escolha um período de pelo menos 15 a trinta minutos, *todos* os dias, e chame-o de Tempo para Si Mesmo.
- Durante este período, você não faz nada. Você fica sozinho, não recebe nenhum estímulo, não tenta solucionar nenhum problema e, certamente, não pensa no trabalho. Você não houve música nem conversa com o seu cachorro.
- Use esse tempo para meditar, para praticar a Respiração Calmante, ou para sentar-se e olhar para a parede. Faça isso regularmente e você irá se preocupar menos, ficará menos propenso a ter problemas relacionados ao *stress*, terá uma melhoria em sua saúde e sua vida será enriquecida e prolongada.

TEMPO PARA REUNIÕES

Tão importante quanto reservar algum Tempo para Si Mesmo durante o seu dia é conceder a si mesmo um pouco de tempo ao longo do período de trabalho. Se a sua rotina diária envolve muitas reuniões ou compromissos, adote essa prática simples quando for fixar os seus horários e, desse modo, acrescentará alguns anos a sua expectativa de vida.

Os princípios são simples:

(i) Inicie os seus compromissos de ordem exterior dez minutos mais cedo. Você não só evitará o *stress* da pressa como também poderá contar com dez minutos de relaxamento se tudo correr conforme era esperado.

(ii) Marque 15 minutos de intervalo entre os compromissos. Em termos ideais, isso lhe dará um pequeno período livre de *stress* entre os seus compromissos mas, na pior, significa que os horários das suas reuniões não irão se sobrepor.

Procure estas soluções para ter calma:
A Agenda Que Acalma .... página 153
Desacelerando .... página 180
ReservandoTempo Para
a Calma .... página 120

TRABALHE UM DIA DE CADA VEZ

O melhor conselho que posso dar a qualquer um que acredite estar sem tempo ou trabalhando demais e que, no entanto, saiba o valor do planejamento, é: saiba encerrar um dia de trabalho.

Tenha um momento de "desligamento" – quando o seu pé pisa o chão fora do escritório, ou quando você entra na garagem da sua casa – "desligamento" ativado religiosamente todos os dias. Quando esse momento chegar, tire de sua mente todos os pensamentos relacionados com o trabalho. Satisfaça seus desejos, vontades e caprichos. Divirta-se.

Trabalhe intensamente durante as horas que você reservou para isso e, depois, deixe tudo isso para trás ao ir para casa. (Se precisar trabalhar em casa, fixe determinado período de tempo para completá-lo e ignore o trabalho até a chegada desse momento.)

Lembre-se de que você pode facilmente retomá-lo amanhã no ponto em que o interrompeu hoje.

Procure estas soluções para ter calma:
Reservando Tempo Para
a Calma .... página 120
Tempo Para a Tomada
de Decisões .... página 149
A Execução em Três Etapas . página 149
O Planejador Inconsciente-.... página 150
Tempo Para Si Mesmo .... página 132

Agora, você pode ficar calmo...

QUANDO A CAUSA É O CONTROLE

> **Como posso controlar o meu...?**
>
> Você não pode controlar um chefe/empregado/porteiro/aparelho de ar-condicionado difíceis? Você iria se sentir muito melhor caso se concentrasse em tentar controlar não os acontecimentos que causam *stress* negativo, mas o modo como *reage* a eles.

VOCÊ ALGUMA VEZ já sentiu que não está no controle dos acontecimentos que constituem a sua vida profissional ou, pior ainda, que os acontecimentos controlam você? Você sente que nunca chegará ao topo na sua carreira ou que está andando em círculos sem chegar a lugar algum? Você sente que é sempre alguma outra pessoa que está recebendo as recompensas?

Você não está sozinho. Muitas pessoas, até mesmo gerentes e executivos-chefe, sentem-se assim.

Mas qual é realmente o nível de controle que você é capaz de exercer?

Assim como você não pode controlar o tempo, não pode realmente controlar as coisas que acontecem no seu mundo. Mesmos os executivos-chefe exercem pouquíssimo controle sobre o seu mundo. A única coisa que você sempre pode controlar é você mesmo: seus atos, suas atitudes e percepções. Coloque-os sob seu domínio e você ficará surpreso com o quanto você poderá sentir-se no controle do seu trabalho.

Assuma o controle da sua vida

Pense nas pessoas que você conhece, que parecem controlar seu próprio destino e que, ao mesmo tempo, são calmas e estão em paz com o mundo. Em outras palavras, as que parecem ter um maior grau de controle sobre a própria vida.

Elas são ricas e poderosas? São famosas e bem-sucedidas? São empresários, políticos e diretores de grandes organizações?

Talvez sejam. Mas as pessoas em que estou pensando são muito diferentes disso. Penso no surfista itinerante, que viaja de uma praia fantástica para outra, à caça de ondas. Na criança pequena, brincando incansavelmente com uma boneca de trapos. Numa pintora que está na encosta de uma colina e que nada enxerga a não ser a tela à sua frente e a paisagem mais além. No homem da linha de produção, que assobia constantemente e parece estar fascinado com o cortejo de frutas enlatadas.

O que essas pessoas têm em comum? O que elas têm que você não tem? Não se trata necessariamente do emprego, da riqueza ou da falta de sofisticação dessas pessoas. Tampouco o nível de controle que foi concedido a elas ou que lhes foi previsto pela legislação.

O que elas têm em comum é o total envolvimento com aquilo que estão fazendo. Esse envolvimento permite que elas sintam-se no controle do que fazem e é isso que lhes permite ter uma atitude assim tão livre de preocupações.

Você terá evidências disso quando observar um mestre-marceneiro em ação, passando horas a fio cinzelando o encaixe de uma gaveta (quando esta poderia ter sido pregada em questão de segundos) e parecendo ter paz e prazer com essa tediosa atividade. Você não se admira com a satisfação que pode ser auferida com uma atividade que rapidamente faria você jogar tudo para o alto e sair correndo?

Quando você observa o trabalho de um operador de caixa extremamente eficiente, tratando cada cliente como um parente que não vê há muito tempo, interessado em cada fragmento de sua conversa fiada, inspecionando cada vegetal ou fruta como se fossem muito importantes, você não se pergunta como eles conseguem fazer isso o dia todo sem nunca se sentirem frustrados?

A resposta para essas perguntas está na capacidade do indivíduo ocupar-se integralmente com o presente. Ou, dizendo isso em termos Zen, de viver integralmente o momento. (Você deve estar lembrado que as sugestões mais eficazes para influenciar o subconsciente são aquelas formuladas no tempo presente.)

As pessoas que optam por viver a vida dessa maneira – integralmente ocupadas com o presente, em contraste com as que se preocupam com o futuro ou lamentam-se por causa do passado – descobriram o segredo para sentirem-se calmas e no controle daquilo que fazem.

Apresentamos a seguir uma técnica que irá ajudá-lo a transformar qualquer trabalho – mesmo as tarefas mais corriqueiras e repetitivas – num exercício que acalma e que é realmente satisfatório.

Isso acontece porque, ao realizar 100% de Esforço, você está 100% no controle dos acontecimentos.

100% DE ESFORÇO

Digamos, por exemplo, que você tem de digitar um documento de duzentas páginas. Não um documento com informações interessantes, mas um texto técnico razoavelmente empolado. Existem duas maneiras de abordar essa tarefa.

Você poderia fazer o que faz a maioria das pessoas: lembrar-se a cada trinta segundos da tarefa maçante que está a sua frente, verificar quanto tempo falta para a hora do almoço, pensar em quanto você é desafortunado por ter de digitar o texto menos inspirado de toda a criação, como seria melhor estar assistindo àquela partida de tênis na televisão e de como você não vai receber um único elogio por seus esforços, mesmo porque você nem sequer sabe ao certo para quem você está fazendo a digitação.

Ou, então, você poderia fazer isso de uma outra maneira.

Você poderia começar aceitando a realidade. A tarefa é um fato e, a não ser que você possa mudá-la ou rejeitá-la, ela terá de ser feita. Assim sendo, o seu desafio consiste simplesmente em transformá-la num exercício criativo e satisfatório.

Você pode fazer isso dedicando-se a fazer o melhor trabalho de digitação que um ser humano é capaz. Você concentra-se nos detalhes de modo que nenhuma palavra apresente sequer um erro de ortografia. O *layout* é perfeito. Em outras palavras, você está cem por cento imerso no esforço, no controle.

O que acontece então? Em minutos, você está envolvido em sua tarefa. Embora você talvez não note isso, você está mais calmo e relaxado do que pensou que pudesse ficar no trabalho – mesmo com toda a sua concentração. Melhor ainda, você descobre que o tempo voou e que a tarefa foi realizada num instante. E, melhor de tudo, você obteve um elevado nível de satisfação e realização por ter concluído a tarefa de acordo com o melhor da sua capacidade – porque você tinha o total controle daquilo que você estava fazendo.

Como os praticantes de meditação sabem muito bem, dividir sua atenção em várias tarefas gera tensão, ao passo que concentrar sua atenção em uma única coisa transmite ao mesmo tempo calma e eficiência.

Na verdade, essa é a maneira mais eficiente de você trabalhar!

Procure estas soluções para ter calma:
O Fim do Tédio .... página 140
Trabalhe Um Dia de Cada Vez .... página 134
A Agenda Que Acalma .... página 153

100% de Esforço

- A chave para isso é fazer apenas uma coisa de cada vez e fazê-la da melhor forma possível. Quer você esteja digitando, limpando ou preenchendo papéis, entregue-se à tarefa da forma mais consciente possível e execute-a com a maior habilidade que você puder.
- Tente excluir todos os estímulos exteriores tais como rádio ou conversação.
- Concentre-se em cada passo da atividade. Concentre-se nos detalhes. Procure realizar a atividade da forma mais efetiva que puder.
- Você ficará totalmente absorvido por aquilo que está fazendo e a tarefa se concluirá por si mesma. Então, você estará calmo, relaxado e em paz.

A ALEGRIA DA REPETIÇÃO

A tia da minha mãe acreditava ter o melhor emprego do mundo. Durante muitos anos ela trabalhou na tórrida lavanderia subterrânea de um hospital da cidade. Ela achava que aquele trabalho quente, repetitivo e fatigante era ao mesmo tempo estimulante e extremamente satisfatório.

Eis a maneira como ela o fazia tornar-se estimulante.

No trabalho você nem sempre consegue evitar as atividades corriqueiras. Alguns empregos são repetitivos por natureza, assim como algumas tarefas. A maioria das pessoas considera essas tarefas extremamente frustrantes.

Os operadores de entrada de dados, que passam o dia todo digitando números, são suscetíveis a doenças relacionadas ao *stress*. Os trabalhadores da linha de montagem freqüentemente relatam obter pouca satisfação com a natureza repetitiva de seu trabalho. De fato, qualquer trabalhador que seja solicitado a fazer a mesma coisa entra dia sai dia sente-se mal com essa repetição.

A repetição é a chave para muitas técnicas que influenciam o subconsciente, como a auto-hipnose e as afirmações. Ela desempenha um importante papel na maioria dos estilos de meditação. Você já deve ter lido alguma coisa sobre um auxiliar da meditação conhecido como "mantra", uma palavra ou som que é repetido inúmeras vezes para tranqüilizar a pessoa e levá-la a um estado de meditação serena.

O que faz com que uma forma de repetição seja algo que acalma ao passo que outra pode ser o seu mais frustrante oposto? Tudo isso diz respeito à quantidade de controle que você tem ou não tem. Ou que você *acredita* não ter!

Na meditação, você tem o controle total: você pode parar quando quiser, pode levantar-se e pegar uma xícara de chá quando quiser, e pode abandoná-la se for essa a sua decisão. Entretanto, na linha de montagem, na mesa de seleção ou no teclado de entrada de dados, o controle lhe é negado; uma outra pessoa em geral está encarregada de supervisioná-lo, forçando a repetição.

Há uma técnica de trabalho simples que irá tomar qualquer tarefa de natureza repetitiva ou mundana e transformá-la em um exercício que acalma e que é satisfatório. Trata-se da técnica do Esforço de 100%, que acabamos de descrever.

Dedique 100% de concentração e esforço a sua tarefa e a repetição começará a trabalhar em seu benefício. Mergulhe totalmente no que você tem de fazer, de modo que possa conseguir os melhores resultados de que for capaz, e você descobrirá que as tarefas transformam-se quase que num exercício de meditação, que acalmam e são satisfatórias por si mesmas. (Esse é o "Pequeno Expediente" tornado famoso por Santa Teresa de Lisieux dois séculos atrás – um truque que a tia de minha mãe conhecia bem.

ASSUMINDO O CONTROLE

No começo da minha carreira, tive uma posição sem muita importância numa grande agência de propaganda. Com poucas idéias sobre o que era possível ou impossível naquela idade, sugeri que eu poderia muito bem ser a pessoa certa para ocupar a posição de chefia que eles estavam procurando. Meu chefe disse que a política da firma era tal que alguém da minha idade normalmente não seria levada em conta para ocupar esse cargo. "Mas por que você simplesmente não *admite para si mesmo* que ocupa esse cargo? Aja como se o cargo já fosse seu: as oportunidades são de que todos admitam que você tem as qualidades necessárias."

Sem conhecer nada melhor, aceitei o conselho. E adivinhe: aconteceu.

Atualmente, sei que a maior limitação para avançar na vida é a idéia que nós temos de nós mesmos. Se você se vê como alguém sem experiência, sempre será assim; se você se vê como um joguete, sem nenhum controle de si mesmo, você será um joguete.

Por outro lado, se você se vê como um funcionário importante, como alguém que controla o que faz, você já está na metade do caminho para conseguir isso.

E o melhor modo de ajudá-lo a se ver sob essa luz é assumir verdadeiramente o papel que você escolheu para si.

Procure estas soluções para ter calma:

Modelo Básico de Representação .... página 113
Respiração Calmante .... página 93
Modelando a Calma .... página 216
Finja Que Você Está Seguro . página 185
Finja Ser do Tipo B .... página 172

CONTROLE APENAS O QUE VOCÊ PODE CONTROLAR

A vida tem muitas coisas que você não consegue controlar. Você não pode controlar o tempo, não pode controlar as outras pessoas em nenhum grau e não pode controlar o mundo a sua volta. O que você pode realmente controlar são os seus atos, suas atitudes e suas percepções.

Admitir isso pode ser uma grande fonte de bem-estar na sua vida profissional – principalmente se você tiver a tendência para querer controlar as coisas.

Se você quiser permanecer calmo e satisfeito e sentir que tem algum controle sobre aquilo que você faz, adote essa fórmula simples: tente controlar só aquilo que lhe é possível controlar.

Use O Método dos Pontos Positivos e Negativos, descrito na página 167, para definir metas e resultados. Usando essa mesma técnica, faça uma diferenciação entre as coisas que podem influenciar os resultados e as coisas que estão além do seu controle.

Em seguida, volte toda a sua energia àquelas tarefas que você pode influenciar.

Procure estas soluções para ter calma:
O Método dos Pontos Positivos e Negativos .... página 167
Planejador Criativo de Longo Prazo .... página 146

O FIM DO TÉDIO

Você considera o seu trabalho maçante e repetitivo?

O tédio é um dos fatores de *stress* mais comuns nos locais de trabalho. Na verdade, o tédio causa tanto *stress* quanto o excesso de trabalho. Quando você está frustrado pela ausência de alguma coisa satisfatória para fazer, o seu nível de tensão aumenta. O mesmo acontece quando você tem de realizar tarefas repetitivas.

O segredo para acabar com o tédio das tarefas rotineiras é obter prazer e satisfação com a rotina.

Use a técnica do 100% de Esforço, descrito na página 137, para aproveitar ao máximo o momento. A total preocupação com aquilo que você está fazendo irá superar o seu tédio, e é uma forma segura de ficar ao mesmo tempo calmo e relaxado.

Eis aqui mais algumas maneiras de pôr fim ao tédio.

Descubra o valor do seu trabalho

Mesmo as tarefas mais corriqueiras têm o seu valor – se você estiver preparado para procurá-lo. Uma vez que você o tenha encontrado, você saberá como obter satisfação com o seu trabalho. Depois disso, sentir-se calmo não será muito difícil.

Procure por esse valor.

Trabalhe duro

A diferença entre um trabalho enfadonho e fatigante e um trabalho nobre e enaltecedor muitas vezes é apenas uma questão de aplicação. Ao se atirar ao seu trabalho – qualquer que seja ele – você irá esquecer suas preocupações e tensões antes que perceba.

Concentre a sua atenção. Se você estiver digitando, faça de cada palavra uma obra-prima. Se você estiver limpando, faça com que toda superfície fique brilhante. Se você estiver dirigindo um táxi, faça toda corrida como se estivesse conduzindo o melhor passageiro que você jamais teve.

Transforme isso num desafio

Muitos dos fatores de *stress* que você encontra a cada dia só ocorrem porque você parece fazer as coisas sempre da mesma maneira.

Assim, você precisa transformar o seu trabalho num desafio. Varie de vez em quando o modo como você faz as coisas. Tome deliberadamente um caminho diferente (mesmo que seja mais longo ou mais difícil). Acrescente sua própria variação a sua rotina.

Embora se trate de um pequeno desafio, ele pode fazer uma grande diferença.

Procure estas soluções Para ter calma:
100% de Esforço .... página 137
Procure Pelo Lado Oposto .... página 160
Divirta-se Com o Trabalho .... página 174

RESPONSABILIDADES DIVIDIDAS

Para muitos, este será o tópico mais importante de todo este livro: como conciliar o trabalho com a necessidade de cuidar de crianças pequenas.

Uma das questões mais desafiadoras que muitas pessoas enfrentam hoje em dia é ter de trabalhar e criar filhos sozinhas ou, mesmo, trabalhar e, simultaneamente, sentirem-se sobrecarregadas com as responsabilidades inerentes à criação dos filhos (ou, possivelmente, a responsabilidade de cuidar de pessoas adultas que são dependentes). Mesmo nos lares mais bem estruturados isso gera conflitos de responsabilidade, o que inevitavelmente causa *stress*.

Assim, como fazer para administrar essas questões associadas: trabalho e família? Como obter satisfação com ambos, sem sacrificar os interesses ou as recompensas de nenhum deles?

Compreendo a complexidade da questão e também o fato de que, para alguns, não haverá nenhuma solução simples. Mas existem procedimentos que podem amenizar o seu *stress* se você se encontrar nessas circunstâncias. São eles:

(i) Estabeleça uma ordem de prioridade para suas responsabilidades.
(ii) Seja franco com todas as partes.
(iii) Conte com algum tipo de ajuda confiável.
(iv) Reserve algum tempo para si mesmo.

Estabeleça uma ordem de prioridades para suas responsabilidades

Nas entrevistas que conduzi ao pesquisar esse tema, fiquei surpreso ao descobrir que havia em jogo três conjuntos de forças em muitas das circunstâncias que envolviam trabalho e criação de filhos.

Em cada caso, os pais acreditavam haver apenas duas forças em jogo – criação de filhos e trabalho – embora uma terceira continuasse a se manifestar vezes e vezes seguidas. Na verdade, muitas vezes essa terceira força era (em minha opinião) a mais confusa de todas.

Se as duas primeiras forças são criação de filhos e trabalho, a terceira é social: o que você faz com o restante do seu tempo. As respostas comuns ao que acabei de escrever são: "Que vida social?" e "Que tempo?", mas o fato é que as pressões sociais podem ser tão estressantes e causar tantas divisões como as outras duas. Isso é especialmente válido para pais e mães que criam os filhos sozinhos.

Anteriormente, abordamos um processo para a determinação dos elementos mais importantes da sua vida, O Calculador de Prioridades de Vida. Não haverá um uso mais importante desse exercício do que aqui. Qual é a *sua* maior prioridade? É o trabalho? São os seus filhos? É encontrar alguém com quem partilhar sua vida (e suas responsabilidades)? É salvar seu casamento?

Depois que você tiver decidido quais são as suas prioridades, outros interesses na vida podem ser vistos como menos importantes. Desse modo, pôr a vida em equilíbrio torna-se uma questão de rearranjar os seus outros interesses para acomodar suas prioridades principais.

Digamos, por exemplo, que a sua prioridade seja o bem-estar dos seus filhos. Embora a sua segurança no emprego seja fundamental para a consecução desse objetivo, o seu progresso na carreira pode não ser assim tão importante. Desse modo, você poderá resolver fazer alguns sacrifícios no *front* profissional e no *front* social em benefício da sua principal prioridade e da sua paz de espírito. Você faria isso tendo a compreensão de que a maioria das prioridades muda num prazo de poucos anos.

Haverá ocasiões em que você acreditará que as circunstâncias não lhe permitem se dar ao luxo dessas priorizações. Mesmo se você acreditar nisso, eu o aconselho a passar pelo processo envolvido no Calculador de Prioridades de Vida. Você poderá ficar surpreso com o que irá descobrir.

Seja franco com todas as partes

Trata-se de uma questão menor mas que, muitas vezes, é ignorada. Se você tem filhos pequenos, em geral é melhor para você que seu empregador ou superintendente esteja a par da sua situação. Você poderá temer que tal conhecimento possa ser usado para prejudicar o seu progresso na carreira e, por mais inescrupulosa e anacrônica que essa atitude possa parecer, isso às vezes acontece. Mas se você quiser evitar o *stress* da dupla responsabilidade, você precisará ser franco com todas as partes desde o início.

Parte dessa franqueza talvez envolva certificar-se de que seus filhos estejam a par da sua situação (presumindo-se que eles tenham idade para compreender). Partilhar decisões e responsabilidades poderá, então, conferir maior autonomia a todas as partes.

Conte com algum tipo de ajuda confiável

Muito embora esse possa vir a ser o seu maior obstáculo, a necessidade seguinte é essencial – contar com alguém confiável para ficar com seus filhos. Alguém em quem você possa confiar para cuidar de seus filhos quando você estiver trabalhando ou alguém a quem você possa recorrer em uma emergência.

Não é nenhuma surpresa que o primeiro tipo de ajuda seja o mais difícil de conseguir, e eu gostaria de poder oferecer-lhe uma solução simples.

Obter ajuda numa emergência pode ser mais fácil. Você poderá escolher um parente ou um outro pai ou mãe que trabalhe fora e com os quais você tenha um acordo recíproco de se ajudarem numa emergência. Uma outra alternativa é encontrar uma "avó substituta". (Certa vez pus um anúncio à procura de uma e fiquei surpreso com o número de avós descompromissadas que se dispuseram a assumir de bom grado uma responsabilidade "familiar" ocasional.)

Reserve algum tempo para si mesmo

É fundamental que você dedique pelo menos vinte minutos por dia exclusivamente para as suas próprias necessidades ou para o seu próprio prazer. Esse é o Tempo para Si Mesmo – durante o qual, ao não fazer absolutamente nada, você afasta-se das pressões da vida cotidiana e redescobre o significado da calma.

Faça isso regularmente e todos os aspectos da sua vida lhe parecerão melhores.

Procure estas soluções para ter calma:

O Calculador de Prioridades de Vida .... página 83
Como Conseguir o Que Você Quer .... página 193
Permissão Para Rejeitar o Sucesso .... página 179
Mime a Si Mesmo .... página 256
Tempo Para Si Mesmo .... página 132

Agora, você pode ficar calmo...

QUANDO A CAUSA É VOCÊ

A maior causa de *stress* no trabalho é *você*. É o que está dentro da sua cabeça.

AGORA VOCÊ SABE. A maior causa de *stress* no local de trabalho não é o tempo, a falta de controle nem as outras pessoas. Você e o que está dentro da sua cabeça são, de longe, a sua principal causa de *stress* no trabalho.

A boa notícia é que a solução está a sua espera no mesmo local de fácil acesso — a sua cabeça.

Ao ajustar suas percepções, suas atitudes e o modo como você reage às situações do trabalho, você pode eliminar a maioria dos problemas. Em muitos casos, isso pode ser feito sem que você sequer precise deixar o conforto e a segurança da sua própria cadeira.

As soluções que se seguem abordam as áreas mais comuns de *stress* no local de trabalho. Elas incluem os atributos *voltados para o interior* — como medo, ansiedade, ambição, culpa, ego, insegurança e falta de concentração — e também as áreas *voltadas para o exterior* — como competitividade, inveja, luxúria e raiva.

Com relação a todos esses fatores de *stress*, as habilidades mais importantes a serem aprendidas neste livro são a capacidade de planejar e certa propensão a ver as coisas de forma positiva.

Planeje para ser calmo

A capacidade de exercer certo grau de influência sobre aquilo que você faz pode ajudá-lo a superar um dos fatores de *stress* mais predominantes no local de trabalho: a falta de controle.

Como você sabe, não se pode controlar o tempo — você pode apenas controlar os acontecimentos e, talvez, a quantidade de tempo que eles consomem. O instrumento mais eficaz para lhe dar controle sobre os acontecimentos no local de trabalho é o planejamento. Planejar o seu trabalho, o seu dia, aquilo que você quer obter com o seu trabalho.

O mau planejamento causa frustração, procrastinação, inquietação e muitos outros problemas. O bom planejamento o ajuda a permanecer calmo. Logo a seguir, portanto, apresentamos diversas técnicas de planejamento dentre as quais você poderá fazer a sua escolha.

PLANEJADOR CRIATIVO DE LONGO PRAZO

Passei muitos anos trabalhando como planejador estratégico para grandes empresas. Embora boa parte desse trabalho tenha sido voltado para o *marketing*, em muitas ocasiões minha atenção voltou-se também para a própria empresa.

A descoberta mais fascinante que fiz com base em todos esses anos que dediquei a perscrutar o futuro foi provavelmente esta: a maioria das pessoas e empresas não sabe planejar.

Elas esforçam-se para fazer isso e acham que estão planejando. Mas a abordagem que elas geralmente adotam é mais adequada para a contabilidade do que para alguém que tenha a pretensão de moldar o futuro. Esta é a abordagem usada por 99% das grandes organizações existentes no mundo. E trata-se de uma abordagem que apresenta falhas graves.

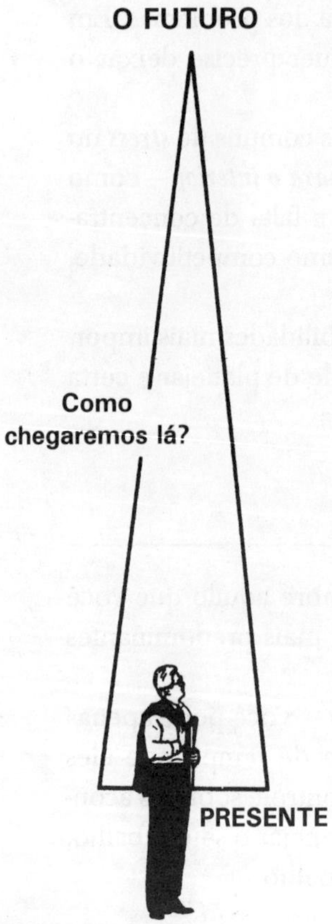

A maneira como ela supostamente deveria funcionar é direta e previsível.

O seu ponto de partida é o presente. A realidade. Você diz: "Aqui estamos nós hoje. Dois milhões de dólares em dívidas, funcionários desanimados, tarifas prestes a serem baixadas em diversos países, toda a nossa tecnologia pode ser obtida em outras fontes – onde queremos chegar daqui a três, cinco ou dez anos?" Então você começa a planejar. Um passo lógico depois do outro – com base na realidade de hoje e em todas as coisas que você sabe serem verdadeiras – com o propósito de alcançar algum glorioso sucesso nas brumas do futuro.

Só existe um problema: na esmagadora maioria dos casos, isso não funciona. (Essa é também uma forma particularmente masculina de se fazer planejamento, mas isso é uma outra história.)

Isso não funciona porque aplica uma abordagem estruturada, analítica e lógica (ou do hemisfério esquerdo do cérebro) a uma questão que desafia o pensamento linear: predizer o futuro.

"Tudo bem", dizem eles, quando alguém lhes chama a atenção para o problema que acabamos de mencionar. "Contrataremos profissionais que fazem previsões a fim de realizarem as predições e usaremos nossa abordagem linear para fazer o trabalho."

Mas isso também não funciona. Você simplesmente não pode ter uma visão do futuro usando uma abordagem do hemisfério esquerdo do cérebro. Não é assim que a mente funciona.

Uma abordagem mais eficaz é o inverso disso. Alguns chamam-na de "desconstrução" ou de "engenharia reversa". Ela envolve a criatividade e a capacidade de visão geral do hemisfério *direito* do cérebro e constitui uma forma de planejamento muito mais holística.

Para ativá-la, você começa com uma situação que é pura fantasia: "Aqui estamos no ano 2005, nossa empresa domina o mercado de um determinado produto, etc."

Então, usando a sua criatividade, imaginação e quaisquer outros recursos que o seu subconsciente consiga reunir, você reconstitui os seus passos. "Agora estamos em 2001. O que fizemos para chegar aqui?"

E você vai voltando no tempo até chegar ao presente.

Isso funciona. E funciona porque usa a única parte do seu cérebro que pode lidar com um conceito tão abstrato como o "futuro" – o hemisfério direito do seu cérebro.

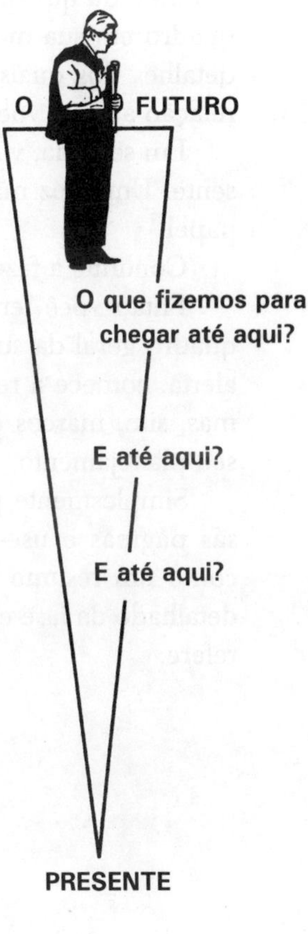

Pense no futuro e depois volte no tempo. Essa é a técnica de planejamento a longo prazo mais poderosa que existe e é cada vez maior o número de organizações de vanguarda que a estão descobrindo.

Alguns argumentam que essa abordagem é demasiado técnica ou teórica. (Os planejadores estratégicos profissionais não farão isso; assim que lerem isso, eles estarão ocupados revisando as suas abordagens.) Todavia, somente a *explanação* é teórica. A prática – principalmente quando há o envolvimento de um grupo de pessoas – é simples, absorvente e agradável.

Se a sua ocupação exigir um planejamento em larga escala, você descobrirá que essa abordagem produz resultados melhores do que qualquer outra. Se as suas necessidades forem pessoais, para aquelas ocasiões da vida em que você tem de pensar em reavaliar as suas próprias necessidades com relação a emprego, carreira e vida profissional, o Planejador Criativo de Longo Prazo terá para você um valor inestimável.

Como fazê-lo

O processo leva de dez a trinta minutos – pouco tempo se levarmos em conta que você estará tomando as grandes decisões da sua vida. Você poderá optar por repeti-lo freqüentemente a fim de detalhar os diversos passos a serem dados ao longo do caminho.

Comece sentando-se em um lugar tranqüilo. Fique uns dois minutos sem fazer nada, apenas ouvindo a sua respiração. Quando você sentir-se bem com isso, imagine você mesmo ou o seu negócio em algum momento definido no futuro. Imagine qual será a sua aparência, com quem você estará trabalhando e o que você estará fazendo.

Depois que você tiver na sua mente um quadro completo – com todos os seus aspectos visuais, auditivos e tácteis – terá chegado o momento de refazer os seus passos.

Em primeiro lugar, pense em um ano antes dessa data (ou dois anos, um mês, ou qualquer intervalo que lhe parecer apropriado.) Formule um quadro em sua mente. Sem pensar nisso, anote numa folha de papel os detalhes dos quais você tiver conhecimento. Tente não ser crítico com relação ao que você estiver escrevendo.

Em seguida, volte um pouco mais no tempo, aproximando-se do presente. Uma vez mais, anote rapidamente os detalhes em outra folha de papel.

Continue a fazer isso – passo a passo – até chegar ao dia atual.

Então você terá várias folhas de papel a sua frente. Elas contêm o quadro geral da sua visão. Com os seus olhos bem abertos e totalmente alerta, comece a rever essas anotações. Elas não se destinam a ser idéias mas, sim, marcos que irão direcionar o seu planejamento.

Simplesmente pegue cada uma dessas páginas e use-a como estímulo ou como um resumo para o planejamento detalhado da fase específica à qual ela se refere.

Procure estas soluções para ter calma:
O Calculador de Prioridades de Vida .... página 83
Modelo Básico de Visualização .... página 105
Modelo Básico de Representação .... página 113

Planejador Criativo de Longo Prazo

1 Pratique a Respiração Calmante durante cinco minutos. Ouça o som do ar entrando e saindo.
2 Quando você estiver relaxado, feche os olhos e imagine uma enorme tela prateada diante de você.
3 Quando você puder ver essa tela, imagine a si mesmo — ou a sua empresa — em algum estágio definido no futuro. Examine detalhadamente os arredores e os atributos físicos.
4 Então veja-se subindo até essa imagem.
5 Observe o que você consegue ver ao seu redor. Ouça todos os sons. Sinta as texturas, a temperatura, a riqueza, os elogios e assim por diante.
6 Então, volte no tempo um ano em relação a essa data (ou qualquer intervalo de tempo que você escolher). Crie uma imagem. Veja, ouça e sinta como é estar lá.
7 Anote os detalhes numa folha de papel.
8 Volte mais um ano no tempo (ou qualquer outro intervalo que você escolher), aproximando-se do dia de hoje.
9 Anote rapidamente os detalhes em outra folha de papel.
10 Continue com esse processo até chegar ao presente.
11 Reveja as folhas de papel e use-as como referenciais para o seu planejamento detalhado.

TEMPO PARA A TOMADA DE DECISÕES

Eis aqui um conselho simples que transforma pessoas confusas e estressadas em modelos de calma e organização (em termos relativos, é claro).

Simplesmente reserve vinte minutos por dia para a organização e tomada de decisões. Use o tempo para planejar o seu dia, organizar sua mesa de trabalho, arrumar seus instrumentos ou para definir os seus objetivos.

Não deixe o seu pensamento divagar e não permita que ocorram interrupções durante esse período.

Embora isso possa parecer um grande desperdício de tempo, ao se organizar você economizará muito mais do que esses vinte minutos. Se o seu cargo não lhe permitir gastar vinte minutos dessa forma, comece a trabalhar vinte minutos mais cedo — considere esse um pequeno investimento para você sentir-se melhor e mais calmo em seu trabalho.

A EXECUÇÃO EM TRÊS ETAPAS

No local de trabalho, pode ser útil ter à disposição um procedimento simples para aquelas numerosas ocasiões em que você precisa de uma estratégia para ajudá-lo a obter algo específico ou, simplesmente, ajudá-lo a chegar ao fim do dia.

(Podemos presumir que você já aplicou O Calculador de Prioridades de Vida para ajudá-lo a determinar o que é importante para você em sua vida profissional.)

A Execução em Três Etapas é quase óbvia. Ela envolve três estágios.

O primeiro estágio é determinado por aquilo que você quer alcançar. Para tanto, gaste uma hora consigo mesmo, longe de todas as distrações e interrupções, e decida exatamente qual é o resultado positivo que você quer alcançar. De modo alternativo, você pode usar uma técnica como o Planejador Criativo de Longo Prazo. (Certifique-se de que o resultado seja positivo.)

O segundo estágio é um exercício de planejamento em que você elabora um projeto para alcançar aquilo que você quer. Esse projeto pode ter um número variável de passos. O resultado e cada passo devem ser anotados por escrito. Gaste o tempo que for necessário com essas anotações.

O terceiro estágio é o procedimento de implementação. O 100% de Esforço é a técnica mais poderosa que descobri. A maioria das frustrações relativas ao trabalho pode ser superada e as tensões e irritações entre as pessoas reduzidas quando você está totalmente imerso em seu trabalho. É disso que trata o 100% de Esforço.

Procure estas soluções para ter calma:

O Calculador de Prioridades de Vida .... página 83

Planejador Criativo de Longo Prazo .... página 146

100% de Esforço .... página 137

A Execução em Três Etapas

1 **Determine o que você quer alcançar**
Use uma hora de seu tempo para decidir aquilo que você quer alcançar e tenha em mente um resultado positivo.

2 **Determine como você vai conseguir alcançar o seu objetivo**
Qual é o seu projeto para alcançar o resultado que você deseja? Obviamente, esse é o típico caso em que é mais fácil perguntar do que responder. Empresas, governos e indivíduo gastam enormes quantidades de tempo e esforço com esse único tópico. *Este passo deve ser escrito num papel.*

3 **Mergulhe totalmente no processo**
Use 100% de Esforço para alcançar aquilo que você quer e também para aumentar sua eficiência e satisfação com o trabalho.

O PLANEJADOR INCONSCIENTE

Vamos repetir: as pessoas que planejam os seus dias de trabalho sofrem menos problemas relacionados ao *stress* do que as pessoas que não fazem esse planejamento. Uma boa razão para planejar, não?

Eu sei, eu sei: você não tem tempo para os métodos tradicionais de planejamento, você já está por demais ocupado fazendo o seu trabalho e, de qualquer modo, o planejamento tradicional depende do hemisfério "esquerdo do cérebro" e é muito enfadonho. Você ficaria surpreso se soubesse como é grande a quantidade de pessoas que usam essas desculpas.

E se eu lhe dissesse que há um modo de planejar o seu dia que *não é* maçante e que não consome *nada* do precioso tempo que você dedica ao trabalho?

A coisa se passa assim: escolha uma atividade repetitiva para executar todos os dias, de preferência pelas manhãs. Essa atividade deve ser algo que você faz quase que automaticamente e que requer pouco esforço mental. Você pode fazer exercícios numa academia de ginástica, dar uma caminhada de trinta minutos logo depois de acordar, executar uma rotina doméstica que você segue todos os dias antes de ir para o trabalho ou, ainda, fazer trinta minutos de meditação. Pode ser até mesmo uma tediosa viagem de ônibus até o local de trabalho.

O que importa é usar esse tempo para fazer o planejamento detalhado do seu dia. O segredo é fazê-lo sem pensar muito nisso.

A maneira de fazer isso consiste em, simplesmente, deixar o seu subconsciente encarregado do processo. Dê instruções a si mesmo no início da sua rotina, diga para si mesmo que ao cabo do processo você terá em sua mente um plano detalhado e, então, esqueça o assunto.

Esse último passo é importante: esquecer o assunto. Tire de sua mente todo o processo do planejamento e não volte a pensar nisso.

Então, ao término de sua caminhada, meditação ou viagem de ônibus, a resposta — o seu plano para o dia — estará em sua mente, pronta para ser anotada numa folha de papel.

Isso funciona todas as vezes. Sem falha.

Procure estas soluções para ter calma:
O Calculador de Prioridades de Vida .... página 83
O Espaço Que Acalma .... página 237
A Técnica Que Acalma .... página 266

O Planejador Inconsciente

1 Escolha uma atividade rotineira que você faça todas as manhãs de forma quase que automática.
2 Dê instruções a si mesmo no início da atividade e diga para si mesmo que, ao cabo do processo, você terá uma solução detalhada e, em seguida, *esqueça o assunto.*
3 Ao terminar a sua atividade rotineira, o seu plano detalhado estará em sua mente.
4 Anote-o numa folha de papel.

A MANEIRA CALMA DE TOMAR UMA DECISÃO

Existem ocasiões – talvez na maior parte do tempo – em que o ato mais difícil que podemos imaginar é simplesmente tomar uma decisão.

Não tomar decisões é fácil. Todavia, deixar de tomar decisões produz frustração, e a frustração produz sentimentos de tensão e ansiedade.

Portanto, quando você souber que há uma decisão a ser tomada, tome essa decisão. Mesmo uma decisão menos importante irá servir – a decisão de tomar uma decisão. (Existem muitas pessoas bem-sucedidas que acreditam ser melhor tomar uma decisão errada do que não tomar nenhuma decisão. Embora eu não recomende isso a ninguém, existem ocasiões em que esse é de fato um bom conselho.)

Eis aqui um procedimento que irá permitir a você tomar a melhor decisão de que você for capaz numa determinada ocasião. Melhor ainda, ele permitirá a você fazer isso com calma e rapidez.

Você reúne todas as informações disponíveis e, em seguida, faz todos os cálculos e análises que forem necessários. Então você dá a si mesmo uma instrução (Por exemplo: "Utilizando todas as informações que tenho, o meu subconsciente vai dizer-me qual é a melhor maneira de aumentar o retorno desse investimento específico.")

Depois disso, não faça absolutamente nada durante alguns minutos enquanto o seu subconsciente examina cuidadosamente as informações e mostra a melhor decisão que você é capaz de tomar naquele momento.

Essa técnica funciona maravilhosamente. O único obstáculo é algo que chamo de "arrogância do cérebro esquerdo" – quando uma pessoa não consegue acei-

Procure estas soluções para ter calma:
O Calculador de Prioridades de Vida .... página 83
Planejador Criativo de Longo Prazo .... página 146
O Planejador Inconsciente .... página 150

A Maneira Calma de Tomar uma Decisão

1. Faça todas as pesquisas e análises que forem necessárias.
2. Dê instruções a si mesmo.
3. Reserve cinco minutos do seu tempo (ou mais, se você preferir).
4. Vá para outro lugar.
5. Pratique a Respiração Calmante durante sessenta segundos.
6. Diga para si mesmo que, ao final dos quatro minutos (ou de qualquer outro período que você escolher), você terá tomado uma decisão.
7. Deixe a sua intuição ou o seu inconsciente orientá-lo para que você tome a melhor decisão que for capaz de tomar.
8. Ao final dos quatro minutos, tome a sua decisão.

tar que existe alguma força fisiológica que pode igualar-se a sua capacidade analítica. Tais pessoas devem continuar a ser escravas de suas capacidades analíticas. O restante de nós pode recorrer a uma alternativa mais fácil: a maneira calma de tomar uma decisão.

A AGENDA QUE ACALMA

Não há nada mais frustrante ou estressante do que uma reunião prolongada e confusa. Mesmo reuniões curtas podem ser exasperantes se elas interromperem algum padrão de trabalho que você tenha estabelecido para si mesmo.

Não existe uma forma branda de dizer isso: reuniões são o maior desperdício de tempo já inventado no local de trabalho. Em muitos casos, elas são uma piada – um refúgio para a indecisão e as más práticas administrativas. E quanto maiores, mais elas se tornam um tipo de refúgio.

Caso você tenha de comparecer a muitas reuniões, você se beneficiará enormemente com a adoção dos princípios de administração de reuniões da Agenda que Acalma. Os resultados irão melhorar e você ficará mais calmo.

Estamos partindo do pressuposto de que você consegue influenciar o modo como essas reuniões são conduzidas. Se você não tiver essa influência ou autoridade, tudo que posso sugerir é que você faça uma fotocópia desta página e passe-a para aqueles que têm essa capacidade. Obviamente, você sempre pode se apresentar como voluntário para escrever a agenda, o que lhe confere certo grau de poder – contanto, é claro, que você consiga persuadir as pessoas a seguirem a sua agenda.

Embora existam cinco princípios a serem seguidos na Agenda que Acalma, eles podem ser resumidos da seguinte forma:

(i) saber por que você está na reunião; e
(ii) saber que você irá conseguir alguma coisa com ela.

A não ser que você possa seguir cada um dos princípios abaixo, eu recomendo que você não freqüente a reunião. Eu lhe garanto que ela será uma perda de tempo para a maioria das pessoas (a não ser para as que usam as reuniões como um refúgio para a indecisão e as más práticas administrativas).

Procure estas soluções para ter calma:
A Arte de Ser Ouvido .... página 212
Como Conseguir o Que Você Quer .... página 193
Sob a Influência da Calma .... página 218

Algumas organizações iluminadas formularam mais alguns princípios. Eis alguns deles, para a sua consideração:

(i) Alimentos e bebidas só devem ser servidos *depois* de se chegar a uma resolução (a não ser que haja a presença de estranhos).

A Agenda Que Acalma

Eis aqui as cinco características essenciais de uma reunião produtiva:

- O resultado ou resultados da reunião são claramente descritos no alto da sua agenda (embora não necessariamente publicados dessa forma, se você não quiser que isso venha a ser do conhecimento de todos).
- Devem comparecer à reunião só aqueles que podem fazer uma contribuição real.
- Existe uma distribuição de tempo determinada para se alcançar o resultado ou resultados definidos.
- Quaisquer resoluções são documentadas.
- Um dos presentes tem autoridade para implementar as resoluções.

Se algum desses princípios não for satisfeito, não freqüente a reunião.

(ii) Cadeiras de espaldar reto são preferíveis a cadeiras reclináveis.

(iii) Todos os participantes devem ficar de pé em vez de se sentarem (estranho mas eficaz para se tomar decisões rapidamente).

(iv) Não é permitido conversar amenidades até que uma resolução tenha sido alcançada.

Siga esses pequenos passos e você ficará espantado com a economia de tempo e redução de ansiedade nos seus dias de trabalho.

Se você estiver em posição de pôr em prática A Agenda que Acalma, você poderá beneficiar-se com o aumento de produtividade obtido com uma reunião positiva e bem conduzida.

Uma mudança positiva

Depois da seção sobre respiração, esta é a seção mais importante do livro. Eu teria dado a ela o destaque de um capítulo próprio não fosse o fato de que ela é uma parte tão fundamental para o modo como *você* se sente, trabalha e prospera, que não existe realmente nenhum outro lugar onde ela poderia estar a não ser aqui – no capítulo dedicado a você.

O fundamental para se alcançar qualquer coisa importante na vida é uma atitude positiva. Acredite e você irá conseguir.

Ora, isso todo mundo sabe, diz você. Todo mundo sabe que uma atitude positiva é importante. Todavia, conquanto seja verdade que as pessoas saibam disso, nem todos seguem essa recomendação, pois é difícil ter uma atitude positiva, não é?

Como você pode ser positivo quando a natureza negativa e antagônica da política significa que muita coisa que você ouve dos seus líderes é negativa? Quando grande parte do que você lê nos jornais é negativo? Ou quando o tema dos filmes, dos programas de tevê, da literatura e até mesmo da música *pop* é mais popular quando é mais negativo do que positivo?

Isso fica difícil porque você dá ouvidos a *elas* e não a você mesmo. Quando *você mesmo* começar a ter uma atitude positiva, estará a caminho de fazer disso um hábito.

De acordo com o que foi discutido anteriormente, o seu subconsciente responde de forma mais eficaz quando você o alimenta com sugestões positivas. O mesmo acontece quando você dá instruções a seus subordinados, faz solicitações a seus superiores e dá recomendações a seus pares.

Sugestões positivas têm efeito mais positivo. Sei que isso parece uma frase verbosa e carente de sinceridade, mas é interessante que muitas das grandes verdades da vida também transmitem essa impressão.

Tenho ouvido algumas das assim chamadas autoridades em lidar com o *stress* menosprezarem o papel de uma atitude positiva no combate ao *stress*. "Você pode dizer: 'Vou permanecer calmo no trabalho hoje' quantas vezes quiser, que isso não fará nenhuma diferença nos seus problemas relacionados com o *stress*."

Se você usou essas palavras ("Vou permanecer calmo no trabalho hoje"), é provável que elas não façam nenhuma diferença. Essas palavras *não* representam um pensamento positivo mas, sim, a expressão de um desejo. Positivo é: "Estou me sentindo calmo e confiante." Expressar um desejo é: "*Vou* me sentir calmo e confiante." Percebe a diferença?

Na verdade, a coisa é tão simples assim. Quase toda técnica de auto-aperfeiçoamento ou de auto-iluminação já inventada baseia-se nessa simples compreensão: não basta apenas *querer* que algo funcione para você; você precisa *saber* que isso vai funcionar para você. Quando você tiver certeza de que algo irá funcionar para você, então isso acontecerá.

Essa é uma compreensão tão importante, que irei repeti-la: quando você for positivo e tiver certeza de que algo irá dar certo para você, ele dará.

Uma atitude positiva o ajuda a alcançar a grandeza, superar a adversidade e transformar a fraqueza. Ela pode ajudá-lo a curar a doença, vencer maratonas e libertar-se dos efeitos negativos do *stress*. Ela pode fazer com que você se sinta calmo e feliz. (Inversamente, uma atitude negativa faz com que você se sinta inferior e produz um efeito pernicioso sobre o seu sistema imune.)

Com uma atitude e uma abordagem positivas, você pode ficar completamente relaxado em condições que você jamais imaginou que conseguiria suportar. Você pode manter-se interiormente calmo e exercer uma influência tranqüilizadora na vida dos que estão à sua volta.

Conquanto você talvez ainda não tenha notado, você já venceu uma boa parte desse caminho. Neste exato momento você está muito mais perto da paz e da calma do que a maioria da população. E tudo isso porque você deu um passo positivo ao tomar a decisão de ler um livro como este.

UMA PALAVRA POSITIVA

Quer você tenha ou não consciência disso, as palavras que você usa têm um efeito profundo sobre o modo como você pensa e sente. Se você usar palavras positivas e otimistas, você irá sentir-se positivo e otimista. Se você usar palavras negativas, você irá sentir-se negativo.

Segue-se, portanto, que se você enriquecer o seu vocabulário com palavras positivas, você desenvolverá sentimentos positivos em si mesmo.

Isso é tão fácil de fazer quanto de falar. Tudo que você tem a fazer é prestar atenção nas palavras que você usa – tanto nas que você diz em voz alta como nas que você só pensa com seus botões – e, aos poucos, começar a usar palavras positivas em substituição às negativas e até mesmo às neutras. Quanto mais positivas as palavras, mais nítidos serão os benefícios.

Ouça sua conversação e seus pensamentos. Procure encontrar um aspecto positivo em tudo o que você diz ou pensa. Quando você sucumbir a coisas negativas, "bombardeie" a si mesmo com interpretações positivas do mesmo pensamento. Em vez de "Tenho tanto trabalho a fazer", tente "Tenho sorte por estar ocupado" ou "É compensador ter um trabalho útil e poder enfrentar desafios".

Procure estas soluções para ter calma:
Modelo Básico de Afirmação página 107
Tranqüilize-se Com o Poder da Palavra .... página 178
A Alegria da Repetição .... página 138

Logo abaixo há uma lista de palavras que exemplificam aquilo que eu quero dizer. Embora a lista não seja de nenhum modo definitiva e nem sequer tenha sido feita uma tentativa de torná-la parcialmente completa, ela lhe dará uma idéia do que é possível fazer.

Todas as vezes que você sentir vontade de usar uma palavra como esta...	**...tente pensar numa maneira de usar uma palavra como esta...**
não	sim
não posso	posso
não farei	farei
talvez	certamente
tenso	relaxado
caos	ordem
problema	oportunidade
tudo bem	ótimo
fracasso	sucesso

medo	confiança
doente	sadio
odeio	amo
entediado	estimulado
pânico	calma
angustiado	feliz
vazio	cheio
perder	ganhar
deprimido	alegre

CONTRIBUIÇÕES POSITIVAS

Certa vez tivemos um cliente muito religioso que não tolerava linguagem grosseira de qualquer espécie. Se você já esteve numa agência de publicidade, principalmente numa com muitos artistas e escritores jovens e talentosos, então você irá compreender como é difícil manter sob controle essas línguas jovens e rebeldes – não tanto na presença desse cliente em particular mas quando os funcionários não sabiam da presença dele em nossos escritórios ou quando eles simplesmente não tinham consciência dos efeitos da sua linguagem habitual.

Para superar esse agravo em potencial da forma mais positiva possível, deixamos de lado os sistemas de aconselhamento e recompensa – nenhum dos quais tinha grande apelo em termos de diversão – em favor de uma abordagem mais divertida. Um "frasco de palavrões". Todas as vezes que alguém deixava escapar uma obscenidade, os colegas o instavam a contribuir com um dólar para o frasco. Quando o conteúdo do frasco atingia um determinado nível, alguém era encarregado de comprar um ursinho de pelúcia ou coisa do tipo para uma criança carente ou internada num hospital infantil.

Não se pretendia que isso funcionasse como uma multa ou como um "reforço negativo" (quando punição ou dor são usadas para estimular um comportamento cooperativo). Esse foi um joguinho criativo que apelou para o subconsciente e ajudou os nossos escritores e artistas a se lembrarem de algo que eles realmente queriam fazer: conservar um cliente importante. Isso fez com que eles *quisessem* chegar a um resultado positivo; isso fez com que eles *quisessem* ficar atentos com respeito à linguagem utilizada, coisa que normalmente não mereceria grande atenção. Dentro em breve todos estavam jogando o jogo e os corredores começavam a dar a impressão de serem incomumente sóbrios para uma jovem agência de publicidade.

Percebi que, se essa técnica podia ser usada para superar uma linguagem negativa, ela também poderia superar as atitudes negativas.

O frasco de contribuições positivas

Eis aqui um jogo que você pode jogar sozinho.

Leve um frasco pequeno para o seu local de trabalho e mantenha-o ali. Ninguém mais precisa conhecer o seu propósito. Todas as vezes que você tomar consciência de um pensamento, comentário ou palavra negativa, deposite uma moeda no frasco. Ou mesmo uma nota (dependendo do quanto você queira mudar).

Se você se mantiver atento, dentro de pouco tempo o frasco estará cheio de dinheiro. Então, transforme todos esses pensamentos e comentários negativos em algo positivo.

Retire o conteúdo do frasco e compre algo que irá beneficiar alguém menos afortunado do que você.

Então, entregue você mesmo o presente. (Como essa parte do exercício é feita só para a sua satisfação, sinta-se livre para entregar o dinheiro a instituições de caridade, mendigos, instituições religiosas – para quem você quiser.)

Percebeu o que você fez? Você recompensou a si mesmo (com satisfação) por transformar uma palavra, pensamento ou comentário negativo em alguma coisa *positiva.*

Depois que você tiver treinado a si mesmo para reconhecer sutis inclinações para as influências negativas e estiver consciente dessas influências, você poderá começar a substituí-las por outras positivas.

Contribuições Positivas

- Arranje um frasco pequeno para ser o seu frasco de Contribuições Positivas.
- Todas as vezes em que você tomar consciência de um pensamento, palavra ou comentário negativo, ponha uma moeda no frasco.
- Quando o frasco estiver cheio, compre um pequeno presente para alguém menos afortunado do que você.
- Entregue o presente você mesmo (desde que você sinta prazer com isso).
- Depois que você tiver treinado a si mesmo para tomar consciência dos pensamentos, palavras e comentários negativos, substitua-os por algo positivo.

O QUADRO POSITIVO

Uma vez colocada em ordem sua linguagem positiva/negativa, chegará o momento de trabalhar as *imagens* que você cria em seu cérebro. (Lembre-se de que as imagens mentais têm um efeito mais poderoso quando influenciam o nosso subconsciente.)

Ao escolher imagens mentais positivas, você pode projetar em seu subconsciente os resultados positivos que você deseja. E se você fizer isso criativamente, essas imagens podem transformar a sua vida.

A técnica que se segue é ao mesmo tempo agradável e efetiva. Uma vez mais, use a tela prateada do Modelo de Visualização para criar um cenário positivo e, então, imagine-se fazendo parte desse cenário. Feito isso, o desenvolvimento de uma atitude mental positiva torna-se uma simples questão de retornar a esse quadro mental – coisa que você pode fazer em milésimos de segundo.

Uma atitude positiva

Uma atitude positiva é mais do que uma terapia: é um prazer em si mesmo. Esforce-se por desenvolvê-la quando estiver trabalhando e você irá sentir-se mais calmo e com maior controle dos acontecimentos. Todo esforço que você fizer será recompensado vezes e vezes seguidas.

Esteja atento para as pressões e expressões negativas. Utilize palavras positivas sempre que possível e use-as para ampliar o seu vocabulário.

Use a tela prateada para criar uma imagem ideal de si mesmo – sempre com um sorriso e um entusiasmo ilimitado. Volte a esse quadro mental repetidas vezes ao longo do dia.

Procure oportunidades para rir.

Por fim, atire-se com energia a todas as atividades que tiver pela frente. Mesmo se a tarefa for desagradável, execute-a da forma mais completa e conscienciosa que lhe for possível. Essa abordagem positiva é um dos caminhos mais seguros para a paz e a satisfação.

Procure estas soluções para ter calma:

Respiração Calmante .... página 93
Modelo Básico de Visualização .... página 105

O Quadro Positivo

1 Pratique a Respiração Calmante durante cinco minutos. Ouça o som do ar entrando e saindo.
2 Quando você estiver relaxado, feche os olhos e imagine uma enorme tela prateada diante de você.
3 Quando você puder vê-la, visualize o ambiente mais positivo (e, provavelmente, mais relaxante) que você puder imaginar. Examine esse local detalhadamente.
4 Agora, imagine-se subindo na tela e entrando nessa imagem. Veja-se lá — exatamente do modo como você gostaria de estar — sempre agindo, falando e pensando positivamente. Imagine-se sorrindo e com um entusiasmo infinito.
5 Observe o que você pode ver ao seu redor.
6 Ouça todos os sons a sua volta.
7 Sinta a brisa, as texturas, a temperatura etc.
8 Quando essa imagem estiver bem fixada na sua mente, tire uma fotografia de si mesmo (ou congele a imagem), com todas essas imagens, sons e sensações.
9 Relaxe e deixe as sensações positivas chegarem até a sua consciência (isso não requer nenhum esforço). Deleite-se com essa sensação.
10 Para desenvolver uma atitude positiva, retorne a essa imagem várias vezes ao longo do dia.

PROCURE PELO LADO OPOSTO

Para encerrar esta seção sobre atitude positiva – a qual, volto a frisar, é a mais importante do livro, depois da Respiração Calmante – criei um pequeno jogo para você praticar ao longo da vida. Se você jogá-lo regularmente, ele o ajudará a sentir-se calmo e satisfeito em seu trabalho de uma forma como você nunca acreditou fosse possível.

Ele foi feito para ser jogado várias vezes ao dia. Quanto maior a freqüência com que você o praticar, mais agradável e habitual ele se tornará.

Ele é chamado de "procura pelo lado oposto".

Trata-se de um simples jogo mental de inversão de perspectivas. Você o aplica a todos aqueles acontecimentos em relação aos quais você normalmente ficaria ressentido ou sentindo-se mal. Para praticar o jogo, tudo o que você precisa fazer é encontrar um lado positivo nas coisas que você geralmente consideraria como sendo apenas negativas.

Isso nem sempre é fácil de fazer. Muitas vezes você se verá transformando coisas negativas em coisas positivas cômicas.

Por exemplo: é muito difícil encontrar um lado positivo quando se é rebaixado de função. Assim, você pode consolar-se com a idéia de que agora caberá a uma outra pessoa livrar-se de todo o lixo que você vem acumulando em seu fichário, coisa que há muito tempo você vem planejando fazer. Isso não resolve o problema mas acrescenta um toque de humor a algo que dificilmente é engraçado.

Em casos como esse, o humor é algo positivo. Ele terá um efeito positivo e o ajudará a sentir-se bem consigo mesmo e em seu trabalho.

Procure o lado oposto, encontre o que há de bom no que você faz e nas coisas que lhe acontecem e, em breve, você será capaz de transformar em algo positivo até mesmo as disposições de ânimo mais sombrias e as situações mais difíceis.

Então, você poderá ser calmo.

Como lidar com as preocupações

Preocupação e ansiedade têm muito em comum. Elas são condições diferentes mas ambas têm por base a imaginação e, freqüentemente, carecem de substância. Em termos leigos: preocupações geralmente dizem respeito a coisas específicas ao passo que a ansiedade na maioria das vezes não é específica ou tem um caráter geral; as preocupações estão relacionadas a coisas, a acontecimentos, ao passo que a ansiedade é mais uma "sensação". (Sei que isso é uma simplificação excessiva, mas você entendeu.)

Muitas das soluções apresentadas a seguir, portanto, podem ser usadas para ambas as condições.

A preocupação com o futuro

A preocupação, por natureza, diz respeito a algo que *pode* acontecer. Ela nunca tem relação com alguma coisa que está acontecendo num determinado momento. Muitas pessoas dadas a preocupações têm dificuldade para compreender a natureza abstrata do problema, acreditando que ele é real e presente. Mas a preocupação é, por definição, voltada para o futuro. Aliás, a ansiedade também.

Esse conhecimento provavelmente não irá fazê-lo sentir-se melhor da próxima vez que você começar a se preocupar. Todavia, isso fará com que você tenha mais facilidade para chegar a soluções efetivas – a maioria das quais foi criada para fazer você esquecer o futuro e concentrar-se no presente.

O ELIMINADOR DE PREOCUPAÇÕES

As preocupações irracionais (categoria na qual se encontram a maioria delas) deveriam poder ser eliminadas tão facilmente como uma dor de cabeça; se não forem eliminadas por completo, elas certamente terão sua intensidade reduzida.

Os passos para se alcançar isso são elementares:

(i) Planejar.
(ii) Reprogramar as preocupações.
(iii) Concentrar-se no presente.

Planejar

Como as preocupações são voltadas para o futuro – isto é, para algo que pode ou não acontecer – elas invariavelmente estão ligadas ao desconhecido. Quanto mais você souber a respeito do que vai acontecer, menor será a sua preocupação com o futuro, mesmo quando ele for um tanto desagradável.

Quando lhe dizem que você vai ser demitido, sua preocupação é menor do que quando você simplesmente desconfia que isso possa acontecer. Quando o raio X diz que o seu pulso está quebrado, você se preocupa menos do que quando foi levado para o hospital.

O conhecimento ajuda a aliviar as preocupações e é por isso que planejamos.

Todas as empresas bem administradas apresentam certo grau de planejamento. Ele é uma arte necessária que não só permite a correta distribuição de recursos como também torna possível a administração das expectativas (tanto as suas expectativas quanto as expectativas das outras pessoas).

Quando se trata de manter as pessoas calmas e satisfeitas no local de trabalho, essa administração das expectativas é fundamental. Você terá evidências disso em seu próprio local de trabalho: aqueles que sabem o que se espera deles e que têm alguma idéia de como estão suas carreiras apresentam menor grau de ansiedade relacionada ao cargo.

É por esse motivo que você sempre deve insistir em ter uma especificação de função detalhada, que define não só tarefas e responsabilidades, mas que também explicite os critérios de avaliação.

Eu estava vasculhando minha experiência empresarial, tentando encontrar um exemplo apropriado disso, quando lembrei-me de um caso melhor.

Aprenda com a minha avó. Minha avó (sim, ela mesma) foi uma daquelas pioneiras que, durante a Depressão, acompanhou o marido até o duro e inclemente sertão australiano para ganhar a vida e criar sua jovem família. Suas duas principais preocupações eram emprego (dinheiro) e comida. Para uma família às voltas com escassas oportunidades de trabalho e dispondo de suprimentos alimentares que, na melhor das hipóteses, eram extremamente incertos, esses teriam sido bons motivos para preocupações. Três filhos com menos de 5 anos de idade, que não compreendiam o conceito de escassez de alimentos nem sentiam simpatia por ele, poderiam ter sido uma causa a mais de preocupação.

Ela se entregou às preocupações? Não, ela planejou.

Ela planejou armazenar pelo menos dois alimentos de baixo custo, com o qual eles poderiam sobreviver por longos períodos: farinha de trigo (para o pão) e gordura de carne de vaca derretida ao cozinhar. Embora isso pudesse ter resolvido um de seus problemas, também serviu para criar outro: como ela poderia manter três crianças pequenas felizes e satisfeitas com uma dieta de pão e gordura de carne de vaca derretida?

Ela planejou também isso. Quando chegaram ao sertão australiano, seus filhos conheciam apenas uma refeição para ocasiões especiais. De vez em quando eles comiam bolos, assados e laranjas, mas estes nunca eram apresentados como alimentos para ocasiões especiais. Para ocasiões especiais, apenas um prato era realmente bom – pão e gordura derretida.

Desse modo, quando os momentos difíceis chegassem, coisa que inevitavelmente aconteceria, as crianças finalmente poderiam sentir o sabor do que lhes havia sido negado durante o ano todo: pão e gordura derretida.

Um belo planejamento, você não acha? A perfeita distribuição de recursos acompanhada por uma maneira criativa de lidar com as expectativas. Se minha avó estivesse entre nós hoje, eu a colocaria à testa de uma das minhas empresas.

Reprogramar as preocupações

A maioria das preocupações é produto do seu subconsciente. Elas, de modo geral, são irracionais – isto é, você sabe que elas são eventos infundados ou improváveis mas, mesmo assim, você continua a preocupar-se.

Tenho uma boa notícia. Você já conhece maneiras de fazer o seu subconsciente comportar-se do modo como você quer que ele o faça. Assim, para superar ou eliminar preocupações, você poderia usar quaisquer dos quatro instrumentos do subconsciente que já discutimos: Visualização – ver a si mesmo sem preocupações; Afirmação – dizer a si mesmo que não há motivo para preocupar-se; Auto-hipnose – convencer a si mesmo de que você está livre de preocupações; e Representação – passar os dias fingindo que você está livre de preocupações (o que será verdade, se você representar o papel de alguém que não tem preocupações).

Concentrar-se no presente

Como todas as preocupações e ansiedades baseiam-se no futuro, elas fundamentam-se em algo que não existe. Além disso, a maioria dessas preocupações *nunca* se materializa. Nunca. Quando você as considera a partir dessa perspectiva, as pessoas dadas a preocupações na verdade não têm muito com que se preocupar, não é?

Mas a maioria dessas pessoas acaba se preocupando mais por uma compulsão do que por escolha própria. Como modificar essa compulsão de modo que elas possam ter uma escolha?

É simples: use a técnica do 100% de Esforço. Essa é a maneira mais segura de viver no presente e, assim, obter todos os efeitos tranqüilizadores e satisfatórios associados a ele.

Procure estas soluções para ter calma:
100% de Esforço .... página 137
A Alegria da Repetição .... página 138
Quatro Recursos do Subconsciente .... página 102

O Eliminador de Preocupações

- Planeje não só as tarefas de longo prazo como também as de curto prazo. Saber o que esperar ajuda a aliviar as preocupações.
- Anote o seu plano por escrito.
- Passe alguns minutos praticando a Respiração Calmante.
- Quando você estiver relaxado, use quaisquer dos quatro instrumentos do subconsciente para reprogramar suas preocupações, de modo que elas não mais pareçam tão ameaçadoras.
- Concentre todos os seus esforços no presente, usando a técnica de 100% de Esforço.

PAUSA PARA A PREOCUPAÇÃO

Essa é a pérola da administração do tempo. Ela deixa horrorizados alguns especialistas em administração de tempo porque eles acham que ela encoraja a procrastinação. E, diferentemente dos conselhos desses entendidos, (quase sempre racionais e orientados para o hemisfério esquerdo do cérebro), essa solução envolve o seu subconsciente.

Uma das crenças fundamentais dos realizadores, viciados em trabalho e peritos em administração do tempo é a de que nunca se deve adiar coisas difíceis ou desagradáveis. De modo geral, eu concordo com eles, mas o fato é que as preocupações e ansiedades constituem uma categoria à parte. Quero mostrar a você que faz muito sentido, sempre que possível, adiar preocupações e ansiedades – talvez indefinidamente.

Mas como você pode adiar sentimentos que são produto do seu subconsciente e que, freqüentemente, são totalmente irracionais?

Use a técnica de postergação que chamo de Pausa para a Preocupação.

Para que isso seja eficaz, é preciso acrescentar um elemento de formalidade – ou, pelo menos, de hábito – à sua preocupação. Você precisa reservar um tempo para realizar essa atividade todos os dias, no mesmo horário. Podem ser dez minutos ou uma hora, desde que se mantenha constante todos os dias. Nesse período, você pode ser tão amargo e negativo quanto quiser e, no final do período, você terá lidado com as suas preocupações por aquele dia.

Ou até o mesmo período no dia seguinte.

Toda preocupação que surgir durante o seu dia de trabalho será oficialmente adiada para a Pausa para a Preocupação. Você presta atenção às suas preocupações, anota os detalhes necessários para a tomada de uma decisão (se houver necessidade) e, então, esforça-se ao máximo para esquecer tudo até chegar o período preestabelecido.

Então, no momento previamente marcado, você se entrega realmente a uma bela preocupação. Embora essa seja apenas uma técnica de postergação, nove em cada dez preocupações terão desaparecido no momento em que você der por terminada a sessão.

Além disso, o bom dessa técnica é que você tem de fazer muito pouco além de tomar a decisão inicial; e, também, quase todo o esforço é realizado pelo seu subconsciente.

Pausa para a Preocupação

- Especifique um determinado período e local onde você possa conduzir sessões regulares de preocupação. Na mesma hora, no mesmo lugar, todos os dias.
- Quando as preocupações, frustrações, irritações ou ansiedades surgirem durante o dia, postergue-as até esse período. Anote-as por escrito, registre os detalhes necessários para se tomar uma decisão (se for necessário) e, então, esqueça tudo até chegar o horário determinado.
- Em sua Pausa para a Preocupação, volte toda a sua atenção a essas preocupações – mas só no período especificado.
- No final desse período, vá para um outro local e pare completamente de pensar em seus problemas.
- Confie em seu subconsciente para obter as soluções de que você necessita.

UM COMPROMISSO COM A CALMA

Eis aqui uma maneira inteligente de lidar com as preocupações. Essa não é uma técnica que você iria necessariamente usar para resolver problemas importantes no trabalho mas, sim, para lidar com preocupações irracionais que surgem ao longo do dia ou nas altas horas da noite.

Essa técnica se dá em três níveis: ela apela para o subconsciente; adia o que é desagradável; e, na verdade, é uma maneira muito eficiente de lidar com problemas menores (porque eles freqüentemente parecem desaparecer antes de você terminar de aplicá-la).

Tudo que você tem a fazer é marcar consigo mesmo o compromisso de atentar para essa preocupação numa ocasião posterior.

Quando as preocupações surgirem, não preste nenhuma atenção especial a elas: apenas anote-as num papel e informe a si mesmo que você vai pensar no problema num momento específico no futuro, como, por exemplo, no dia seguinte ao meio-dia. Se as preocupações surgirem à noite, anote-as em um bloco de papel que você, com o mesmo objetivo em mente, mantém perto de sua cama.

A idéia é transformar em um ritual esse compromisso consigo mesmo.

Ao fazer isso, você não só adia a preocupação para um período que *você* determina – em vez de lutar com ela o tempo todo – como também faz um bom progresso no sentido de solucioná-la. Se houver necessidade de uma solução, o seu subconsciente irá fazer todo o trabalho *antes* do momento determinado e, enquanto ele estiver buscando a solução, você poderá continuar levando a vida da maneira usual.

Procure estas soluções para ter calma:
Quatro Recursos do Subconsciente .... página 102
O Espaço Que Acalma .... página 237

Um Compromisso com a Calma

- Quando preocupações ou ansiedades ocorrerem durante o dia ou a noite, anote-as por escrito e firme consigo mesmo — marcando um período específico — o compromisso de lidar com elas posteriormente.
- Esqueça o assunto até chegar o momento marcado.
- Quando chegar a hora, faça tudo o que for possível para resolver o problema — dentro do período de tempo que você concedeu a si mesmo.
- Ao término desse período, vá para outro lugar e pare totalmente de pensar em seus problemas.
- Confie em seu subconsciente para encontrar as soluções de que você necessita.

O MÉTODO DOS PONTOS POSITIVOS E NEGATIVOS

Você vai notar que muitas das técnicas apresentadas neste livro requerem que você "tome nota por escrito". Você encontra isso com freqüência nas técnicas de auto-ajuda.

Isso é importante porque, ao fazê-lo, você usa dois sentidos (visão e tato) para registrar uma informação. Além disso, como você escolhe as suas próprias palavras, isso força-o a prestar mais atenção ao modo como a informação é composta. O efeito "líquido" disso é que a informação se fixa melhor na sua consciência. (Há também o benefício paralelo – que não deve ser subestimado – de se dispor de um registro permanente das decisões que você tomou.)

Eis uma outra razão. Quando você fica remoendo um problema em sua mente, todos os tipos de influências imprevisíveis entram em cena e isso muitas vezes faz com que o problema pareça mais assustador ou mais incontrolável do que ele realmente é.

Quando você registra um problema no papel, todavia, você é forçado a considerá-lo mais cuidadosamente. Na grande maioria dos casos, ele irá parecer menos ameaçador do que você pensou inicialmente.

O Método dos Pontos Positivos e Negativos serve para acabar com as preocupações. Ele funciona com base na compreensão de que a maioria das preocupações são causadas pela *expectativa* de que algo irá acontecer – e não por alguma coisa que realmente está acontecendo. O seu propósito é explorar a possibilidade de que a sua preocupação algum dia chegue a se transformar em realidade.

Eis como esse método funciona. Digamos que a sua preocupação diga respeito à possibilidade de você vir a ficar desempregado e não conseguir fazer os pagamentos da sua nova hipoteca. Anote essa preocupação na parte inferior da página.

Então, no alto da página, escreva o resultado que você busca com relação às suas preocupações. Certifique-se de que ela seja expressa em termos positivos e (de acordo com a sua situação) realistas. Sublinhe as palavras: "Tenho um emprego estável e satisfatório que permite que eu pague a minha hipoteca."

Na página seguinte, escreva o mesmo resultado na parte de cima, mas não anote a preocupação.

Em seguida, trace uma linha no meio da página. À esquerda, ponha "–" e, à direita, escreva "+".

Estão, à esquerda, relacione todos os obstáculos para a realização do resultado que você deseja alcançar. E, à direita, relacione todas as oportunidades e possibilidades (qualidades ou recursos que você tem) que irão capacitá-lo a alcançar o resultado anotado no alto da página.

Antes que você se dê conta, a preocupação anotada na parte inferior da página parecerá menos importante e, quem sabe, até mesmo trivial.

Procure esta solução para ter calma:
100% de Esforço .... página 137

Tente fazer isso. Você ficará surpreso com a sua eficácia.

O Método dos Pontos Positivos e Negativos

1 Use caderno de notas. Na parte inferior da página, anote a sua preocupação.
2 No alto da página escreva o resultado que você busca quando a sua preocupação for eliminada. Certifique-se de expressá-lo em termos positivos. Sublinhe as palavras.
3 Na página seguinte, escreva no alto o resultado que você quer alcançar. Trace uma linha vertical no meio da página.
4 À esquerda, relacione todos os obstáculos para a consecução do resultado esperado por você.
5 À direita, relacione todas as oportunidades ou possibilidades (ou os recursos que você possui) para ajudá-lo a alcançar o seu objetivo.
6 Então, usando a técnica do 100% de Esforço, comece a buscar o seu resultado.

PREOCUPE-SE COM AS COISAS IMPORTANTES

Conheci um homem cuja filosofia incluía duas boas maneiras de manter a calma e a perspectiva em sua vida:

(i) Nunca perca o sono por coisas sem importância.
(ii) Trate *todos* os problemas como se fossem coisas sem importância.

Essa filosofia pode funcionar para todos nós. E ela funciona porque joga com certo número de "verdades" que já fazem parte do nosso sistema de crenças.

O senso comum diz que GRANDES preocupações justificam GRANDES sofrimentos, não é? Nunca contestaremos isso. Uma outra: pequenas preocupações são meras trivialidades que, na verdade, não merecem o esforço mental que despendemos com elas. Qualquer pessoa sensata também aceitaria esse argumento.

Uma coisa que provavelmente não faz parte do seu sistema de crenças é a de que as GRANDES preocupações podem ser redefinidas como pequenas preocupações. Todavia, você tem de concordar que, se *pudesse* defini-las nesses termos, você teria muito mais facilidade para tirá-las do pensamento.

Eis como você pode fazer isso.

Sente-se num lugar tranqüilo e projete-se para algum momento no futuro. Imagine-se com 65 anos de idade (ou mais, se você quiser). Imagine como será a sua aparência, quais serão as suas atitudes e o que você estará fazendo.

Quando você realmente sentir que está vendo as coisas com a perspectiva que você teria aos 65 anos, reveja as suas preocupações de hoje. É provável que elas percam rapidamente a importância.

Procure estas soluções para ter calma:
Quatro Recursos do Subconsciente .... página 102
100% de Esforço .... página 137

Preocupe-se com as Coisas Importantes

1 Pratique a Respiração Calmante durante sessenta segundos.
2 Em sua grande tela prateada, tente imaginar como você será aos 65 anos de idade (se você já tiver essa idade ou estiver perto disso, escolha qualquer idade no futuro).
3 "Veja" a si mesmo subindo pela tela e entrando nessa imagem.
4 Quando você sentir que faz parte dessa imagem futura, pense no problema com o qual você está se preocupando hoje. Imagine qual será a sua importância quando visto retrospectivamente. (O mais provável é que você nem se lembre dele.)
5 Faça uma pausa e, com essas impressões em mente, deixe que a preocupação de hoje desapareça gradualmente.

USANDO O SEU NARIZ

Chegamos finalmente a uma deliciosa maneira de lidar com a ansiedade – principalmente com a ansiedade do tipo não específico, que, geralmente sem nenhuma base na realidade, deixa-nos com a sensação de que alguma coisa está errada.

Esse método de redução de ansiedade utiliza óleos essenciais.

A aromaterapia não é mais considerada como uma terapia da Nova Era. Uma forma de fitoterapia chinesa, a aromaterapia está sendo vista cada vez mais como uma ciência: a ciência da aromacologia, o estudo dos efeitos das fragrâncias sobre o humor e o comportamento. Pessoas de todas as faixas etárias agora apreciam os benefícios da aromaterapia, principalmente o modo como ela pode tratar o *stress* e estimular o relaxamento.

Atualmente, sabemos que certos odores produzem nítidos efeitos fisiológicos, particularmente no que diz respeito ao relaxamento. As pesquisas têm mostrado que os odores de certos óleos estimulam a produção de serotonina no cérebro. (Serotonina é o neurotransmissor que o ajuda a sentir-se bem e que é o alvo de medicamentos antidepressivos como o Prozac.) Também sabemos que óleos extraídos do limão e da hortelã-pimenta têm um efeito estimulante sobre o sistema nervoso e podem efetivamente aumentar a produtividade no local de trabalho. Diz-se que uma combinação de dois óleos estimulantes, alecrim e limão, melhora a concentração.

Fragrâncias florais, como as extraídas de rosa, alfazema, flores de laranja e camomila, têm um efeito relaxante. Óleos essenciais de patchuli ajudam a acabar com a ansiedade e a elevar o humor, ao passo que o óleo de sândalo e de noz-moscada podem ajudá-lo a neutralizar os efeitos perniciosos do *stress*.

Apresentamos a seguir uma relação de óleos essenciais que os aromaterapeutas usam no tratamento da ansiedade. Você irá notar que alguns deles possuem propriedades adicionais no sentido de revigorar (de estimular) enquanto relaxam. Eles são conhecidos como *adaptógenos* e atuam no sentido de trazer equilíbrio ao corpo. Outros, como o óleo de patchuli, têm o seu efeito modificado – da elevação do humor para a sedação – de acordo com a quantidade utilizada.

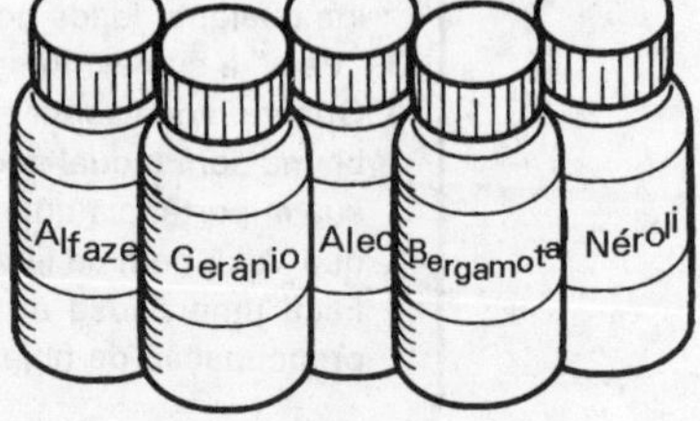

(Algumas pessoas dizem que mulheres grávidas devem evitar o uso de manjericão, do junípero, da manjerona, da melissa e da esclaréia.)

Você não precisa ser aromaterapeuta para usar óleos essenciais. Tente fazer combinações. Para começar, tente usar bergamota, gerânio, alfazema, néroli e manjericão. Para ansiedade crônica, considere uma combinação de alfazema, cedro e *lemongrass*[1]. Para ansiedade extrema e intensa, considere o uso de alfazema, sândalo e gerânio. A partir dos óleos essenciais aqui relacionados, faça a sua escolha com base em seu olfato – o seu nariz o orientará no sentido de descobrir quais serão mais benéficos. Três óleos são ideais para se fazer uma combinação.

1. Gramínea tropical com aroma semelhante ao do limão, usada principalmente na culinária do sudeste asiático. (N.T.)

Propriedades de óleos essenciais que acalmam					
ÓLEOS	ÓLEOS QUE ACALMAM	ÓLEOS PARA ANSIEDADE	ÓLEOS ESTIMU-LANTES	ÓLEOS PARA MELHORAR O HUMOR	ÓLEOS PARA A LUCIDEZ
Manjericão	✓	✓	✓		✓
Bergamota	✓	✓	✓		
Cedro	✓				
Camomila	✓	✓			
Cipreste	✓	✓			
Esclaréia	✓	✓		✓	✓
Gerânio	✓	✓	✓		
Jasmim	✓	✓			
Junípero	✓	✓	✓		✓
Alfazema	✓	✓	✓		
Limão					✓
Manjerona	✓	✓			
Néroli	✓	✓		✓	
Laranja			✓	✓	
Patchuli	✓	✓	✓ (em pequenas quantidades)		
Pinho					✓
Rosa		✓			
Alecrim					✓
Salva		✓			
Sândalo	✓	✓			
Tomilho		✓			
Ylang ylang	✓	✓	✓		

Use os óleos puros da forma que você quiser.

Coloque algumas gotas em um queimador de óleo: a colocação de um queimador discreto no seu local de trabalho será apreciada não só por você mas também pelos que estiverem próximos.

Você também pode por algumas gotas em um lenço e carregá-lo consigo. Outra alternativa é chegar em casa à noite e adicionar dez gotas a um banho quente ou diluir algumas gotas em um óleo básico (como óleo de amêndoa ou jojoba) para fazer uma massagem.

Mais uma observação sobre minha avó A alfazema é, provavelmente, o óleo essencial mais usado e mais bem-aceito — ele não só ajuda a relaxar como também alivia dores, incluindo a dor de cabeça.

Minha avó conhecia instintivamente as suas propriedades relaxantes. Onde quer que fosse, ela carregava consigo um lenço perfumado com água de alfazema – um artigo de luxo, mas de baixo custo, que ela comprava em grande quantidade numa farmácia.

Você pode fazer o mesmo. Acrescente algumas gotas ao seu lenço e conserve-o à mão para os momentos estressantes.

Procure estas soluções para ter calma:
O Cheiro Que Acalma .... página 233
O Espaço Que Acalma .... página 237
O Som Que Acalma .... página 232

Transformações do Tipo B

Embora talvez seja politicamente incorreto usar estereótipos psicológicos, agora vamos ter o prazer de usar muitos estereótipos com relação a personalidades do Tipo A e B.

De maneira geral, as pessoas que apresentam características de personalidade que nos permitem classificá-las como sendo do Tipo A, ou Impetuosas (sérias, obsessivas, preocupadas com o tempo) são mais suscetíveis a problemas de *stress* auto-induzido do que as pessoas do Tipo B, ou Tranqüilas, que são mais descontraídas, menos obsessivas e mais sociáveis. Assim, do ponto de vista unicamente do seu bem-estar pessoal, faz sentido ser um pouco mais Tranqüilo em sua abordagem.

E quanto à eficiência no trabalho? Estudos têm mostrado que as pessoas do tipo Tranqüilo – muito embora possam carecer da impetuosidade e da ambição que caracterizam o outro tipo – freqüentemente são melhores líderes, administradores, comunicadores e mostram-se mais eficientes naquilo que fazem. Assim, do ponto de vista do seu desempenho no trabalho, também faz sentido ser um pouco mais Tranqüilo em sua abordagem.

Eis aqui algumas técnicas que irão enganar o seu subconsciente e – pelo menos por algum tempo – fazê-lo acreditar que você tem uma personalidade que pende mais para o tipo Tranqüilo.

FINJA SER DO TIPO B

Você não achará uma técnica mais fácil do que esta. Consulte a tabela das páginas 30-31 e estude as características de uma personalidade do tipo Tranqüilo.

Então, usando o Modelo Básico de Representação, imagine que você tem essa personalidade.

Uma vez fixada na mente essa imagem, basta fingir que você tem esse tipo

Procure estas soluções para ter calma:
Respiração Calmante .... página 93
Modelo Básico de Visualização .... página 105
Modelo Básico de Representação .... página 113
Esqueça o Relógio .... página 116

de personalidade e presumir que as pessoas com as quais você tem contato irão reconhecê-la como tal.

UMA PAUSA PARA A TRANQÜILIDADE

É difícil trabalhar quando se tem uma personalidade do tipo Impetuoso. Você é aquele que tem de trabalhar com mais dedicação, que tem muita ambição, leva trabalho para fazer em casa e preocupa-se a noite toda. Você é aquele que assume toda a responsabilidade... ou, pelo menos, aquele que gosta de pensar que as coisas são assim.

Por outro lado, as pessoas do tipo Tranqüilo têm uma vida mais fácil. Elas são mais despreocupadas com relação ao trabalho e talvez você pudesse dizer que elas têm uma abordagem mais equilibrada. Elas divertem-se à noite e nos fins de semana e parecem nunca ter preocupações com relação ao trabalho. Elas não parecem sentir-se pressionadas pelo tempo e, no entanto, de alguma forma, elas sempre parecem dar conta do trabalho.

Isso não é justo, você não acha?

Esse é o motivo pelo qual criei esta técnica simples, sobretudo para que você de vez em quando, apenas de vez em quando, possa desfrutar todos os benefícios de que gozam as pessoas do tipo Tranqüilo.

Isso só pode acontecer uma vez por dia. E só durante uma hora. Durante essa hora, você dá permissão a si mesmo para gozar de todos os benefícios relaxantes de que desfrutam as pessoas com personalidade do tipo Tranqüilo.

Para começar, você precisa imaginar como é uma pessoa assim – que aparência ela tem, como ela age e o que ela vê, ouve e sente. Isso é feito em sua tela prateada imaginária.

Em alguma parte dessa imagem há uma característica externa que você pode adotar e, mais tarde, usar intuitivamente. Talvez seja uma gravata mais frouxa ou sapatos mais informais; talvez seja o modo como ela fica de pé ou anda; talvez seja apenas a ausência de um relógio de pulso.

Agora, usando a técnica que se segue, utilize essas características para produzir as sensações de relaxamento e despreocupação com o tempo que caracterizam as pessoas com personalidade do tipo Tranqüilo.

Procure estas soluções para ter calma:
A Sua Escolha de Pressões ... página 176
Quão Suscetível Você É .... página 21

No momento em que você quiser.

Uma Pausa para a Tranqüilidade

- Estude a diferença entre comportamento Impetuoso e Tranqüilo.
- Reserve uma hora para cada dia de trabalho a fim de procurar imitar o que seria o comportamento de alguém que tivesse uma personalidade do tipo Tranqüilo. Marque o tempo em seu diário.
- Escolha pelo menos uma característica exterior de uma pessoa com personalidade do tipo Tranqüilo (como: fazer movimentos lentos, encerrar o dia de trabalho em horários razoáveis, não correr de um compromisso para outro).
- Assuma essa característica durante uma hora (essa é a sua Pausa para a Tranqüilidade). Observe que os prazos finais já não dão mais a impressão de serem tão ameaçadores e que você parecer dispor de tempo suficiente para concluir o seu trabalho. Observe que você pode fazer uma coisa de cada vez e *sentir prazer ao fazer isso*, e sinta como você está relaxado.
- Ao completar a sua hora, faça uma pausa de alguns minutos para refletir a respeito de como você está sentindo-se confortável ao assumir uma personalidade do tipo Tranqüilo.
- Todos os dias, passe pelo menos um hora sendo uma pessoa do tipo Tranqüilo. Depois de algum tempo, tudo o que você terá de fazer é adotar essa característica exterior (tirando o seu relógio, por exemplo) para que o seu subconsciente evoque novamente aquelas características da personalidade do tipo Tranqüilo e o ajude a sentir-se calmo e relaxado.

DIVIRTA-SE COM O TRABALHO

A personalidade Impetuosa clássica é um tanto sisuda. (Você pode compreender isso considerando as responsabilidades que as pessoas desse tipo acham que têm de assumir sozinhas.) As pessoas que estão nessa categoria levam a sério seu trabalho e suas ambições e torcem o nariz para as frivolidades.

Inversamente, as pessoas cuja personalidade tende para o tipo Tranqüilo são mais despreocupadas com relação às coisas frívolas. Algumas até mesmo as apreciam. Elas sabem quando dar por encerrado o dia de trabalho e quando devem soltar o cabelo e se divertir.

Para as pessoas mais nervosas, ansiosas ou preocupadas, portanto, adotar algumas características das pessoas com uma personalidade do tipo Tranqüilo pode revelar-se bastante relaxante. O conselho que se segue diz respeito à diversão. Como você sabe, é muito difícil sentir-se estressado e, ao mesmo tempo, não ter nenhuma diversão. Melhor ainda, pense em como a vida seria agradável se você pudesse divertir-se com a atividade que mais consome o seu tempo: o trabalho. Pense em como você poderia ser calmo se isso fosse possível.

O jogo do trabalho

O desafio nesse caso é praticar um jogo consigo mesmo no trabalho. O jogo consiste em encontrar aspectos cômicos, divertidos ou mesmo ridículos em tudo o que acontece em seu local de trabalho e em todas as coisas que você faz.

Assim, da próxima vez que um executivo pomposo do Departamento se mostrar arrogante, sorria, porque você pode vê-lo como um babuíno emproado. Toda vez que você receber a incumbência de ir até o almoxarifado, sorria, porque você pode tomar um caminho diferente e fingir que está vivendo uma aventura. Da próxima vez que você tiver que terminar uma tarefa desagradável ou monótona, sorria, porque você tem a oportunidade de transformá-la numa pequena competição ou num jogo. E da próxima vez que um cliente exigente ameaçar trocá-lo por um outro fornecedor...

O controle dos impulsos

Observe os tipos dinâmicos e realizadores em seu local de trabalho. Eles provavelmente serão muito motivados, ambiciosos, preocupados com o tempo e pouco dispostos a se entregarem a atividades tão "frívolas" como jogos e relaxamento.

Nove em cada dez vezes, essas pessoas serão aquilo que chamamos de Impetuosas.

Se você estiver nessa categoria, o *stress* decorrente do excesso de ambição poderá ser superado com o uso de técnicas que estimulam comportamentos mais característicos das pessoas do tipo Tranqüilo. Várias dessas técnicas foram abordadas na seção anterior.

A ambição de ser calmo

A ambição pode ser um bom servo mas um amo tirânico. As pressões decorrentes da ambição descontrolada não são muito diferentes das que afligem as pessoas obcecadas com os prazos finais: você estabelece marcos e prazos e pressiona a si mesmo até vencer ou, cheio de frustração, acabar desistindo.

De qualquer modo você acaba muito longe da calma.

A ambição, por si só, não é um fator de *stress*; muitas pessoas sentem-se enriquecidas e revigoradas pela ambição e acham que ela dá direção e propósito ao seu trabalho. Mas quando a ambição está associada a metas obscuras, tem-se uma combinação perigosa porque você tem todo o impeto, com todas as suas pressões e, apesar disso, não obtém nada da satisfação associada à consecução das suas metas.

Portanto, a maneira óbvia de obter paz e satisfação por meio da ambição é o estabelecimento de metas claras e objetivas.

Procure estas soluções para ter calma:
O Calculador de Prioridades de Vida .... página 83
Planejador Criativo de Longo Prazo .... página 146
A Execução em Três Etapas . página 149
Controle Apenas o Que Você Pode Controlar .... página 140

A SUA ESCOLHA DE PRESSÕES

As palavras que você usa quando está pensando são conhecidas como diálogo interior. Embora algumas pessoas recorram a isso mais do que outras, esse diálogo é algo que todos fazemos.

Alguns de nós, todavia, vão ainda mais longe. Várias vezes por dia dizemos para nós mesmos coisas que representam mais do que apenas um diálogo. Alguma coisa em você sussurra que você deve responder àquela carta que recebeu faz alguns dias, ou deixar de fumar ou, então, começar a se exercitar. Outras vezes, ela irá sussurrar que você deve procurar um consultor financeiro para conversar sobre as aplicações das suas economias ou um oftalmologista para que ele examine os seus olhos (as telas de computadores são um inferno, não são?). Às vezes, você pode chegar até mesmo a ouvir a si próprio resmungando em voz alta: "Tenho de terminar de arquivar aqueles papéis."

As pessoas do tipo Impetuoso fazem isso com mais freqüência e nunca concedem a si mesmas um momento de paz. Seu diálogo interior está repleto de expressões como "preciso", "tenho de", "eu deveria", e assim por diante. Quando você ouve essas pessoas falarem, até o seu diálogo exterior parece ser desse mesmo tipo. "*Tenho* de terminar esse documento às nove horas." "*Preciso* ir ao banco antes do almoço." "Eu *deveria* conversar com meu patrão sobre um aumento." "*Tenho* de aprender a me relacionar com a nova recepcionista."

Observe as instruções que elas dão a si mesmas. Elas são conhecidas como frases ou instruções que pressionam: basicamente, essas frases são lembretes pequenos, constantes e incômodos de que você não está fazendo tudo o que deveria estar fazendo, que você *tem* ou *deveria* alcançar resultados cada vez melhores. As próprias palavras mentais criam pressão e produzem *stress*. Elas não só estabelecem uma agenda infinita, mas perpetuam a sensação de que sempre existem mais coisas a serem feitas. Elas nunca lhe dão tempo para refletir e sentir-se satisfeito com aquilo que você já conseguiu realizar porque sempre há alguma outra coisa que *tem* de ser feita.

Eu sei que não é nada delicado de minha parte dizer isso, mas as pessoas Impetuosas gostam das frases que servem para exercer pressão; elas funcionam como um tipo de combustível para sua inquietação e fornecem uma justificativa para sua tensão e ansiedade.

Todavia, boa parte da pressão associada a esse diálogo interior (ou exterior) pode ser eliminada pela simples escolha de palavras diferentes.

Uma vez feito isso, você pode substituir essas palavras por outras que efetivamente o estimulam a sentir-se da forma como você gostaria de se sentir. Use qualquer conjunto de palavras que lhe agradar – sobre ter escolhas, sobre ser feliz, sobre ser calmo – e você logo começará a sentir-se assim.

Mas o primeiro passo é a substituição. Use a expressão "optei por" sempre que você se sentir compelido a dizer "eu tenho de" e, assim, você irá sentir uma imediata mudança em sua atitude. Diga para si mesmo: "Optei por terminar essa digitação às 9 horas"... "*Optei* por marcar esses ensaios para antes de sair para o almoço"... "*Optei* por ser mais tolerante com a nova chefe da enfermagem"... e você sentirá a mudança quase que imediatamente.

E, se você achar que pode se beneficiar abandonando por completo as imposições do "tenho de", você pode escolher alternativas ainda mais suaves: substituir o "tenho de" por "posso". Agora, você diria a si mesmo: "*Posso* terminar esta digitação às 9 horas (se eu fizer esta opção)"... "*Posso* cuidar da correspondência antes do almoço (se eu fizer esta opção)"... "*Posso* ser mais tolerante com a nova recepcionista".

Qualquer que seja a escolha que você venha a fazer, a nova liberdade que lhe é concedida por estas frases do seu diálogo interior irão ajudá-lo a sentir-se mais relaxado e confortável em relação a seu trabalho e às suas obrigações.

Procure estas soluções para ter calma:
Modelo Básico de Afirmações .... página 107
Finja Ser do Tipo B .... página 172

A Sua Escolha de Pressões

- Ouça a linguagem que você usa em seus diálogos interior e exterior.
- Substitua as frases que pressionam, como "tenho de", por palavras mais moderadas, como "optei por".
- Se você quiser reduzir ainda mais a pressão, use "Posso" em lugar de "Tenho de".
- Use essa linguagem não só em seu diálogo interior mas também em sua conversação.

ESTABELEÇA OS SEUS PRÓPRIOS REFERENCIAIS

Uma das menos atraentes paixões dos anos 90 foi um processo chamado de "definição de referenciais". Isso começa com uma medida de desempenho de produtividade – muitas vezes descrita em termos entusiásticos como "a melhor prática do mundo" – com a qual seu desempenho e produtividade acabam por serem comparados.

Não é de admirar que pouquíssimos processos estejam à altura da "melhor prática do mundo". E, mesmo para estes, a pressão continua porque, no instante em que você consegue isso e torna-se o melhor do mundo, você passa a ser o referencial que todos os outros procuram superar. Desse modo, esse processo dá origem a uma interminável competição.

Toda pessoa que se enreda nesse processo de avaliação torna-se uma vítima desse mesmo processo. Ou você está à altura do referencial ou você é um fracasso. Isso não contribui de forma alguma para a manutenção da calma e da auto-estima.

A minha recomendação é que você ignore toda essa bobagem de referenciais que representam "a melhor prática do mundo". (Eu lhe darei uma dica vinda de dentro: boa parte disso *é* uma bobagem pretensiosa.) Feito isso, você mesmo estabelece os seus padrões de desempenho. Você mesmo define os referenciais que você deve procurar igualar ou ultrapassar. Siga o seu próprio ritmo.

Essa não é uma desculpa para você trabalhar menos. A segunda parte da minha sugestão é a de que você empregue a técnica do 100% de Esforço para que, ao trabalhar, você se deixe envolver inteiramente pelo processo de alcançar e ultrapassar os padrões que você estabeleceu.

Este total envolvimento significa que você pode alcançar grandes coisas e, no processo, tornar-se calmo.

Procure estas soluções para ter calma:
100% de Esforço .... página 137
O Calculador de Prioridades de Vida .... página 83
O Poder do Não .... página 124

TRANQÜILIZE-SE COM O PODER DA PALAVRA

Se você se sentir um escravo do dever ou tiver essa vaga compulsão de ter um desempenho cada vez melhor, é possível que você se beneficie com uma pequena conversa consigo mesmo de vez em quando.

Use afirmações positivas e relaxantes.

Como é do seu conhecimento, afirmações são um conjunto de palavras que, pela repetição, influenciam gradualmente o subconsciente e acabam transformando-se em realidade. As palavras e sentimentos que você escolhe determinam os resultados que você alcança. Escolha palavras positivas e tranqüilas e você acabará tornando-se positivo e tranqüilo.

Procure estas soluções para ter calma:
Respiração Calmante .... página 93
Modelo Básico de Afirmação página 107
O Espaço Que Acalma .... página 237
A Alegria da Repetição .... página 138

Isso pode parecer uma simplificação excessiva mas trata-se de um importante instrumento de mudança. E ela é tão fácil de fazer que você não tem realmente nenhuma desculpa para não tentar.

PERMISSÃO PARA REJEITAR O SUCESSO

Se você prometer não contar a nenhum dos meus sócios que escrevi isto, eu irei partilhar com você um segredo que pode ajudá-lo a conservar a sua sanidade mental.

Desde os seus primeiros dias passados na escola, é provável que as pessoas venham lhe incutindo a idéia de que é importante ser bem-sucedido em tudo o que você faz. Isso acrescenta uma grande pressão a sua vida. Não é exagero dizer que muitas, senão a maioria das pessoas, medem o próprio valor de acordo com o sucesso que elas têm ou deixam de ter no trabalho. Se elas não se consideram bem-sucedidas nesse papel, sua autoestima diminui, levando-as a sentirem-se infelizes e estressadas.

Você não precisa sentir-se assim.

Você não tem absolutamente nenhuma obrigação de ser "bem-sucedido" em tudo o que faz. Na verdade, é possível que você se torne uma pessoa muito mais tranqüila se rejeitar totalmente esse conceito popular de sucesso. Ao mesmo tempo, porém, você não quer sentir-se um fracasso – o que pode ser igualmente desencorajador e estressante.

Mas como podemos rejeitar a necessidade de termos sucesso no trabalho sem nos sentirmos um fracasso?

Tudo depende do modo como você define sucesso. É provável que o seu conceito de sucesso tenha muito a ver com aquilo que os outros consideram ser bem-sucedido – isto é, as medidas convencionais de realização. Além disso, é provável que você não tenha pensado muito a respeito do que isso significa para você (no sentido pessoal).

Todavia, gastando apenas alguns minutos para usar O Calculador de Prioridades de Vida, você saberia exatamente qual é o significado do sucesso para você – em todos os aspectos da sua vida. Ele talvez não tenha nada a ver com o seu emprego e esteja relacionado a seus esforços como pai, companheiro ou cidadão. Ele talvez diga respeito a sua educação como autodidata ou a seus esforços para aprender dança irlandesa. A decisão é somente sua.

Depois que você tiver decidido como irá medir o seu sucesso, dê a si mesmo permissão para rejeitar as idéias de todas as outras pessoas acerca do conceito de sucesso e, então, dedique 100% de esforço em tudo o que você optar por fazer.

Desse modo, você será calmo.

Procure estas soluções para ter calma:

O Calculador de Prioridades de Vida .... página 83
Planejador Criativo de Longo Prazo .... página 146
Responsabilidades Divididas . página 141
O Poder do Não .... página 124
100% de Esforço .... página 137

Use o tempo necessário para ser calmo

Olhe ao seu redor e veja o que se passa em seu local de trabalho. Alguns de seus colegas sempre estarão com pressa: correndo para reuniões, entrando e saindo apressados no último momento, sempre às voltas com os prazos finais.

Além de sempre estarem com pressa, essas pessoas em geral têm certos traços físicos que as caracterizam como "apressadas". Elas falam e respiram rápido e têm gestos curtos e bruscos. Elas mexem os dedos nervosamente, jogam o peso do corpo de um pé para o outro e remexem os bolsos à procura de cigarros e chiclete.

Essas são as características de uma pessoa tensa.

As características de uma pessoa tranqüila são opostas: elas falam e respiram lentamente e seus gestos têm movimentos amplos e lânguidos. Elas recostam-se indolentemente, olham pela janela e, em geral, parecem ter todo o tempo do mundo. (E elas provavelmente trabalham tanto quanto as pessoas tensas.)

Eis aqui algumas maneiras para fazer você parecer um pouco mais com essa pessoa tranqüila.

DESACELERANDO

Você já ouviu a expressão "rodar em marcha lenta"? Na maioria das vezes ela diz respeito a motores de carros quando o veículo está em ponto morto e as rotações em seu nível mais baixo. Essa é a maneira mais tranqüila de o motor de um carro funcionar e, do ponto de vista energético, também a mais eficaz.

Os seres humanos também podem agir dessa maneira.

Pesquisas quanto aos hábitos de trabalho têm mostrado que o corpo humano pode trabalhar sem descanso apenas durante um certo período antes de o seu desempenho começar a cair. Esse tempo é conhecido como Ciclo Atividade-Descanso. O ciclo da pessoa média é de noventa a 120 minutos de atividade seguida por vinte minutos de descanso. Embora essa proporção varie um pouco de pessoa para pessoa e possa variar para atender a demandas de curto prazo, esse é um ciclo que precisa ser respeitado (Se isso for ignorado, há implicações para a saúde e para o desempenho.)

Esses vinte minutos de "descanso" podem ser o seu tempo para desacelerar.

O segredo para usar com sucesso esse tempo para desacelerar é não correr para a máquina de café ou para o balcão de biscoitos mas, em vez disso, ficar calmo e relaxado. Você pode fazer isso abandonando todos os atributos tensos dos últimos noventa ou 120 minutos e, então, adotando as características *superficiais* de uma pessoa tranqüila. Isso é tudo o que você precisa fazer. Apenas as características superficiais: o ritmo, a freqüência respiratória, os movimentos lentos, a fala descontraída.

Procure estas soluções para ter calma:
Finja Ser do Tipo B .... página 172
Uma Pausa Para a Tranqüilidade .... página 173
O Som Que Acalma .... página 232

Esses vinte minutos de desaceleração fisiológica irão ajudá-lo a permanecer calmo e relaxado durante o restante do seu dia de trabalho.

Desacelerando

- Depois de noventa a 120 minutos de trabalho, faça uma pausa para ter calma.
- Faça um esforço consciente para reduzir o ritmo de todos os seus atos físicos. Fale lentamente, mais devagar até do que lhe parece ser natural. Quando mover os seus pés e mãos, force-os a se deslocarem de forma mais lenta e premeditada. Pense em todo movimento que você fizer. De forma lenta e premeditada. Mais devagar até do que você acha ser natural.
- Em seguida, faça *tudo* mais devagar.
- Ande mais devagar.
- Pense mais devagar.
- Fale mais devagar.
- Depois de vinte minutos fazendo isso você estará pronto para enfrentar o restante do seu dia de trabalho.

BUSQUE UM POUCO DE STRESS

Um conceito errôneo bastante disseminado é o de que todo tipo de *stress* é ruim para você. Na verdade, alguns tipos de *stress* são com certeza bons para você. Esse *stress* positivo – tecnicamente conhecido como *eustress* – são as intensas sensações que acompanham as coisas excitantes da vida:

um passeio numa montanha-russa, um primeiro encontro marcado com alguém, uma promoção no trabalho, uma vitória do seu time.

Isso não apenas pode fazer você sentir-se bem como também é extremamente benéfico por enriquecer a sua vida e ajudá-lo a relaxar posteriormente.

Se em seu emprego você trabalha intensamente e é submetido a grandes pressões, ou se você é naturalmente propenso a ser tenso e a preocupar-se excessivamente com o seu trabalho, você se beneficiaria acrescentando regularmente a sua semana um pouco de *stress* positivo.

Embora a maioria das formas de *stress* positivo provavelmente aconteça de forma inesperada, existem elementos que você pode gerar de acordo com a sua vontade. Use a tabela abaixo como um guia e faça o que estiver ao seu alcance para acrescentar algum *stress* positivo a sua vida.

***Stress* Positivo**	***Stress* Negativo**
Você recebe uma importante promoção	Você está correndo o risco de ter o seu salário reduzido
Você ganha uma parte importante do mercado	Você perde uma parte importante do mercado
Você conhece o amor da sua vida, por acidente	Você tem uma discussão com um colega
O seu time de futebol está prestes a marcar um gol	O seu cheque de pagamento é devolvido por falta de fundos
Você corre pelo parque com seu filho de 8 anos	O seu filho de 8 anos tem problemas na escola
Você dá um passeio na montanha-russa	Você recebe uma multa por estacionar em local proibido
O seu cantor favorito entra no palco	Você tem preocupações não específicas

CINCO MINUTOS PARA DEIXAR A CIDADE

O que acontece quando você seguiu todos os conselhos deste livro (até aqui), atirou-se ao trabalho com cem por cento de disposição, convenceu-se de que tem certo controle sobre o que você faz e, mesmo assim, sente-se num beco sem saída?

É razoável esperar que isso aconteça de tempos em tempos. Afinal de contas, ninguém pode manter-se no nível máximo de desempenho semana após semana; mesmo as pessoas mais tranqüilas sentem-se pressionadas de vez em quando.

Essas são as ocasiões para fazer uma pausa.

Você sabe como pode ser importante tirar férias curtas nas ocasiões em que você mais precisa delas – um fim de semana viajando, uma excursão pelas montanhas, um dia na praia, um passeio num parque. Existem ocasiões em que uma pausa é essencial.

Mas você não pode tirar alguns dias de folga imediatamente? Já é sexta-feira e você não planejou nada?

Não importa. Você sabe qual é a *sensação* de ficar longe de tudo numa dessas escapadas. Fechando os olhos, você provavelmente será capaz de recordar também aquilo que você vê nessas ocasiões. Talvez você consiga lembrar até mesmo dos sons que você costuma ouvir.

Com um pouco de esforço, todas essas sensações, visões e sons podem vir em seu socorro no momento e à medida que você precisar deles. Leva apenas cinco minutos para reavivá-los – sempre que você sentir necessidade.

Procure estas soluções para ter calma:
Respiração Calmante .... página 93
O Método dos Pontos Positivos e Negativos .... página 167

Cinco Minutos para Deixar a Cidade

1 Pratique a Respiração Calmante durante alguns minutos.
2 Quando você estiver relaxado, feche os olhos e imagine uma imensa tela prateada diante de você.
3 Visualize o ambiente mais tranqüilo que você for capaz de imaginar; provavelmente algum lugar que você já visitou no passado, algo totalmente escapista. Examine-o detalhadamente.
4 Então veja a si mesmo subindo para essa imagem. Veja-se lá — desfrutando o momento, deleitando-se com a paz.
5 Observe aquilo que você vê. Ouça todos os sons. Sinta a brisa, as texturas e a temperatura.
6 Quando você tiver fixado bem essa imagem na mente, tire uma foto de si mesmo (ou congele a imagem), com todas as imagens, sons e sensações.
7 Relaxe e deixe as sensações positivas chegarem até a sua consciência.

UM PASSEIO PELO PARQUE

Se alguém lhe dissesse que passar trinta minutos andando sozinho por um parque ou jardim iria reverter todo o *stress* e a tensão que o atormentam a cada dia de trabalho, você iria dar de ombros e dizer que já sabe disso.

Todo mundo sabe disso, mas quantos o praticam?

Você tem uma desculpa, obviamente; não existe um lugar assim perto de onde você mora. Mas você tem certeza? Você não odeia quando um visitante chega à cidade e, depois de alguns dias, chama a sua atenção para todos os maravilhosos lugares no seu subúrbio ou arredores cuja existência você antes nunca havia notado? Você não fica espantado quando vai encontrar um amigo a apenas duas quadras do lugar onde você trabalha e, subitamente, descobre uma série de novas lojas e restaurantes?

Essa é uma das desvantagens de ser uma pessoa que trabalha com tanto afinco. Tornamo-nos tão absortos em nossa vidinha que deixamos de enxergar a beleza e o conforto que está diante do nosso nariz.

A técnica de Passear pelo Parque envolve um pouco de pesquisa. Ela significa encontrar um parque ou um local semelhante que esteja localizado em algum lugar perto de onde você trabalha. Você ficaria surpreso com a freqüência com que você consegue encontrar esses lugares a uma distância que pode ser coberta a pé – sim, mesmo nas cidades.

Então vem a parte desafiadora. Você vai até lá para dar um passeio. Não para fazer exercício nem com a missão de descobrir algum fato, apenas para dar um passeio. Mergulhe na atmosfera, liberte-se das tensões e simplesmente aprenda a ser humano novamente.

Caminhar em um ambiente como um parque, visualmente agradável e rico em oxigênio, produz um efeito imediato e significativo sobre os seus níveis de *stress*. Se você conseguir fazer isso uma vez por dia, você será uma pessoa muito mais calma.

PLANEJE UMA VARIAÇÃO

Os problemas relacionados com o *stress* têm o hábito de se tornarem habituais.

Você pode acabar com esse hábito saindo intencionalmente da sua rotina e entregando-se a alguma nova atividade várias vezes por dia. Isso pode ser algo tão simples como caminhar vigorosamente em volta do quarteirão em vez de tomar um café. Podem ser cinco minutos de meditação num trem ou no banheiro. Podem ser cinco minutos ouvindo música relaxante em seus fones de ouvido.

O que quer que você resolva fazer, essa deve ser uma atividade com a qual você esteja pouco familiarizado, uma quebra na rotina.

Se você adotar a abordagem correta, uma quebra como essa pode ser extremamente benéfica para ajudá-lo a tornar-se calmo.

Procure estas soluções para ter calma:
O Som Que Acalma .... página 232
Para Dissipar a Raiva .... página 192
O Espaço Que Acalma .... página 237

A segurança é um estado de espírito

À medida que o mundo do trabalho torna-se mais complexo e menos previsível e que, com a passagem do tempo, o valor de suas habilidades profissionais específicas diminuem em vez de aumentar (se não forem constantemente atualizadas), é compreensível o surgimento de uma sensação de insegurança.

É difícil você se sentir calmo e relaxado quando está inseguro.

Não há nada que este livro possa fazer para tornar o seu emprego mais seguro. A natureza cambiante do mundo moderno significa que ninguém pode sentir-se realmente seguro em seu emprego por qualquer período de tempo.

Todavia, você pode ser emocionalmente seguro. Aqui, a segurança nada mais é do que um estado de espírito.

FINJA QUE VOCÊ ESTÁ SEGURO

Você pode ter o seu próprio intensificador de segurança, feito sob medida, usando o Modelo Básico de Representação, na página 113. Crie uma pequena rotina para ajudá-lo a sentir-se completamente seguro e em paz consigo mesmo.

Tudo o que você tem a fazer é fingir que está se sentindo do modo como gostaria de sentir-se. (A representação é poderosa porque ela *cativa* o seu subconsciente, levando-o a reagir do modo como você quer que ele o faça.) Não importa como você está se sentindo na realidade; você simplesmente finge que está sentindo-se absolutamente calmo e seguro. Faça de conta que você tem absoluta confiança em sua capacidade de ter um bom desempenho e sair-se bem no seu emprego. Finja que você tem total controle da situação e de quaisquer outras situações semelhantes a essas. Finja que você está extremamente familiarizado com essa sensação de paz e segurança e seja ousado em seu fingimento.

Em seguida, finja que os outros o vêem do modo como você está simulando ser. Num piscar de olhos você estará sentindo-se seguro.

Procure estas soluções para ter calma:
Modelo Básico de Representação .... página 113
Finja Ser do Tipo B .... página 172
Uma Pausa Para a Tranqüilidade .... página 173

DIGA QUE VOCÊ ESTÁ SEGURO

Lembra-se de como, no filme *O Rei e Eu,* Deborah Kerr recomendava insistentemente às crianças sob os seus cuidados que "assobiassem uma melodia alegre sempre que sentissem medo"? Esse era um pequeno apelo ao subconsciente para que ele as ajudasse a superar o medo e a insegurança.

As afirmações positivas funcionam do mesmo modo: pela repetição de um determinado conjunto de palavras, vezes e vezes seguidas, você gradualmente influencia o seu subconsciente, levando-o a seguir as instruções contidas naquelas palavras.

Eis aqui alguns conjuntos de palavras que você pode usar para que elas o ajudem a sentir-se mais seguro. Mais uma vez, chamo a atenção para o fato de que, se você escolher palavras que traduzam tranqüilidade, acabará sentindo-se positivo e tranqüilo.

Sinto completa confiança na minha capacidade.

Sei que posso realizar qualquer coisa que eu me disponha a fazer.

Irradio esta confiança para todas as pessoas ao meu redor.

Ou:

Estou cada vez mais tranqüilo e entrando num estado de grande paz e serenidade.

Estou sentindo-me feliz, seguro e em paz com o mundo.

Irradio esta paz e calma para todos aqueles que entram em contato comigo.

Em seguida, use o Modelo Básico de Afirmação para fazer com que essas palavras transformem-se em realidade.

Procure estas soluções para ter calma:
Modelo Básico de Afirmação . página 107
Uma Palavra Positiva .... página 156

SONHE ACORDADO

Durante toda a nossa vida disseram-nos que sonhar acordado é uma atividade indolente, auto-indulgente e uma perda de tempo. Se dermos crédito ao que dizem os professores e disciplinadores, trata-se de algo tão indesejável quanto a trapaça ou a indolência.

Eles estão totalmente errados. Quando realizado adequadamente, o ato de sonhar acordado é um exercício enriquecedor e positivo que deveria ser ativamente estimulado no local de trabalho. Todos nós deveríamos nos entregar a ele de tempos em tempos.

No ciclo de trabalho de toda pessoa eficiente há um período reservado para o descanso. Em termos ideais, esse descanso deveria ter vinte minutos de duração e envolver uma mudança de ênfase, a qual passa de uma atividade do hemisfério esquerdo do cérebro (análise, lógica, linguagem) para uma atividade do direito (criatividade, intuição, emoção).

E qual é uma das atividades do cérebro direito mais acessíveis? É isso mesmo. Sonhar acordado.

Faça com que noventa a 120 minutos de trabalho sejam seguidos por vinte minutos de devaneios e você estará seguindo um caminho que o levará a tornar-se um trabalhador calmo e eficiente. Melhor ainda, se você puder sonhar acordado com certo grau de reflexão prévia e propósito, você poderá usar essa atividade para conseguir as coisas que você quer, como, por exemplo, sentir-se seguro naquilo que faz.

Sonhe acordado com a possibilidade de tornar-se calmo e seguro e você irá sentir-se calmo e seguro. O melhor de tudo, porém, é que você já sabe como fazer isso.

FAÇA UM FUNDO DE RESERVA

"Para você é muito fácil ser calmo", disse-me certa vez uma de minhas funcionárias, "porque você é dono do seu próprio negócio. Você consegue se arranjar sem mim, mas eu não consigo me arranjar sem você."

Embora muitos empresários possam discordar vigorosamente desse princípio, você pode compreender o ponto de vista dela: por depender de seu emprego, ela sentia-se sem opções. E quando uma pessoa não tem opções, ela se sente pressionada.

Você pode ter a capacidade de criar as suas próprias escolhas.

Um dos grandes truques da criação de escolhas me foi ensinado por meu sócio antes de criarmos nossa primeira empresa. Conquanto eu tenha de admitir que esse engenhoso artifício para evitar o *stress* não esteja ao alcance de todo mundo, ele é um instrumento muito eficaz para aqueles que puderem utilizá-lo.

Seu nome é Fundo de Reserva.

Fazendo muita economia e poupando para os primeiros meses, conseguimos acumular uma pequena reserva com um único propósito: para que sempre pudéssemos escolher para quem iríamos trabalhar e o que iríamos fazer. Dispondo desse fundo, achávamos que sempre teríamos escolha.

Ao constituir um fundo desse tipo para si mesmo, você poderá ter a garantia de nunca sentir-se num beco sem saída em seu trabalho e sempre estará livre para afastar-se de seu empregador se a situação assim o recomendar – em outras palavras, a decisão é sua. O tamanho do fundo é calculado de acordo com o tamanho da rede de segurança de que você necessita entre um emprego e outro e com a quantia de que você pode dispor. Se você necessitar de uma rede de segurança de quatro semanas ou de seis meses para sentir-se seguro, você faz os seus planos de acordo com essa necessidade.

Depois disso você será uma pessoa que tem opções.

Agora, você pode tornar-se calmo...

QUANDO A CAUSA É SOCIAL

A administração dos relacionamentos — com pessoas do mesmo nível, superiores e subordinados — é uma parte essencial da nossa vida profissional.

DIFICULDADES DE RELACIONAMENTO com as outras pessoas em seu local de trabalho — colegas, supervisores, assistentes e representantes de outros departamentos — podem ser uma fonte de muita irritação e sofrimento.

Mesmo se você for o mais habilidoso diplomata, não é fácil lidar com um supervisor autoritário, um chefe que não se comunica, um empregado pouco cooperativo ou com um colega rancoroso. E é ainda mais difícil fazer as coisas a seu próprio modo quando estiver lidando com eles.

Mas existem maneiras de nos sairmos bem em nossas interações com as outras pessoas, e a maioria delas requer que o indivíduo, em maior ou menor grau, saiba fazer valer os seus direitos.

Faça valer os seus direitos

Houve tempo em que se acreditava num mundo caprichosamente dividido em três tipos distintos de personalidade: "impetuosos", "agressivos" e "submissos" (os representantes do último tipo sendo em geral descrito como "passivos", que considero uma descrição insatisfatória). Embora devamos reconhecer que, quando aplicadas a indivíduos, essas descrições sejam estereótipos, o fato é que elas resumem de modo simples determinados padrões de comportamento. Mas essas generalizações não precisam aplicar-se a você. Pelo uso de algumas técnicas para desenvolver a sua capacidade de ficar mais positivo, você poderá superar suas tendências para ser agressivo ou submisso. Você pode treinar para ficar mais positivo.

Mas o que é a capacidade de ser assertivo e o que ela pode fazer por você?

Ao contrário da crença popular, fazer valer os seus direitos tem pouco a ver com falar em voz alta, ter uma personalidade agressiva ou dominante ou a reputação de não ter papas na língua. Em teoria, isso nada mais é do que a determinação de alcançar certas coisas que você considera importantes e, em seguida, manter-se fiel a essa determinação. Na prática, isso tem mais a ver com comunicação – ser claro e franco acerca de seus desejos, necessidades e sentimentos específicos.

Observando a tabela da página 28, você perceberá que o comportamento positivo parece ser significativamente mais favorável à calma do que o comportamento agressivo ou submisso. Isso é confirmado por evidências de caráter anedótico.

Ironicamente, descobri que as pessoas que mais sofrem por serem pouco positivas no local de trabalho *não* são absolutamente as do tipo submisso (que, em geral, são dolorosamente conscientes de suas tendências submissas), mas os "agressivos". Os indivíduos do tipo agressivo freqüentemente acreditam estar sendo positivos quando só estão sendo agressivos. Para essas pessoas, torna-se duplamente frustrante acreditar estarem sendo positivas e, no entanto, não conseguirem realizar nada do que pode ser conseguido com esse comportamento.

Depois dessas vêm as pessoas com personalidade Impetuosa (Tipo A), as quais, em muitos casos, também são pouco positivas. Quando alguém lhes chama a atenção para esse fato, elas adotam pressurosamente características positivas, mas ficam frustradas quando não conseguem fazer de imediato as coisas do seu próprio jeito. Ser positivo não representa nenhuma garantia de que você conseguirá fazer as coisas à sua maneira. (Enfatizo mais uma vez que esses agrupamentos de personalidade ajudam-nos a compreender tendências comportamentais e não deveriam ser usados para estereotipar indivíduos, porque nenhuma pessoa encaixa-se perfeitamente num estereótipo.)

Se você não for uma pessoa naturalmente positiva, aprender a desenvolver um pouco mais esse seu aspecto irá ajudá-lo a tornar-se calmo no local de trabalho.

Por essa razão, reservei um bom número de páginas para ajudá-lo a desenvolver a sua capacidade de ser positivo. Elas não irão transformá-lo imediatamente de rato em leão, mas lhe serão úteis por ocasião de conflitos de opiniões ou de vontades e irão ajudá-lo a alcançar as coisas que você considera importantes.

Ainda que você nem sempre consiga fazer as coisas a sua maneira, encontrar as palavras certas ou mesmo expressar o seu ponto de vista, você saberá o que é necessário para ser ouvido e notado — e, para muitas pessoas, esse simples conhecimento é um passo a mais para elas tornarem-se calmas.

COMO LIDAR COM PESSOAS DIFÍCEIS

Tentar controlar as outras pessoas no local de trabalho é uma perda de tempo. E, para ser franco, você estaria sendo um pouco petulante se chegasse a tentar fazer isso.

Lidar com os *relacionamentos*, porém, é uma parte essencial de seus hábitos no local de trabalho. Seja nos relacionamentos com seus pares, superiores ou subordinados, os passos a seguir são mais ou menos os mesmos.

Cabe aqui uma advertência: mesmo se você seguir todos esses passos ao pé da letra, não posso garantir que você irá exercer sobre os outros uma influência maior do que a que você já exercia antes de ler este livro. Posso lhe assegurar, porém, que esses passos irão fazer com que os seus relacionamentos no local de trabalho tornem-se mais fáceis de suportar. E se o seu objetivo for sentir-se calmo com relação àquilo que você faz e obter satisfação com o seu trabalho, essa é a maneira de consegui-lo.

O processo para lidar com pessoas difíceis é relativamente direto. Antes de tentar fazer isso, porém, você precisa dar três passos simples:

(i) Decida exatamente o que você quer do seu trabalho.
(ii) Faça um plano para conseguir isso.
(iii) Esforce-se de corpo e alma.

Para começar, você precisa antes de mais nada determinar por que motivo você está trabalhando e o que você espera conseguir com seu emprego. Dependendo das decisões que você tomar, algumas das pessoas difíceis com as quais você tem contato não mais parecerão importantes.

Em seguida, use o Planejador Criativo de Longo Prazo para formular um plano para alcançar o seu objetivo. Ele irá levar em conta as pessoas difíceis que representam obstáculos para a consecução dos seus objetivos.

Por fim, mergulhe totalmente na tarefa que você tiver pela frente.

Ao seguir esses passos, logo você irá perceber que os relacionamentos entre as pessoas assumem uma perspectiva nova e menos pessoal. Se, por exemplo, você decidiu que seu motivo para trabalhar é cultivar relacionamentos com as pessoas, então você verá um colega preguiçoso de um novo ângulo, diferente daquele caso você tivesse decidido que o seu propósito é acumular riqueza. Ou, ainda, se você tiver decidido que o seu propósito no trabalho é chegar ao topo da hierarquia da empresa, você poderá ver um chefe ineficiente de uma perspectiva diferente da que você teria caso houvesse resolvido que o seu propósito é tornar-se o empregado mais confiável da empresa.

Você irá rapidamente perceber que, em sua vida profissional, as pessoas difíceis agora podem ser classificadas numa dentre três categorias:
(i) aquelas que irão ajudá-lo naquilo que você pretende conseguir; ou
(ii) aquelas que ficarão em seu caminho; ou
(iii) aquelas que realmente não importam de nenhum modo.

Aquelas que poderão ajudá-lo devem ser cultivadas. As que ficarão no seu caminho precisam ser evitadas. E aquelas que não importam, realmente não importam.

Procure estas soluções para ter calma:

O Calculador de Prioridades de Vida .... página 83
Planejador Criativo de Longo Prazo .... página 146
A Execução em Três Etapas . página 149
Como Conseguir o Que Você Quer .... página 193
100% de Esforço .... página 137

Como Lidar com Pessoas Difíceis

- Use o Calculador de Prioridades de Vida para determinar o que você quer conseguir com o seu trabalho.
- Use o Planejador Criativo de Longo Prazo para formular um plano a fim de obter aquilo que você quer conseguir. Esse plano irá levar em conta as pessoas difíceis que talvez possam representar obstáculos para o sucesso do seu plano.
- Anote o seu plano por escrito.
- Mergulhe de corpo e alma em tudo o que você fizer.
- Reavalie as pessoas difíceis e classifique-as da seguinte forma: aquelas que irão ajudá-lo a realizar o seu plano (que devem ser cultivadas); aquelas que irão ficar em seu caminho (que devem ser evitadas); e as que não importam realmente.
- Relaxe e desfrute os seus relacionamentos com as pessoas menos difíceis com as quais você trabalha.

PARA DISSIPAR A RAIVA

Uma reação comum às situações estressantes é a raiva, principalmente quando há frustração.

Crianças pequenas e animais têm maneiras eficientes de lidar com a raiva: eles choram ou atacam fisicamente a fonte de sua frustração. A reação dos adultos, por outro lado, tende a ser verbal – e coisas ditas no calor da hora muitas vezes produz *stress* mais complexo do que justificaria o agravo original.

Assim, qual é a maneira mais adequada de lidar com a raiva?

Ainda que você talvez não possa evitar sentir raiva, você pode reduzir os danos que ela causa a você. A maneira de fazer isso é ir direto para a porta. Dê uma volta. Caminhe andando depressa durante pelo menos 15 minutos. Enquanto você estiver caminhando, olhe ao seu redor e observe cada detalhe da rua.

Nos primeiros dez minutos, a sua mente estará cheia com todas as mordazes réplicas e insultos que você deveria ter dito. Os próximos cinco minutos, porém, são o período que você aproveita para evitar criar mais *stress* para si mesmo ao seu redor, pois é provável que as suas reações terão se tornado mais moderadas nesse último período. Então, ao retornar, você não irá dizer coisas que posteriormente lamentaria ter dito – ou, pelo menos, não fará isso sem ter pensado bem nelas antes.

Como conseguir o que você quer

Uma das palavras mais populares atualmente em uso no meu ramo de negócios e no governo é "competição". Competição entre mercados, entre pessoas que procuram emprego, empresas, departamentos ou entre indivíduos. E, à medida que o nosso mundo torna-se mais competitivo, há uma pressão correspondente sobre cada um de nós para que sejamos positivos no local de trabalho.

O que isso tem que ver com um livro sobre calma?

Para começar, o comportamento positivo é mais relaxado e tranqüilo do que o comportamento agressivo ou submisso. O mais importante, porém, é que o comportamento positivo ajuda a superar uma das principais causas de frustração no local de trabalho – a sensação de não termos controle sobre aquilo que fazemos. É por esse motivo que dedico tanto esforço a ele.

COMO CONSEGUIR O QUE VOCÊ QUER

Ser positivo não garante que você irá obter aquilo que quer. A vida seria muito previsível se isso ocorresse. Todavia, o que o comportamento positivo *de fato* garante é que as pessoas saberão o que você quer – e esse é um excelente ponto de partida.

Saiba o que você quer

O primeiro passo para obter aquilo que você quer da vida é uma providência que muitas pessoas deixam de tomar. Trata-se simplesmente de identificar aquilo que você quer. Uma enorme quantidade de energia, emoção e criatividade é desperdiçada em busca de ideais vagos ou inexistentes. "Quero ser rico" é um ideal vago. "Quero ter um milhão de dólares em ativos correntes ao completar 30 anos de idade" é um ideal específico.

Use as técnicas de planejamento apresentadas no início deste livro para identificar as coisas que você quer obter com o seu trabalho e para determinar o modo como você irá alcançá-las.

Anote num papel o seu plano de ação.

Uma vez feito isso, você estará um passo à frente dos seus colegas de trabalho. Então, quando chegar o momento de ser positivo a respeito daquilo que você quer, um bom ponto de partida é saber o que você quer.

Saiba o que é razoável pedir

Não é fácil fazer uma solicitação se você não fizer nenhuma idéia de se ela é ou não razoável. Da mesma maneira, não faz sentido tentar fazer valer os seus direitos se você não souber quais são eles.

Uma vez que os direitos relativos a uma postura positiva sempre dizem respeito a uma pessoa com relação a outra, ou a uma solicitação que evoca uma resposta correspondente, eles sempre vêm aos pares. Sem nenhuma ordem de prioridade, apresentamos a seguir alguns desses direitos.

(i) O direito de pedir o que quer que você queira.
(ii) O direito de negar qualquer coisa que lhe for solicitada.
(i) O direito de ter crenças inabaláveis.
(ii) O direito de mudar de opinião.
(i) O direito de expressar suas opiniões e sentimentos.
(ii) O direito de contestar qualquer coisa com a qual você discorde.
(i) O direito de encorajar um relacionamento.
(ii) O direito à privacidade.
(i) O direito de ser bem-sucedido.
(ii) O direito de fracassar.

Para ser positivo, você precisa ter consciência de que cada um desses direitos (juntamente com os seus outros direitos humanos básicos) pode ser usufruído por você – que também tem a obrigação de respeitá-los quando exercidos por outra pessoa. Conheça-os, use-os, estimule as outras pessoas a usá-los e defenda-os sempre que você sentir que eles estão sendo ameaçados.

Procure estas soluções para ter calma:
O Poder do Não .... página 124
A Maneira Elegante de Dizer Não .... página 125
Controle Apenas o Que Você Pode Controlar .... página 140

DIGA O QUE VOCÊ PENSA

O fundamental de todos os direitos no local de trabalho é o seu direito de ser positivo. Qualquer administrador que afirmar o contrário – qualquer um que se sinta afrontado por alguém expressar a sua opinião ou pedir alguma coisa que considera importante – está deslocado no ambiente de trabalho dos dias de hoje.

Ser positivo, porém, é mais do que apenas defender os seus direitos. A palavra também diz respeito a negociação de mudanças construtivas, ter algo de construtivo a dizer e a tomar a iniciativa de criar relacionamentos positivos.

A principal capacidade que o indivíduo precisa possuir a fim de manter uma postura positiva é a de expressar sua opinião de forma positiva e compreensível. Para fazer isso de forma eficaz, siga estes três passos:

(i) Saiba o que você quer conseguir.
(ii) Expresse-se de forma positiva.
(iii) Saiba quando alcançar.

Saiba o que você quer conseguir

Já abordamos esse aspecto em capítulos anteriores. Use as diversas técnicas de planejamento para decidir o que você quer conseguir com o seu trabalho.

Anote por escrito aquilo que você quer conseguir.

Expresse-se de forma positiva

Há vários anos, uma grande empresa de computação que você conhece aperfeiçoou a arte de comunicar-se negativamente usando o acrônimo FUD – medo [*fear*], incerteza [*uncertainty*] e dúvida [*doubt*] – para descrever os seus métodos de *marketing*. O propósito dessa tática era desencorajar os compradores de optar por qualquer produto competidor por medo de que algo calamitoso pudesse vir a ocorrer como resultado da decisão. Depois de vários anos de declínio, a empresa percebeu que comunicações negativas não valem a pena a longo prazo.

Pergunte a qualquer conhecedor da arte da publicidade quais técnicas de comunicação irão conseguir resultados mais rápidos, se as negativas ou as positivas, e ele lhe dirá que serão as positivas. (A comunicação positiva nem sempre é divertida nem interessante para os redatores de anúncios publicitários, mas geralmente funciona mais rápido e é compreendida com maior facilidade.) Qualquer bom vendedor irá lhe dizer a mesma coisa. Em áreas nas quais são necessários os mais profundos níveis de persuasão — visualização, afirmação, hipnose, psicoterapia — a linguagem positiva triunfa novamente. Com efeito, muitos acreditam que essa é a *única* maneira de obter sucesso nesses níveis.

A linguagem positiva funciona da mesma maneira quando você está sendo positivo. Uma declaração simples, positiva e construtiva, produz efeito muito mais rapidamente do que qualquer declaração negativa e, mais importante ainda, tem muito mais efeito positivo.

Desse modo, em vez de tentar expressar-se em palavras suaves e indiretas — seja para proteger a sua sensibilidade ou a da pessoa com quem você estiver falando — você deve escolher uma declaração ou solicitação simples e direta. Isso sempre funciona melhor.

Eis aqui alguns exemplos de como isso se dá.

Se a sua abordagem for negativa ou agressiva, a resposta em geral é rápida e mordaz. Como você pode ver no alto da figura da página 197, depois da resposta, o assunto está encerrado. Assim, você tem de começar de novo ou provar que não é melodramática — e isso, por si só, pode dar a impressão de ser melodramático.

Se a sua abordagem for indireta e insegura como a da figura do meio, a resposta poderá ser igualmente insegura.

Mas se você fizer os seus comentários com palavras simples e diretas, solicitando algum tipo de resposta, como na figura inferior, você estará desenvolvendo um processo de negociação.

Uma linguagem positiva, construtiva e direta, que expressa com clareza o que você quer dizer, é impossível de ignorar.

Saiba quando parar

Não sei se essa é uma regra para a manutenção de uma atitude positiva ou para a simples sobrevivência em num mundo competitivo: saber quando parar.

A arma mais eficaz que a polícia e os auditores de todo o mundo têm à disposição não é a perícia legal nem a brilhante capacidade de fazer interrogatórios, mas, sim, a boca da pessoa sob investigação. A maioria das pessoas não sabe quando parar quando estão tentando convencer ou persuadir os outros.

Os advogados irão dizer-lhe que só existem quatro respostas a serem usadas quando você estiver sob investigação: "Sim", "Não", "Não sei", "Não posso responder isso". Qualquer coisa além disso irá causar-lhe problemas ou prolongar a investigação. (Observe que essa é a opinião de um advogado, não a minha.)

A diferença entre um bom vendedor e um vendedor medíocre raramente é a capacidade de persuasão. Qualquer pessoa persuasiva pode

O poder da linguagem direta

usar a linguagem para levá-lo a *quase* comprar uma coisa qualquer. A efetivação da venda, todavia, requer uma coisa a mais. Ela requer silêncio – talvez com um pouco de controle. O maior erro dos vendedores medíocres é não saber quando parar de vender. Depois que uma proposta foi oferecida e respondida, é o momento de manter a boca fechada. Qualquer coisa que você disser depois disso em geral acaba prejudicando a venda em vez de ajudar.

O mesmo é válido quando você está sendo positivo. Saiba o que você quer alcançar, diga o que você tem a dizer em linguagem categórica e direta e, depois, fique em silêncio.

Vou lhe dar um exemplo.

Alguém no escritório diz que você é gordo e você quer que a pessoa saiba como esse comentário foi ofensivo e insensível. (Estamos presumindo, aqui, que você vai usar linguagem clara e direta.)

Resposta A: "Acho isso muito ofensivo."

Resposta B: "Acho isso muito ofensivo. Se você estivesse com excesso de peso e alguém jogasse na sua cara que você está gordo, como é que você se sentiria?"

Resposta C: "Acho isso muito ofensivo. Os meus pais morreram num acidente de carro quando eu tinha 13 anos e eu tive de cuidar de meus três irmãos menores. Obviamente, eu não tive tempo para cuidar da minha dieta..."

Você percebe? Com a resposta A, a outra pessoa pôs a imaginação para funcionar – perguntando-se o quanto você realmente ficou ofendido, se essa realmente foi uma coisa horrível para se dizer a alguém e se ela iria ter problemas por causa disso. Cada uma de suas palavras teve um impacto.

Com a resposta B, onde você fez o mesmo comentário mas combinado com

Procure estas soluções para ter calma:

Planejador Criativo de Longo Prazo .... página 146
Uma Palavra Positiva .... página 156
O Poder do Não .... página 124

Diga o Que Você Pensa

- Saiba o que você quer conseguir. Use as técnicas de planejamento para determinar isso. Anote as suas conclusões.
- Ao transmitir um ponto de vista, expresse-se de forma direta, construtiva e concisa.
- Depois que você tiver dito — de maneira clara e direta — aquilo que você tinha a dizer, fique em silêncio. Resista à vontade de repreender, queixar-se ou de amenizar o significado das suas palavras.

uma reprimenda, a outra pessoa está preparando uma defesa contra esta última, de modo que a primeira sentença já foi esquecida.

Com a resposta C, a outra pessoa está muito pouco impressionada em virtude da verbosidade da resposta e, provavelmente, está pensando em alguma coisa mais cruel para atingi-lo quando você tiver terminado.

Para ser positivo, saiba aquilo que você quer obter e, então, diga o que tem a dizer em linguagem clara e direta.

UM CURSO DE MARKETING EM TRINTA SEGUNDOS

Você poderia perfeitamente se perguntar por que alguém iria incluir um curso de *marketing* – ainda que de trinta segundos – em um livro sobre como ser uma pessoa calma no local de trabalho.

Há uma razão simples: o *marketing*, as vendas e a obtenção daquilo que você quer no trabalho partilham três princípios importantes.

São eles:

(i) Baseie os seus atos nas necessidades dos "compradores".
(ii) Encontre o que há de positivo naquilo que você está propondo.
(iii) Obtenha uma resposta.

Além de facilitar a obtenção daquilo que você quer, esses princípios também podem ajudá-lo a tornar-se rico e bem-sucedido (se isso o interessar).

Nesse caso, estamos preocupados com os princípios gerais e não com detalhes como preço, produção, posição em relação aos concorrentes etc. que são regidos por princípios próprios.

Baseie os seus atos nas necessidades dos seus "compradores"

(Uso aqui a palavra "compradores" no sentido amplo. Eles podem ser um cliente, o seu chefe – na verdade, qualquer pessoa que você queira convencer a aceitar o seu argumento ou ponto de vista.)

Você está fazendo *marketing* quando quer que alguma outra pessoa aceite seu argumento ou oferta.

Para obter sucesso, você precisa fazer o seu planejamento a partir da perspectiva dessa pessoa. Sempre que você tiver uma solicitação, queixa ou ponto de vista que quiser que seja aceita por alguém, você deve estruturar a sua argumentação não a partir do seu ponto de vista – coisa que quase todo mundo faz – mas a partir do ponto de vista dos outros: "o que eles ganharão com isso".

Digamos, por exemplo, que você queira ser transferido para outro departamento.

Você poderia ir direto ao ponto e estruturar o seu argumento apenas de acordo com as suas próprias necessidades: "Eu gostaria de trabalhar com vendas."

Mas esse tipo de solicitação é fácil de recusar. É muito mais difícil recusar uma solicitação que é expressa levando em conta as necessidades da *outra pessoa*: "Eu gostaria de provar a você que eu seria capaz de promover uma grande melhoria em nossas vendas."

Com qual dos dois argumentos é mais fácil concordar? Com o segundo, obviamente.

Quanto mais você for claro e persuasivo ao apresentar o que há de vantajoso para a outra pessoa, mais próximo você estará de fazer com que a transação seja realizada de acordo com as suas próprias necessidades.

Encontre o que há de positivo no que você está propondo

Temos falado muito nisso em *Calma no Trabalho*. Sugestões e linguagem positiva são fundamentais em quase todos os casos nos quais queremos influenciar comportamentos – como no *marketing*.

Embora haja muitos publicitários e profissionais de *marketing* que irão discordar disso, eles agirão assim por ignorância. Você não pode criar um sucesso de *marketing* com base numa motivação negativa; isso vai contra a natureza humana.

"Use o nosso protetor solar ou você terá câncer" produzirá pouquíssimo efeito na pessoa que você está tentando persuadir. "Evite o câncer usando o nosso protetor solar" é muito mais eficaz. Exceto na política, tenho conhecimento de pouquíssimos sucessos de *marketing* apoiados numa proposição negativa. (Muito embora o uso da psicologia inversa para "nocautear" a competição às vezes possa funcionar, o propósito de *marketing* dessa tática é positivo.) Às vezes, um líder do mercado poderá usar uma proposição negativa para reduzir os negócios de um competidor, como muitas vezes acontece na política. Várias companhias de seguros também tentaram isso – e fracassaram; é por isso que as companhias de seguro bem-sucedidas concentram-se invariavelmente em um possível benefício, como a paz de espírito.

Se você quiser ser bem-sucedido, assegure-se de ter uma proposição positiva e certifique-se de apresentá-la em linguagem positiva.

Consiga uma resposta positiva

O *marketing,* como qualquer outra forma de comunicação, é um processo de mão dupla. Ele não pode existir sem uma resposta do receptor/ouvinte.

Você tem de solicitá-la. Nunca é suficiente depender da sensibilidade ou inteligência do interlocutor. Você precisa definir claramente a resposta que você quer e, então, esperar até que ela seja dada. "Então eu posso ter certeza que o cargo é meu?"

Procure estas soluções para ter calma:
Como Conseguir o Que Você Quer .... página 193
Uma Palavra Positiva .... página 156

Um Curso de *Marketing* em Trinta Segundos

1 Planeje os seus atos e estruture os seus argumentos não de acordo com as suas próprias necessidades e desejos mas com as do seu "comprador".
2 Encontre o que há de positivo naquilo que você está propondo. (Apresente isso em uma linguagem positiva.)
3 Planeje os seus atos e argumentos com o propósito de evocar uma resposta positiva. Em seguida, defina claramente a resposta que você quer obter.

Use os três princípios acima em todas as suas negociações no local de trabalho e você terá uma chance muito melhor de obter aquilo que você quer com o seu trabalho.

A ARTE DA NEGOCIAÇÃO

Procurar obter resultados positivos e construtivos faz parte da natureza de uma pessoa positiva, e isso sempre envolve a outra parte. Infelizmente, essa outra pessoa talvez não compartilhe a sua visão e não faça nenhuma questão de chegar a um resultado positivo. É por isso que uma das principais características que uma pessoa positiva precisa ter é a capacidade de negociar.

Vejamos agora o que eu fiz. Eu lhe dei motivos para ficar alarmado. Você sabe que existem pessoas que *tentam* negociar e que existem brilhantes negociadores. Existem até mesmo empresas formadas por especialistas em negociação. Que esperança você pode ter ao lidar com pessoas assim?

Nenhuma, obviamente.

Mas você não precisa ter esse tipo de preparo. Se o seu trabalho envolver responsabilidades que cabem a especialistas em negociação, é de esperar que você terá feito mais do que ler um livro sobre como tornar-se calmo no trabalho.

No contexto deste livro, "negociação" pode significar uma combinação de diferentes maneiras de resolver conflitos e de alcançar aquilo que você quer. Esses métodos poderiam incluir persuasão (venda), solução de problemas ("como podemos trabalhar juntos para resolver esse assunto?"), coerção (não é uma boa idéia) e instrução (depende da sua posição). A negociação, nesse sentido, tem menos a ver com estabelecer acordos do que com a escolha do seu caminho por entre as sutilezas dos relacionamentos no local de trabalho, termos de contrato, tarefas e arranjos de prazos finais e coisas do tipo.

Os cinco passos seguintes são fundamentais para as negociações voltadas para os relacionamentos pessoais que você encontrará em quase todas as áreas de seu trabalho.

Os passos são os seguintes:

(i) Determine o seu resultado.
(ii) Seja positivo.
(iii) Deixe a outra pessoa saber que você está ouvindo.
(iv) Esteja preparado para oferecer um incentivo.
(v) Seja persistente.

Determine o seu resultado

Sim, trata-se de fazer a mesma coisa que você tem visto ao longo deste livro. Use técnicas de planejamento para determinar exatamente o resultado que você quer obter com o seu trabalho e com qualquer tipo de negociação.

Se você tiver em mente um resultado simples e claro, você já está em vantagem. Então, sabendo aquilo que você quer alcançar, você inicia a sua negociação com uma proposta que o levará a obter esse resultado.

Seja positivo

Uma linguagem simples, positiva e construtiva é a arma mais poderosa de seu arsenal de negociação. Ela produz uma comunicação mais rápida do que qualquer abordagem negativa e gera um resultado mais positivo.

Escolha a sua linguagem cuidadosamente — e resista a todas as tentações de se mostrar mais inteligente ou de fazer piadas ou gracinha à custa da outra pessoa.

Deixe a outra pessoa saber que você está ouvindo

Os negociadores profissionais irão dizer-lhe que uma das capacidades mais eficientes que eles possuem é a de ouvir.

Você poderia pensar que, se você sabe o que quer alcançar e está voltado para esse objetivo, a coisa que você mais anseia evitar é ser desviado de seu caminho pela opinião ou comentários de outras pessoas.

Nem tanto. Ignore os comentários do seu chefe e você não chegará a nenhum lugar. Ignore os comentários de um colega e você irá sacrificar toda a sua capacidade de dar e receber.

Além dessa simples sabedoria tática, ouvir serve para um outro propósito: isso o ajuda a descobrir a posição e o modo de pensar de seu interlocutor. Isso acontece principalmente quando *você* faz perguntas que não podem ser respondidas com um simples "sim" ou "não".

Essas são perguntas que começam com "como", "quando", "onde", "por que" e "quem". Por exemplo: "Como você chegou a essa conclusão?" "Por que você acha que outra pessoa se sairia tão bem quanto eu nesse cargo?"

Fazer perguntas também ajuda a amenizar a intensidade dos argumentos da outra parte. Se a outra pessoa souber que cada questão levantada por ela está sendo registrada e reconhecida, não haverá nenhum incentivo para que ela enfatize ainda mais a referida questão.

Ainda seguindo essa linha de raciocínio, ao ouvir a outra parte e tomar consciência dos seus sentimentos – expressos ou não – você estará em posição de poder lidar com possíveis obstáculos antes mesmo que eles surjam.

Por exemplo: se a partir do tom da voz da outra pessoa você puder perceber que ela está preocupada demais para poder ouvir as suas opiniões, você pode antecipar-se ao argumento de que "agora estou muito ocupado" e dizer: "Obrigado por ter-me permitido tomar o seu tempo discutindo isso. Estou percebendo o quanto você está ocupado nesta altura da semana."

Se você quiser manter uma margem de superioridade em suas negociações no ambiente de trabalho, trate de ouvir. E ouça de modo que a outra parte saiba que você está ouvindo o que ela tem a dizer!

Esteja preparado para oferecer um incentivo

Negociação é um processo por meio do qual você obtém algo que você quer de alguém que quer alguma coisa de você. A sua proposta, portanto, deverá conter uma condição e uma oferta.

A sua oferta provavelmente vai cair numa de duas áreas: um benefício para a outra parte ou um compromisso.

Um benefício para a outra parte Você já ouviu a expressão "ambos saem ganhando". "Você ganha, eu ganho." *Todas* as negociações bem-sucedidas têm um pouco disso. Não existem exceções. Para que uma negociação possa ser considerada um sucesso, *ambas* as partes precisam sentir que saíram com algo e que, em certa medida, foram bem-sucedidas.

O seu desafio consiste em dar ênfase ao benefício que a outra parte irá obter caso você consiga realizar os seus propósitos.

A técnica para conseguir isso é conhecida como "Se... então". "Se você... então eu..." Por exemplo: "Se você me permitir ter aquele novo computador, então eu poderei executar o trabalho que faço para você com um padrão de qualidade muito mais elevado."

Faça o seu dever de casa e descubra quais são esses benefícios para a outra parte. Agindo assim, as suas negociações serão muito mais efetivas.

Compromisso O segundo incentivo em que todo negociador precisa pensar – de preferência, determinado com antecipação – é na possibilidade de se ter uma solução de compromisso. Do que você está preparado para abrir mão a fim de atingir o que você quer?

Os negociadores bem-sucedidos sempre definem as coisas às quais eles estão preparados para abrir mão *antes* de as negociações começarem.

Seja persistente

A persistência é um componente vital da negociação. Ela funciona melhor quando você tiver reservado algum tempo para definir aquilo que você quer obter com o seu trabalho – e *somente* depois que você tiver reservado certo tempo para definir aquilo que você quer obter com a negociação.

Antes de começar a negociar, tome nota por escrito daquilo que você quer conseguir com a negociação. Torne esse objetivo tão simples quanto lhe for possível. Quanto mais você estiver voltado para um só propósito, mais fácil será continuar voltando a essa questão – por mais numerosas que sejam as tentativas de digressão, por mais brilhante ou habilidosa que possa ser a parte contrária.

Se o seu objetivo puder ser resumido numa única sentença, dificilmente alguém irá levar a melhor sobre você ou vencê-lo pela argumentação, porque tudo o que você tem a fazer é retornar a essa simples sentença e reafirmar aquilo que você quer, até que a sua vontade seja satisfeita. (Estritamente falando, isso não é uma negociação. Na maioria dos locais de trabalho, porém, essa tática pode ser muito útil.)

São estas as ocasiões em que a repetição é mais útil:

(i) Quando a discussão se desvia para um território irrelevante (ou desconhecido).

(ii) Quando você está lidando com um negociador habilidoso ou manipulativo.

(iii) Quando você está lidando com um tolo.

(iv) Quando você não tem confiança na sua habilidade como negociador.

(v) Quando alguém está tentando privá-lo dos seus direitos.

A repetição é um instrumento rústico e não favorece uma conversação elegante. Todavia, ela pode lhe ser útil em momentos de dificuldade conquanto que você tenha tempo para identificar exatamente aquilo que você quer obter com a negociação — antes de iniciá-la.

Generalizações quanto ao sexo

Vale a pena fazer aqui um comentário acerca das diferenças de abordagens quando se negocia com homens ou com mulheres. Embora sejam generalizações, vale a pena estar atento para elas caso isso seja pertinente.

Na conversação, os homens tendem a falar e a contestar; eles interrompem, desviam a outra parte dos seus objetivos, mostram-se desafiadores e respondem ponto por ponto as colocações da parte adversária.

As mulheres, por outro lado, estão mais inclinadas a buscar concordância e consenso na conversação; elas trocam informações (em vez de apenas fornecê-las), o que significa que elas têm maior capacidade para ouvir.

Ao negociar em circunstâncias como as descritas acima, ser um bom ouvinte pode ser uma nítida desvantagem. Se você

Procure estas soluções para ter calma:

Planejador Criativo de Longo Prazo .... página 146

Uma Palavra Positiva .... página 156

O Poder do Não .... página 124

A Arte da Negociação

- Determine o seu objetivo. Use técnicas de planejamento para criar as suas estratégias. Tome nota do seu objetivo numa única sentença.
- Use sempre linguagem positiva e construtiva.
- Deixe a outra parte saber que você está ouvindo e tenha certa empatia com o ponto de vista que ela estiver expressando.
- Ofereça um incentivo: Qual será o benefício para a outra parte se o seu objetivo for realizado? Que tipo de compromisso você está preparado para oferecer para concluir a sua negociação? (Defina isso antecipadamente.)
- Seja persistente. Continue retornando àquela simples sentença que resume o seu objetivo. Resista a todos os esforços de digressão.

quiser ouvir, ouça a si mesmo repetindo aquela simples sentença e retornando a ela vezes seguidas até que a sua reivindicação seja satisfeita.

(Sei que isso é uma simplificação excessiva, mas ter consciência dessas diferenças potenciais pode ser vantajoso caso você trabalhe num ambiente dominado por pessoas de um determinado sexo.)

AUTODEFESA TRANQÜILA

O último e talvez mais importante elemento de uma postura positiva é saber como defender os seus direitos.

Embora a expressão "defender os seus direitos" implique certo grau de combatividade, isso não significa necessariamente ser agressivo. Pode se tratar de simples autodefesa a ser usada contra agressores.

A Autodefesa tranqüila destina-se a protegê-lo contra essas pessoas sem que você perca a calma. Ela funciona exatamente como o jiu-jitsu: você usa a agressão ou o momento da outra pessoa para fazer as coisas a sua própria maneira.

Num sentido prático, as necessidades mais comuns para uma Autodefesa tranqüila no local de trabalho ocorrem quando você está:

(i) defendendo os seus direitos; e
(ii) lidando com as críticas.

Para defender os seus direitos

Na página 194, há uma relação dos seus direitos básicos no local de trabalho.

Obviamente existem muito mais direitos além desses, e eles podem variar de acordo com o local ou a ocupação.

Quando os seus direitos são desrespeitados, você tem duas opções: não fazer nada e ficar remoendo isso; ou insistir para que eles sejam respeitados. Se você quiser manter a calma, é melhor escolher a última possibilidade e cuidar do assunto antes que ele torne-se ainda mais angustiante.

Para agir assim, é fundamental:

(i) saber quais são os seus direitos;
(ii) saber o que você quer obter;
(iii) expressar o modo como você se *sente* por eles terem sido desrespeitados;
(iv) evitar fazer críticas à outra parte; e
(v) ficar em silêncio.

Você já está familiarizado com os itens (i) e (ii).

As primeiras palavras que você pronunciar devem expressar o modo como você se *sente* pelo fato de os seus direitos terem sido desrespeitados.

Ainda que você possa estar lidando com fatos, para desarmar a outra parte é mais eficaz expressá-los em termos do modo como você se sente. Então a sua comunicação adquire um colorido mais humano e não se torna uma discussão abstrata sobre as coisas certas e erradas num dado comportamento.

Explique o modo como você se *sente* sobre esse assunto. Então, depois que você já tiver dito tudo o que você queria, pare de falar. Por maior que seja o impacto que você possa achar ter produzido, é preciso conceder um tempo para que o seu agravo seja registrado.

Lidando com as críticas

A sua vida profissional será muito mais tranqüila e harmoniosa se você puder encontrar uma maneira de lidar com as críticas.

Quando as críticas são apresentadas de forma negativa e não-construtiva, tendemos a encará-las de forma pessoal. Quando a crítica é positiva e construtiva, torna-se mais fácil lidar com ela. Desde que o seu ego esteja no controle e você não tenha tendência a ser excessivamente agressivo, você poderá até mesmo encarar uma crítica construtiva como uma forma de aprender e aperfeiçoar-se.

Lidar com críticas negativas requer mais esforço. Como não podemos mudar facilmente as pessoas que estão sempre se queixando e são difíceis de serem contentadas, somos obrigados a adquirir habilidades defensivas especialmente para as críticas que sofremos no local de trabalho. Reduzi estas últimas a três técnicas básicas:

(i) A investida
(ii) A finta
(iii) A defesa

A investida A investida é com certeza a mais agressiva dessas técnicas "defensivas". Ela não ataca a outra parte, não critica nem censura o modo como elas estão se comportando. Tudo que ela faz é contestar a crítica negativa feita por elas ou, de uma forma mais sutil, o direito da outra pessoa de criticar.

Devo frisar que o objetivo aqui é contestar a crítica – e *não* apresentar uma defesa. Você quer que a outra parte saiba que você está consciente da tática que ela está utilizando e de que essa não é adequada e, portanto, deve ser interrompida. Apresentar uma defesa serve simplesmente para justificar os esforços de quem o está criticando.

O primeiro passo é identificar as críticas negativas. Embora seja possível reconhecê-las intuitivamente, você irá descobrir que a maioria das críticas negativas está oculta na forma de:

• Generalização
• Instrução
• Comparação
• Subversão
• Ar superior

Eis aqui algumas maneiras de lidar com as críticas negativas. Existem milhões de outras respostas que você poderia escolher. Use a sua criatividade para encontrar novas maneiras de fazer isso.

Método	Crítica	Resposta
Generalização	"Você sempre..." "Isso é típico de..."	*Peça que a pessoa seja específica* "Quando exatamente eu fiz...?" "Em que, exatamente, você baseia esse conhecimento?"
Instrução	"Você tem de..." "Por que você não pode...?"	*Chame atenção para os seus direitos como indivíduo* "Tenho não. Posso." Se você estiver falando com um superior ou com seu chefe: "O que eu deveria fazer para..."
Comparação	"Se eu fosse você..." "As outras pessoas parecem ser capazes de..."	*Chame atenção para a sua singularidade* "É importante que a minha individualidade seja respeitada."
Subversão	"Você teria capacidade para...?" "Você talvez não esteja dando o devido valor a"	*Reconheça a afronta* "Conheço muito bem a minha capacidade..." "Sempre prezo a qualidade/ inteligência/ seja o que for..."
Ar superior	"Alguém em sua posição não deveria..."	*Faça com que provem sua superioridade* "E por que a posição que eu ocupo me impediria de..."

Se você reconhecer as críticas negativas como tais e tiver a presença de espírito necessária para responder imediatamente, então faça isso. Mas não se sinta pressionado. Você pode responder calmamente e sem pressa – a escolha é sempre sua.

Em benefício da sua própria paz de espírito, porém, você deve ou responder ou esquecer completamente o assunto – não há nenhuma vantagem em ficar remoendo o assunto em sua mente vezes e vezes seguidas.

A finta Essa é uma técnica de desarme para ser usada com chefes ou superiores, pois ela remete imediatamente de volta para eles a responsabilidade de justificar as críticas que eles próprios fizeram. Esteja ciente, porém, que ela não interrompe a conversação. Ao contrário, ela estimula o prolongamento da discussão, de modo que você deve estar preparado para o que isso possa vir a revelar.

Ao contrário da técnica anterior, a Investida, essa foi criada para se chegar a um resultado positivo e construtivo – possivelmente, fazendo com que você tenha de modificar seu desempenho ou comportamento – e não para desafiar o comportamento da pessoa que o está criticando.

Crítica	Resposta
"A sua abordagem com relação a trabalho em equipe deixa muito a desejar."	"O que eu deveria fazer para melhorar isso?
"Essa não é tarefa para você porque você não é bom em trabalho de escritório."	"Em que sentido eu não sou bom em trabalho de escritório?"

A defesa Freqüentemente, você descobre que a crítica dirigida a você contém pelo menos um elemento de verdade. A Defesa toma esse elemento (ou parte dele) e o reformula de uma maneira que *você* considera mais verdadeira ou mais aceitável.

Em outras palavras, você reconhece parte da crítica, mas muda o seu alcance.

O segredo da Autodefesa tranqüila é não tentar mudar os hábitos dos outros, mas dar de ombros para a negatividade que essas pessoas espalham. Tudo o que você tem a fazer é dar a sua resposta e deixar de pensar nisso o quanto antes.

Uma vez dito aquilo que você sente, você poderá prosseguir em seu caminho rumo à calma.

Crítica	Resposta
"Seu trabalho é uma vergonha. Suas ilustrações são desleixadas; você parece não prestar atenção naquilo que faz."	"Você tem razão. Elas não estavam muito boas ontem. Mas você verá que elas parecem melhores..."
"Não gosto da sua atitude com relação ao tempo. Você está sempre atrasado para as reuniões e nunca diz a ninguém onde você poderá ser encontrado."	"Eu cheguei atrasado para duas reuniões. Não estou contente com isso de modo que pretendo comprar um relógio."

COMO LIDAR COM PESSOAS QUE O IMPORTUNAM

O segmento precedente é ideal para negociar o seu caminho em meio aos antagonismos cotidianos do local de trabalho. Às vezes, porém, podem surgir atritos mais sérios, quando você é objeto de perseguições ou de discriminação injusta.

Em termos gerais, perseguição é qualquer comportamento que possa ofender, intimidar ou humilhar outra pessoa. Discriminação é qualquer distinção injusta feita com base na raça, sexo, idade, deficiências, crenças, estado civil ou em qualquer um dentre diversos outros preconceitos. Ambos podem ser muito estressantes.

Às vezes, eles surgem quando uma pessoa ou um grupo usa de forma inadequada o seu poder sobre os outros; em outras ocasiões, o poder não está em questão. O modo como a perseguição pode se manifestar varia desde piadas hostis até comentários, intimidação ou franco abuso físico. *Em todos esses casos, essas transgressões infringem os seus direitos e não devem ser toleradas no local de trabalho.*

Infrações dessa natureza são ilegais em muitos países e os infratores podem ser processados. Em casos extremos, esse pode ser o único recurso. De modo geral, porém, essas ofensas são resultado de ignorância, insensibilidade ou rudeza e podem ser resolvidos de maneiras menos estressantes para você.

Assim, o que você deve fazer se estiver sendo molestado em seu local de trabalho?

Em primeiro lugar, você deve reconhecer que tem o direito de esperar que esse comportamento tenha fim. Isso é inquestionável. O passo seguinte varia de acordo com a confiança da vítima, o poder do ofensor e com a gravidade da ofensa.

1. Peça ao ofensor para parar

Se você for do tipo confiante ou positivo, sua primeira providência deve ser pedir ao ofensor para parar. Antes de fazer isso, declare com firmeza: "Considero o seu comportamento ofensivo." Desse modo, não haverá nenhuma ambigüidade com relação ao que você realmente quis dizer. Em seguida, peça à pessoa que pare de fazer o que vem fazendo.

Muitas vezes o ofensor ficará surpreso ao ouvir isso. Se não houve intenção de ofendê-lo, essas pessoas irão apreciar essa oportunidade de corrigir o seu comportamento.

2. Leve adiante suas queixas

Se o comportamento continuar, porém, ou se a sua posição ou falta de confiança não lhe permitirem confrontar o ofensor, o seu próximo passo é levar a queixa a seu supervisor. Em muitos países, qualquer pessoa que ocupe essa posição é obrigada a interceder a seu favor.

Se o ofensor for o seu supervisor ou uma pessoa que ocupe posição superior à de seu supervisor, você poderia considerar a possibilidade de levar a sua queixa para uma das seguintes pessoas:

- O superior do seu supervisor
- O gerente de recursos humanos
- O gerente-geral
- O executivo-chefe
- Um membro da Diretoria (o qual tem obrigações legais muito bem definidas)
- Um representante do sindicato
- Quaisquer das autoridades que trabalhem contra a discriminação de seu país.

Nos dias de hoje, qualquer um que ocupe essas posições provavelmente irá levar a sério as suas queixas.

Como lidar com os superiores

> Leia atentamente esta sessão. Ela pode ajudá-lo a preservar a sua saúde mental, ganhar uma fortuna e conquistar para si o cargo ocupado pelo seu chefe.

Estou prestes a partilhar com você algumas dicas de comunicação que tomei emprestadas de alguns dos mais bem-sucedidos participantes do jogo empresarial. As pessoas que as inspiraram foram *todas* grandes sucessos. Todavia, essas técnicas funcionam igualmente bem para qualquer um que queira ser ouvido no local de trabalho: do contínuo ao executivo-chefe.

As técnicas não têm um papel direto no favorecimento da calma, mas o ajudam a obter aquilo que você quer do seu trabalho e a limitar as situações que, em última análise, causam-lhe *stress.*

O foco dessas técnicas é uma das suas principais fontes de *stress* no trabalho: o seu chefe.

Supervisores pouco comunicativos e autoritários, chefes de departamento e patrões que são grandes responsáveis pela geração de *stress* no local de trabalho – principalmente no que diz respeito ao nível de controle que os seus subordinados acreditam ter ou deixam de ter sobre sua vida profissional.

Uma maneira de superar isso é ter suas próprias idéias e sugestões sobre o modo de aumentar lucros, produtividade, eficiência ou, mesmo, para aumentar a importância do papel que você desempenha. Se as suas sugestões ou solicitações forem ignoradas, porém, isso servirá apenas para exacerbar sua frustração e sensação de impotência.

De que modo você pode superar isso? Como você pode controlar os seus superiores?

O fato é que você não pode. Pelo menos, não pode fazê-lo de forma coerente com qualquer grau de sucesso. Tudo com que você pode realmente contar é com a capacidade de controlar a si mesmo. Todavia, se puder controlar o modo como se relaciona com as pessoas para quem você trabalha, então você será calmo.

A ARTE DE SER OUVIDO

Com um pouco de preparação, você pode conseguir que as pessoas para quem você trabalha compreendam claramente suas necessidades ou exigências e, talvez, atendam às suas solicitações.

Tudo tem que ver com o modo como você apresenta a sua argumentação.

Com algumas habilidades simples você poderá assegurar-se de que todos prestem atenção enquanto você estiver apresentando sua opinião. Com um pouco de reflexão prévia, você poderá se assegurar de que o seu argumento será apresentado sob a melhor ótica possível.

Mesmo que se trate da solicitação ou sugestão menos importante, você quer que ela seja ouvida, compreendida e, em termos ideais, posta em prática. E, a não ser que você seja uma pessoa muito poderosa, isso requer preparação.

A fórmula que se segue pode ser aplicada quer você esteja fazendo uma importante apresentação ou apenas pedindo um aumento de salário. Habitue-se a usá-la – *mesmo para as pequenas coisas* – e você ficará surpreso com a sua facilidade para conseguir que as pessoas prestem atenção ao que você tem a dizer em seu local de trabalho.

Existem seis passos importantes:

(i) conhecer;
(ii) planejar;
(iii) ensaiar;
(iv) representar;
(v) pedir;
(vi) ficar em silêncio.

Saiba o que você quer

Conforme dissemos várias vezes, o primeiro passo para o sucesso em qualquer empreendimento no local de trabalho é saber exatamente o que você quer obter.

Tome nota disso por escrito. Este será o seu ponto de partida.

Planeje para ser eficiente

Você pode passar dias, semanas ou mesmo mais tempo pensando e trabalhando em algumas questões apenas para vê-las ignoradas ou rejeitadas em segundos – porque você não as apresentou de forma sucinta ou com firmeza.

Assim, toda solicitação ou sugestão importante que você faz deve ser tratada como uma missão independente.

Um dos maiores equívocos cometidos no local de trabalho é acreditar que as suas idéias e esforços despertam nas outras pessoas o mesmo interesse que despertam em você. Mesmo com seus colegas mais íntimos, isso raramente acontece.

O segundo grande equívoco é acreditar que, se você documentar essas idéias ou esforços, eles serão lidos. Não se esqueça de que esta é a era da "sobrecarga de informações"; no local de trabalho, ninguém lê nada se não tiver a obrigação de fazê-lo.

Independentemente do que você esteja fazendo para comunicar-se com os que estão acima de você, o primeiro passo é ser notado. (Ter os seus argumentos aceitos é um objetivo bem mais distante.)

Para ser notado você precisa de uma estratégia.

Apresente um argumento poderoso

Usando as técnicas de planejamento que você já conhece, formule uma maneira de *apresentar* suas idéias ou esforços. Talvez você deva ir a uma biblioteca e retirar um livro sobre as habilidades necessárias para fazer apresentações: valerá a pena a visita. E, por favor, lembre-se de que isso não diz respeito a construção de suas idéias ou pensamentos – para isso você terá de usar outras técnicas – mas apenas sobre o modo como você apresenta o resultado do seu esforço.

Se você estiver por demais ocupado para ir a uma biblioteca, eis aqui a fórmula básica para fazer apresentações bem-sucedidas ou, simplesmente, para fazer-se ouvir em qualquer situação:

(i) Diga logo de início o que você espera conseguir com a sua apresentação.

(ii) Apresente os seus argumentos com início, meio e fim.

(iii) Se você estiver fazendo uma apresentação mais formal, use sempre que possível os recursos visuais disponíveis.

Quando estiver mostrando gráficos, use legendas simples com seis a dez palavras (e *nunca* páginas inteiras em *slides* ou em telas de computadores).

(iv) Faça um sumário.

(v) Solicite algum tipo de resposta.

Ensaie

Agora, você sabe por que está passando por esse processo, o que vai dizer, os recursos visuais que vai utilizar (se for o caso), o sumário que você irá fazer e, mais importante ainda, a resposta que irá solicitar.

Mesmo se você tiver habilidade para fazer apresentações, o próximo passo é fundamental. Você ensaia todos os passos que irá fazer: cada palavra, cada solicitação e, nas apresentações mais formais, até mesmo cada imagem. Use toda a capacidade de afirmação de que puder lançar mão.

Isso não significa simplesmente praticar por praticar. O importante é a sua convicção porque, se existir alguma coisa mais importante do que aquilo que você diz, esta será o *modo* como você o faz. Se você souber o que você está falando e demonstrar convicção, tudo o mais dará certo.

Represente

Você sabe o que vai dizer, sabe como vai fazê-lo e ensaiou um bocado. Agora, precisa fazer mais uma coisa: assuma o personagem de um empregado que fala com autoridade, que está voltado para as realizações e que tem total confiança nas recomendações que faz.

Quando estiver fazendo isso, use o Modelo Básico de Representação e não se esqueça da sua última parte: fingir que os outros o vêem do modo como você está fingindo ser (isso é mais para o seu próprio benefício do que para o deles).

Agora, você está pronto para influenciar a figura de autoridade em questão.

Peça

A maioria dos expositores ultrapassará todos os obstáculos que acabamos de descrever para, então, vacilar no último minuto. Eles agem assim primeiramente porque acreditam que sua argumentação ou papo de vendedor é tão persuasivo que ninguém conseguiria resistir a eles e, mais importante ainda, porque eles não dizem ao "ouvinte" o modo como eles devem reagir.

Mesmo depois de lerem isso, sei que a maioria dos expositores ainda vacilará nesse momento: eles não irão pedir a resposta que procuram.

Você precisa pedir algum tipo de resposta.

Vou repetir: VOCÊ PRECISA PEDIR ALGUM TIPO DE RESPOSTA. As pessoas para quem você faz a sua exposição não podem ficar em dúvida quanto ao que você está lhes pedindo. Elas precisam ter um quadro claro e sem ambigüidades do modo como você quer que elas respondam após a sua apresentação.

Fique calado

Esse é o tipo de conselho que, de acordo com a minha experiência, é deixado de lado por muitos dos grandes expositores. Os bons vendedores utilizam-no intuitivamente. Tomei conhecimento dele pela primeira vez nos anos 70, durante negociações com executivos japoneses de alto nível (sempre homens). Não faço a menor idéia se esse comportamento era uma técnica de negociação ou simplesmente uma confluência de circunstâncias. Sei apenas que a coisa funcionava. Funcionava para eles e irá funcionar para você.

Trata-se do silêncio.

Depois que você tiver solicitado a resposta que você queria, sente-se, cale a boca e fique em silêncio. Por maior que seja a tentação de acrescentar detalhes, de corrigir quaisquer possíveis mal-entendidos ou de congraçar-se com o seu chefe, trate de ficar em silêncio e não dizer nada.

Mesmo se a pausa se prolongar por minutos (coisa em que alguns negociadores são muito bons), continue de boca fechada porque o ônus, agora, é de quem falar primeiro.

Você talvez acredite que as pessoas em posição de poder são imunes a esse tipo de manipulação. Pois não são. Elas são seres humanos. Se alguém lhes faz uma solicitação que exige uma resposta, elas se sentem compelidas a responder. (Isso não quer dizer que elas não consigam superar a compulsão; esta, porém, existe.) E, mesmo se você não conseguir obter a resposta que pediu, o mal-estar que sentirão terá pelo menos o efeito de fazer com que tomem conhecimento da sua solicitação.

Procure estas soluções para ter calma:

Planejador Criativo de Longo Prazo .... página 146
Modelo Básico de Representação .... página 113
Como Conseguir o Que Você Quer .... página 193

A Arte de Ser Ouvido

- Saiba o que você quer conseguir com o seu trabalho. Tome nota disso por escrito.
- Trate a sua exposição como se fosse uma missão especial e planeje-a com detalhes. Estude as técnicas de apresentação e escolha as que lhe permitirão ser breve e ir direto ao ponto.
- Ensaie cada passo da sua exposição — até poder apresentá-la com toda a convicção.
- Assuma o personagem de um empregado que diz as coisas com autoridade, é dedicado e tem total confiança nas suas recomendações.
- Certifique-se de que as pessoas a quem você está fazendo a sua exposição saibam o que se espera que elas respondam e solicite essa resposta.
- Fique em silêncio e certifique-se de que o outro seja o primeiro a falar.

Aproveitando o vácuo criado por quem corre à sua frente

Até agora, tudo aquilo sobre o que escrevi tem exigido certo grau de esforço da sua parte. Para esta sessão, faremos uma pequena pausa e tornaremos a sua vida mais fácil. Trata-se da calma passiva, se você a preferir.

Se você costuma assistir a corridas de carro ou de bicicleta, então conhece a técnica de "correr no vácuo". Isso acontece quando você manobra o seu carro ou bicicleta no "vácuo" deixado pelo veículo que vai à frente, de modo que ele gasta toda a energia e você ganha uma carona grátis no turbilhão de ar que ele deixa atrás de si.

Esse fenômeno também pode acontecer com a calma.

MODELANDO A CALMA

Há uma técnica psicológica que vem sendo usada há décadas e chama-se "modelagem". De modo geral, ela é usada para modificar o comportamento e ensinar novas habilidades, além de tratar problemas como medo e fobia.

Nos últimos anos, a modelagem tem-se tornado popular na psicologia do esporte e em várias escolas de psicoterapia. Às vezes, ela é associada à hipnose para se ter um resultado mais eficaz.

A modelagem é uma abordagem tão direta quanto o seu nome sugere. Você escolhe alguém que represente um modelo de um determinado papel e tenta igualar o desempenho desse modelo em determinadas condições. Assim, se você quiser melhorar suas "tacadas", poderá tomar como modelo um jogador de golfe bem-sucedido que você vê em uma fita de vídeo. Da mesma forma, se você é um empregado nervoso e inseguro, poderá tomar como "modelo" um executivo calmo, confiante e eloqüente. (O *Method Acting*, que adquiriu proeminência nos anos 60, era uma forma de modelagem.)

Para ter sucesso nisso você tem de fazer mais do que copiar a tacada de um jogador profissional na televisão ou o vocabulário do executivo calmo do escritório. Você precisa copiar *todos os aspectos* da pessoa.

Você observa o modo como elas respiram, o ritmo em que falam, o modo como gesticulam e cruzam as pernas. Você nota o modo como andam. E você também se concentra nesses detalhes aparentemente pouco importantes – e não na tacada de golfe ou no vocabulário. Então, quando chega o momento de dar a sua tacada, o seu subconsciente junta todos os fragmentos de modo que você executa o movimento exatamente como o seu modelo teria feito! É o seu subconsciente que faz o trabalho e não a sua mente consciente.

Se você conseguir encontrar alguém que possa fazer o papel de modelo de calma, esta será uma das maneiras mais rápidas e diretas para você se tornar calmo. O seu modelo passou a vida toda aprendendo a se tornar calmo e sereno e você aparece e se apodera de todos os benefícios do conhecimento dessa pessoa com apenas alguns minutos de concentração.

Procure estas soluções para ter calma:

Respiração Calmante .... página 93
Modelo Básico de Visualização .... página 105
Modelo Básico de Representação .... página 113
Finja Ser do Tipo B .... página 172
Finja Que Você Está Seguro . página 185
Esqueça o Relógio .... página 116

Modelando a Calma

1 Escolha para modelo alguém que seja a personificação da calma.
2 Observe atentamente cada detalhe dessa pessoa.
3 Vá para algum lugar sossegado e pratique durante cinco minutos a Respiração Calmante.
4 Quando você estiver relaxado, feche os olhos e imagine o seu modelo de calma em uma imensa tela prateada.
5 Observe o modo como essa pessoa respira, o ritmo de sua fala, o modo como ela entrelaça os dedos, caminha e movimenta-se.
6 Quando você tiver uma imagem clara da aparência e do comportamento desse modelo, coloque-se no lugar dele e mantenha exatamente os mesmos maneirismos e comportamentos. (O seu subconsciente irá preencher os detalhes.)
7 Agora, enquanto você cuida da sua vida normal, finja que é exatamente a pessoa que você imaginou. Movimente-se, fale e aja como essa pessoa calma o faria.
8 Em seguida, finja que os outros o vêem do modo como você está fingindo se sentir.

CASE-SE COM A CALMA

Tenho de me desculpar por isso. O que estou prestes a recomendar não é algo particularmente generoso, nem chega necessariamente a ser justo. Todavia, trata-se de uma maneira fácil de tornar-se calmo e permanecer assim.

Tudo o que você tem a fazer é misturar-se com pessoas calmas. A calma, assim como a tensão, é contagiosa. Misture-se com pessoas calmas e você será calmo. Misture-se com pessoas do tipo Tranqüilo e você irá assumir estas características. Inversamente, fique longe de todas as pessoas altamente estressadas e, se você tende a ter uma personalidade do tipo Impetuoso, evite ao máximo ficar perto de pessoas assim.

Quando você estiver calmo e relaxado, será a sua vez de disseminar a calma entre os seus colegas mais tensos.

Procure estas soluções para ter calma:

Quão Suscetível Você É? ..... página 21
Finja Ser do Tipo B .... página 172
Uma Pausa Para a Tranqüilidade .... página 173
Divirta-se Com o Trabalho ... página 174

SOB A INFLUÊNCIA DA CALMA

Eis aqui um método em que as outras pessoas usam o *seu* vácuo, captando o seu senso de calma e adotando-o para elas próprias.

O que estou dizendo? Você está aqui lendo um livro sobre como tornar-se calmo no trabalho e eu estou sugerindo que os outros sigam o seu exemplo de calma. O que esse cara pretende?

Essa é uma bela técnica que funciona em ambientes cooperativos como reuniões e projetos em equipe. Ela tem o duplo efeito de ajudá-lo a tornar-se calmo e, então, ajudar os outros a seguirem o seu exemplo.

Você já notou como é fácil uma pessoa ansiosa, apressada ou zangada espalhar rapidamente esse sentimento de inquietação por todo o grupo? Basta uma pessoa nervosa para espalhar tensão por toda uma sala. Uma pessoa zangada pode inflamar uma sala cheia de gente.

Mas existe justiça no mundo, pois o inverso também é verdadeiro: uma pessoa calma pode espalhar esse sentimento quase com a mesma facilidade com que uma pessoa tensa pode difundir tensão. Da mesma forma como você pode acalmar uma criança pequena ao falar com brandura, também pode apaziguar um adulto tenso ou irritado respirando tranqüilamente, falando devagar e transmitindo a impressão de estar totalmente calmo. Basta que alguém demonstre ter as características de uma pessoa totalmente calma e relaxada (use para isto o Modelo de Representação da Calma) e pouco depois você terá toda a sala seguindo o seu exemplo.

Essa técnica funciona ainda mais se você exagerar ligeiramente as suas características de calma. Fale um pouco mais lentamente do que o ritmo que lhe parece transmitir a impressão de calma. Faça o mesmo com sua respiração e movimentos. Você será o único a notar o exagero e se surpreenderá com a rapidez com que esse ritmo calmo começa a se espalhar.

(Se houver uma pessoa calma e outra muito tensa na mesma sala os resultados são menos previsíveis. Provavelmente, a pessoa tensa será mais irritante, de modo que na maioria das vezes ela acabará tendo uma influência maior. Mas, se você utilizar essa técnica, terá pelo menos o consolo de permanecer calmo enquanto o restante da sala fica com os nervos em frangalhos.)

Um pós-escrito de calma

Quando falo sobre essa técnica para grupos de executivos, muitas vezes ouço uma resposta estranha: "Não queremos uma sala calma; queremos pessoas ativas, correndo a todo vapor e prontas para seguirem adiante." Você pode imaginar essas pessoas dizendo isso?

Posso lhe assegurar que em cada um dos casos em que esse comentário me foi dirigido, o autor da observação era uma pessoa tensa e agitada – um disseminador de tensão.

Você não precisa de adrenalina para ficar inspirado. Tudo o que você precisa é motivação, e esta pode ser gerada de forma igualmente eficaz, tanto por meio da calma quanto da pressão.

Procure estas soluções para ter calma:
Finja Ser do Tipo B .... página 172
O Som Que Acalma .... página 232

Agora, você pode ficar calmo...

QUANDO A CAUSA SÃO AS MUDANÇAS

Houve um enorme clamor com o surgimento do refrigerador elétrico (alguns diziam que ele iria causar câncer e infertilidade). Clamores similares ocorreram quando surgiu a televisão, o forno de microondas, o monitor colorido e o telefone digital. O desconhecido invariavelmente provoca medo.

HOJE EM DIA, A ÚNICA coisa de que você pode ter absoluta certeza em seu emprego é a mudança. Esta é algo que acontece; embora você não saiba como e quando ela vai ocorrer, a mudança abalará tudo o que concerne ao seu bem-estar. E você não pode fazer nada para impedir que ela ocorra.

Nessa equação, a variável não é saber se você pode ou não influenciar a mudança mas sim o modo como você irá reagir a ela.

A reação normal a uma perturbação do *status quo* é a pessoa sentir-se tensa e insegura – mesmo quando o *status quo* significa a manutenção de algo que é desagradável. A perspectiva de perda faz com que a maioria de nós deixe de enxergar a possibilidade de ganho. Não há nada de novo aqui: a mudança sempre despertou os nossos medos. Com o advento da Revolução Industrial, muitos previram o colapso da sociedade tal como era conhecida. Houve medos semelhantes quando a locomotiva fez o seu *début.* Isso aconteceu novamente quando a energia elétrica disseminou-se e, posteriormente, quando a gasolina barata e o automóvel revolucionaram o transporte. E, contrariando as expectativas de milhões, a civilização não desmoronou quando as mulheres conquistaram o direito de votar.

Em retrospecto, cada uma dessas mudanças trouxe melhorias para o nosso mundo. E todas as pessoas, com exceção das mais mesquinhas, concordariam que elas mudaram a nossa vida para melhor.

Hoje, contamos com melhor assistência médica, aviões que são muito mais seguros do que o cavalo e a carruagem, melhores controles de doenças nas favelas de hoje do que nos bairros nobres de ontem, comunicações mais baratas com amigos e pessoas queridas... os benefícios são infinitos. Mesmo mudanças que estão afetando nossa vida – a nova ênfase na competição e na dependência da tecnologia da informação – têm muitos benefícios.

Além disso, nosso padrão de vida está melhorando mais rapidamente, e nossas empresas são mais abertas, responsáveis e preocupadas com o bem-estar dos empregados do que em qualquer outra ocasião da História. A nossa expectativa de vida quase dobrou em apenas alguns séculos. Na maioria dos países, os ditadores não são mais tolerados; o racismo é desaprovado; a escravidão está proibida; elegemos os nossos governantes; e as mulheres têm as mesmas oportunidades de trabalho que os homens. Há, de fato, muito o que dizer em favor das mudanças.

E, de forma igualmente óbvia, as mudanças também atuaram em nosso benefício no local de trabalho. Condicionamento do ar em vez de temperaturas extremas; chão acarpetado em vez de madeira ou pedra lisa; martelos pneumáticos em vez de picaretas e empilhadeiras em vez de hérnias de disco; rápidos processadores de palavras em vez de ter de datilografar novamente cada alteração; comunicação instantânea em vez de ignorância; e suficiente controle sobre o meio para assegurar que você nunca mais terá de suportar novamente o desconforto físico, emocional ou moral.

Por que, então, encaramos a mudança com tanto pessimismo? Para começar, temos sido demasiado expostos a militantes que odeiam e combatem as mudanças. Eles têm elogiado o passado e verberado sobre os males das mudanças desde que as crianças de menos de 9 anos foram proibidas de trabalhar nas minas de carvão; de modo geral, essas pessoas representam as forças da negatividade. Quer se tratem de jornalistas, políticos, selvagens ou padres, eles carecem de criatividade e pouco contribuem para a sociedade. Eles merecem ser ignorados.

Encare a mudança de forma positiva e os benefícios acabarão se estendendo até você. Reconheça que você não pode crescer sem as mudanças. Aceite as mudanças pelo bem que elas podem lhe trazer. Esforce-se para fazer com que elas funcionem para o *seu* benefício, para a melhoria da sua vida, trabalho e bem-estar. Esforce-se para fazer com que as mudanças sejam para melhor.

Quando isso acontecer, você deixará de perder a calma por causa das mudanças.

A LISTA DE MUDANÇA

Eu adoraria dizer-lhe que tudo no mundo é maravilhoso, mas isso não significaria muito se você não acreditasse. Afinal de contas, se você não vê as coisas tão róseas quanto elas aparentam ser, então, no que lhe concerne, elas não são róseas.

É por essa razão que o exercício que se segue é de fundamental importância para qualquer um que queira superar sua apreensão acerca da velocidade com que as mudanças estão se processando no mundo atual.

O propósito deste exercício é simplesmente determinar se a mudança em si é ou não benéfica para a sua vida. Uma vez feito isso você poderá trabalhar as suas apreensões sabendo se elas têm ou não substância.

Tudo o que você precisa para fazer este exercício é um lápis e uma folha de papel.

Desenhe uma linha no centro da página e, então, coloque um "+" na coluna da esquerda e um "–" na da direita.

Sob o "+" anote todos os benefícios que você obteve com as mudanças ao longo da sua vida. (Se não lhe ocorrer nenhum, comece com a lista apresentada no início deste capítulo.)

Então, no lado "–" da página, anote todas as coisas negativas que a mudança lhe trouxe durante o mesmo período de sua vida. Se você for como a maioria das pessoas, haverá mais ou menos o mesmo número de anotações em cada lado da página.

Mas esse é apenas o Passo Um.

Agora, apague de sua página todos os "–" que são conseqüência do desenvolvimento humano normal. Apague a referência ao fato de sua filha ter saído de casa aos 18 anos. Apague a referência a um problema matrimonial que surgiu em conseqüência de *não* ter havido nenhuma mudança em dez anos. Apague quaisquer referências ao aumento do seu imposto de renda, à elevação do custo de vida (em termos reais, eles não estão subindo de maneira alguma). Apague as referências ao aumento da sua barriga. Apague todas as referências a coisas que surgiram em razão de você ter ficado mais velho. Apague as referências a todas as queixas generalizadas (como, por exemplo, o declínio dos valores familiares) que sempre existiram mas que você não sabia que eram tão prevalentes até o advento dos meios de comunicação de massa.

E, se você for honesto consigo mesmo, adivinhe o que lhe restará? Principalmente "+", com poucos "–". (Se, todavia, houver um desequilíbrio no outro sentido, continue sua busca usando as outras técnicas deste livro e você irá encontrar a resposta que está procurando.)

Procure estas soluções para ter calma:

O Método dos Pontos Positivos e Negativos .... página 167
Mime a Si Mesmo .... página 256

Embora eu não possa garantir que esta compreensão irá imediatamente fazê-lo sentir-se calmo, ela pode ao menos ajudá-lo a ter menos medo das mudanças.

A Lista de Mudança

1 Trace uma linha vertical no centro de uma página. Coloque um " + " na coluna da esquerda e um "–" na da direita.
2 Na esquerda, sob o " + ", relacione todas as mudanças que ocorreram em sua vida e que contribuíram para melhorar a sua vida.
3 Na direita, sob o "–", relacione todas as mudanças que ocorreram em sua vida e que fizeram com que ela se tornasse pior.
4 Agora, apague da coluna "–" todas as referências a coisas que são resultado do desenvolvimento humano normal. Em seguida, apague todas as queixas generalizadas.
5 Reveja agora a sua lista e assegure-se de que a mudança pode realmente melhorar a sua vida e não é para ser temida. Tudo que você precisa é fazer a mudança trabalhar para você.

NUNCA É TARDE DEMAIS PARA FICAR CALMO

Você talvez pense que é fácil para alguém da minha idade escrever ensaios sobre os benefícios da mudança, mas, e quanto àqueles que já passaram dos 50? Sendo muitas vezes as pessoas mais vulneráveis do local de trabalho, como elas podem sobreviver a essa revolução?

Muitos acreditam que uma das desvantagens de se envelhecer nos dias de hoje é a insegurança que começa a assaltá-lo quando você chega naquela fase situada entre os cinqüenta e poucos anos e a aposentadoria. "Estou velho demais para aprender alguma coisa nova." "Passei anos aprendendo a minha profissão; agora é tarde demais para desenvolver novas habilidades." "Se alguma coisa acontecer ao meu emprego, estou em maus lençóis; ninguém vai querer contratar uma pessoa com mais de 50 anos." "O que eles querem é gente jovem e sem experiência; são mais baratos e mais fáceis de treinar."

Você já ouviu todos esses comentários e, provavelmente, chegou até mesmo a fazer alguns deles. E, no que diz respeito à insegurança, tais observações não têm mais substância – ou talvez tenham até menos – do que aquelas relativas a qualquer pessoa com 17 anos de idade.

Nesta época, em que a expectativa de vida torna-se cada vez maior, a velha idéia de "trabalhar até os 65 e se aposentar" está rapidamente tornando-se um anacronismo. Tanto que, hoje em dia, muitos referem-se às Profissões da Terceira Idade – as novas carreiras e oportunidades que estão sendo descobertas *após* os 55 anos de idade e que, para muitos, constituem a fase mais satisfatória da carreira.

Conheço muitas dessas pessoas. Uma amigo íntimo começou a escrever aos 56 anos, e hoje é um dos escritores de maior sucesso em todo o mundo. Um outro amigo tem 67 e está tomando o mesmo caminho. Conheço uma mulher que pediu demissão de um poderoso cargo executivo para estudar naturopatia; hoje, ela tem uma clientela fiel e está começando a ficar famosa. Conheço muitas pessoas que resolveram voltar para a universidade. Posso contar-lhe a respeito de uma pessoa fascinante de 75 anos de idade, que era "velha demais" para trabalhar num escritório mas que, agora, recebe de várias empresas um sinal pago antecipadamente pela reserva do direito de compra de suas esculturas de três toneladas feitas em mármore. E, mais perto de casa, recentemente contratei duas pessoas com mais de 60 anos, já em idade de se aposentar, para que ajudassem a treinar os funcionários mais jovens; desde então, eles passaram a ser dois dos mais produtivos integrantes da nossa equipe.

A idade não é obstáculo para novos desafios e novos sucessos.

Se você estiver nessa faixa etária e se sentir pressionado pelas circunstâncias que acabei de descrever, já pode animar-se com o número de novas oportunidades que estão surgindo a cada segundo. Esqueça tudo o que você ouviu sobre as estatísticas de desemprego: com o aumento da duração da vida, uma população com idade média mais elevada e com um insaciável desejo por mais lazer e entretenimento, as oportunidades continuarão a aumentar – se você estiver aberto para elas.

Procure estas soluções para ter calma:

O Calculador de Prioridades de Vida .... página 83
Planejador Criativo de Longo Prazo .... página 146
100% de Esforço .... página 137
Permissão Para Rejeitar o Sucesso .... página 179

Essas oportunidades serão muito importantes em termos de desenvolvimento pessoal e satisfação com o emprego. Talvez agora seja o momento de renovar suas ambições e começar a fazer planos para uma nova e brilhante carreira para a próxima etapa da sua vida...

UMA MUDANÇA PARA MELHOR

Até aqui, nesta seção, nós nos concentramos nos problemas que surgem – ou cujo aparecimento é temido – em conseqüência do excesso de mudanças. Agora, quero chamar a sua atenção para um problema ainda maior: o da insuficiência de mudanças.

Você já ouviu a história do tigre que, ano após ano, andava para a frente e para trás em sua minúscula jaula. Por fim, algumas almas bondosas providenciaram para que ele fosse transferido para um ambiente mais agradável, com grama, árvores, água e espaço. O único problema era que o animal não conseguia relacionar-se com esse mundo maior e mais natural, e continuou a andar para a frente e para trás sobre a mesma faixa do tamanho de sua antiga jaula.

As pessoas agem assim no local de trabalho. Elas se tornam escravas do hábito, presas numa espiral descendente de experiência e perspectiva. Além de ridículo e improdutivo, isso também é estressante.

A Mudança para Melhor o estimula a ampliar sua perspectiva de uma maneira enganosamente simples. Tudo o que você tem a fazer é procurar novas maneiras de realizar seus deveres e funções cotidianos. Ao explorar essas diferenças e ao romper com ciclos de hábitos estressantes, você ficará surpreso com o quanto essas novas e inócuas rotinas podem ser eficazes para reduzir a tensão. Eis aqui algumas idéias:

(i) Da próxima vez que você tiver um dia duro, altere os seus hábitos e, em vez de ir para a lanchonete da esquina, ande duas quadras e vá almoçar em algum outro lugar. Observe as pessoas e lugares pelos quais você passa: observe como a vida pode ser diferente num local bem pouco distante do seu trabalho.

(ii) No final de um dia de trabalho tenso, em vez de fazer o mesmo monótono caminho de volta para casa, experimente fazer um outro percurso. Não importa se ele for mais longo. Preste atenção às ruas por onde você passa e às diferentes características dos edifícios. Observe as atividades da rua.

(iii) Se você normalmente vai ao trabalho de carro, tome um ônibus para variar. Se você normalmente vai de ônibus (e estiver suficientemente perto), vá a pé. Enquanto caminha, observe as casas e olhe para o rosto dos transeuntes – o tipo de coisa à qual você nunca presta atenção em circunstâncias normais.

(iv) Se você é uma pessoa organizada, comece a trabalhar uma hora mais cedo para criar um novo sistema de arquivo.

(v) Se você tende a ser desorganizado, comece a trabalhar duas horas mais cedo para criar algum sistema de arquivo.

(vi) Se você sempre faz uma pausa às 10 horas da manhã para tomar café e comer biscoitos, troque por chá de hortelã e frutas (isso acarretará um duplo benefício). Saboreie cada bocado.

O mais importante é que você "quebre" intencionalmente a sua rotina e, então, absorva todos os detalhes que acompanham essa mudança. Ao fazer isso, você se contrapõe aos efeitos do *stress* ampliando os seus horizontes e reservando algum tempo para ver e experienciar o quadro geral das coisas. Ao expandir as suas experiências, você expande o seu mundo e, assim, os seus problemas cotidianos parecem menores e menos ameaçadores.

Em termos ideais, você irá fazer isso várias vezes por dia. Mesmo se for apenas durante meia hora, no caminho de casa para o trabalho, essa é uma maneira simples e barata de escapar da rotina e dos estresses da vida cotidiana.

Procure estas soluções para ter calma:
Planeje Uma Variação .... página 184
Busque Um Pouco de *Stress* página 181

QUANDO A CAUSA É FÍSICA

Algumas das maneiras mais agradáveis para você ficar calmo e relaxado são físicas, e as soluções físicas de modo geral constituem uma resposta adequada para problemas físicos.

VOCÊ JÁ LEU QUE A CAUSA mais comum de *stress* é o que acontece dentro da sua cabeça, e não o que acontece dentro do seu corpo. É por isso que muitas das técnicas que cobrimos até aqui foram criadas com o propósito de influenciar atitudes, emoções e o subconsciente.

Todavia, algumas das maneiras mais agradáveis para você se tornar calmo e relaxado são físicas. Além disso, as soluções físicas de modo geral constituem uma resposta adequada para problemas físicos.

Então, quais são esses problemas físicos?

Há uma centena de anos, fatores relacionados com a natureza física do local de trabalho estariam no topo da nossa lista: ruídos, condições de trabalho perigosas, acomodações pouco confortáveis, iluminação e ventilação deficientes. A esses fatores físicos se somariam fatores ambientais, como calor, frio e umidade.

Para a maioria de nós, que nos dias de hoje conta com o benefício de regulamentos rígidos nos ambientes de trabalho, escritórios acarpetados e com ar-condicionado, tais condições parecem remotas e incomuns. Não obstante, nossos locais de trabalho ainda podem ser extremamente estressantes.

Embora atualmente as causas físicas de *stress* possam parecer comparativamente benignas, elas podem ser igualmente danosas. As pessoas que trabalham na linha de produção, em salas de emergência de hospitais e em fundições provavelmente estão submetidas a estresses físicos tão desagradáveis quanto aqueles que atormentavam os trabalhadores do século XVIII. As pessoas que trabalham o dia todo na frente de telas de computadores provavelmente têm queixas semelhantes àquelas dos nossos antepassados que ficavam debruçados sobre os livros de contabilidade. E os que ficam em pé por trás dos balcões de prestação de serviços freqüentemente sofrem o mesmo mal-estar que os balconistas sempre sofreram.

Uma vantagem que você tem hoje é poder encontrar uma solução para o seu mal-estar em um livro como *Calma no Trabalho.*

A "síndrome dos edifícios doentes"

Você sem dúvida já ouviu referências à "síndrome do edifício doente", na qual o próprio edifício é considerado o culpado pelas doenças que acometem as pessoas que nele trabalham. Muitas vezes, quer o edifício esteja ou não doente, esse problema é real.

Muitas pesquisas têm sido feitas sobre esse fenômeno, algumas das quais vale a pena relatar. Na maioria dos casos, não existem evidências de que o edifício em si deva ser considerado culpado. Alguns poucos casos foram realmente conseqüência de contaminação por substâncias químicas ou fungos, enquanto em outras ocasiões os sistemas de condicionamento de ar – especialmente os mais antigos – foram considerados culpados; estes problemas foram facilmente (embora com um alto custo) remediados.

Outra causa suspeita foi o ruído de baixa freqüência emitido por alguns sistemas de condicionamento de ar. Em experimentos que realizamos com música no laboratório de som do Calm Centre (cclab@netspace.net.au), sons de baixa freqüência foram usados para iniciar a produção de padrões de ondas cerebrais que induzem determinados comportamentos. Usando certas freqüências musicais, podemos estimular, entorpecer, induzir à letargia ou, até mesmo, produzir nos ouvintes estados semelhantes a um transe. A maioria desses experimentos utilizou freqüências de 5 a 12 Hz, que é precisamente a freqüência produzida por alguns sistemas de condicionamento de ar. Assim, o sistema de condicionamento de ar de um edifício, ao emitir um ruído de baixa freqüência apropriado, poderia efetivamente provocar algum desses estados (estimulação, sonolência, letargia, transe) em qualquer pessoa que trabalhe nesse local.

Todavia, a causa do mal-estar relatada com mais freqüência é a luz fluorescente. Embora você não possa enxergar, as luzes fluorescentes produzem seu brilho por meio de uma série de rápidos *flashes.* Em países com suprimento de eletricidade de 50 Hz (Europa, Austrália, partes do Japão), elas piscam cerca de 100 vezes por segundo. Em países com suprimento de eletricidade a 60 Hz (Estados Unidos e partes do Japão), ocorrem 120 *flashes* por segundo. A 100 *flashes* por segundo algumas pessoas têm suas capacidades visuais e, possivelmente, até mesmo o equilíbrio prejudicados. Existe mais de uma razão para que as lâmpadas fluorescentes dos escritórios sejam objetos desagradáveis.

ACABE COM AS LÂMPADAS FLUORESCENTES

Quer você acredite que está trabalhando num edifício "doente" (o que é improvável), quer não acredite, você pode melhorar a sua saúde e seus níveis de tensão levando a efeito uma pequena modificação nas lâmpadas fluorescentes.

Desligue-as!

Se você não puder desligá-las, providencie para que alguém remova o pequeno *starter* cilíndrico que se encaixa em cada uma das extremidades da lâmpada. (Por razões de segurança, isso deve ser feito por um eletricista – muito embora seja um procedimento muito simples.) A remoção do *starter* irá impedir que a lâmpada acenda. Feito isso, arranje para si uma luminária de mesa convencional, com lâmpada incandescente.

De acordo com a minha experiência, o pessoal da manutenção irá substituir o *starter* cerca de três vezes antes de perceber que você os está removendo. Quando isso acontecer eles provavelmente irão optar pela saída mais fácil e o deixarão em paz e livre das lâmpadas fluorescentes.

Acabe com as lâmpadas fluorescentes e você se tornará mais calmo por ter agido assim.

OS ÍONS DA CALMA

Nos momentos que precedem as tempestades elétricas ou que se seguem a elas, o ar se torna carregado de pequenas partículas notáveis e chamadas íons negativos. Em dias quentes e de ventania, quando a brisa varre amplas extensões de terra seca, o ar está repleto de íons positivos – fato que algumas pessoas acreditam ser responsável pelo aumento dos casos de violência e loucura nesses dias.

Os íons negativos refrescam o ar, facilitam a sua respiração e, ao mesmo tempo, criam uma sensação de calma e energia.

Existem duas razões pelas quais eles produzem um efeito calmante: a primeira é que eles têm uma influência direta sobre o humor porque estimulam a produção de *serotonina*, que é um neurotransmissor que promove o relaxamento, combate a depressão e favorece o sono de ondas lentas; a segunda é que eles purificam o ar, pois as partículas de poeira tornam-se eletricamente carregadas e precipitam-se. (É por essa razão que estúdios de gravação e salas de computadores instalam ionizadores comerciais para proteger os seus equipamentos sensíveis contra a ação da poeira.)

Um gerador de íons negativos simples e barato – um ionizador – opera maravilhas no sentido de neutralizar o excesso de íons *positivos* gerados pela tela de seu computador, por lâmpadas fluorescentes e por outros equipamentos eletrônicos presentes em seu escritório.

Simplesmente, ligue um desses aparelhos numa tomada, e dentro de pouco tempo você perceberá que parece mais fácil respirar – o ar lhe parecerá mais limpo e quase fresco ao "toque". Você irá descobrir que essas condições ajudam a revigorá-lo, a elevar o seu humor e, até mesmo, a melhorar a sua saúde.

Ligue um desses aparelhos e você irá me agradecer todos os dias por essa sugestão.

A "Síndrome dos Edifícios Doentes"

- Providencie a remoção do pequeno *starter* cilíndrico das lâmpadas fluorescentes que ficam sobre o seu local de trabalho.
- Instale uma luminária de mesa convencional, com luz fluorescente, para fornecer a sua iluminação.
- Agora, desfrute benefícios de tornar-se mais calmo e mais saudável do que antes.
- Considere a possibilidade de instalar um ionizador (gerador de íons negativos).

DIMINUA O BARULHO

O silêncio é uma das principais maneiras pelas quais se pode conquistar a calma. Se você já esteve num lugar realmente silencioso (sob a água, num deserto, em uma sala à prova de som), então você irá compreender quão importante ele realmente é – depois do mal-estar inicial de conhecer o silêncio pela primeira vez.

Depois que você começar a compreender que o silêncio não é tanto uma ausência de som mas sobretudo uma presença de paz, você rapidamente aprenderá a se regalar com esse estado maravilhoso. É por essa razão que tantas das técnicas mencionadas neste livro funcionam mais se você puder realizá-las em silêncio. Se você quiser ter paz e se sentir relaxado, vá em busca do silêncio. Absorva-o, mergulhe nele, usufrua-o pelo maior tempo possível.

Mas, como se pode encontrar silêncio num local de trabalho onde todos estão ocupados?

Surpreendentemente, isso não é difícil. Você pode encontrar silêncio no lugar mais barulhento simplesmente executando a rotina da Respiração Calmante e concentrando-se no som da sua própria respiração. Mesmo em um escritório agitado, mesmo com uma banda de *rock* agredindo os seus tímpanos, você sempre pode ouvir o som da sua própria respiração – *se você se concentrar nisso.*

Depois que você tiver feito isso algumas vezes e for capaz de ouvir esse som, estará no caminho certo para encontrar o silêncio.

Procure estas soluções para ter calma:
Respiração Calmante .... página 93
O Espaço Que Acalma .... página 237
O Som Que Acalma .... página 232

CRIE O SEU PRÓPRIO ESPAÇO

Confine um grupo de ratos num espaço excessivamente pequeno e eles aos poucos irão enlouquecer e começar a matar uns aos outros. Todos os animais e humanos necessitam de certa quantidade de espaço para poder viver em paz. Quanto menor o espaço, maior o *stress*.

Desde os anos 80, a tendência dos projetistas de escritórios tem sido a de reduzir a reserva de espaço para cada empregado. Na última década, portanto, temos visto um número cada vez maior de pessoas trabalhando num espaço cada vez mais reduzido. Como o preço do aluguel dos escritórios se torna mais caro e a tecnologia reduz o tamanho das máquinas e ferramentas, essa tendência irá continuar – uma receita para o aumento do *stress* no local de trabalho, se algum dia você tiver de planejar um!

O espaço favorece a calma e, por isso, é mais fácil encontrar a calma num local espaçoso: no centro de uma sala em vez de num dos seus cantos; longe da multidão em vez de no meio dela; num parque ao ar livre do que num elevador lotado.

Sendo assim, o que é que você poderia fazer se descobrir que o espaço que lhe está sendo reservado diminui cada vez mais e seus colegas cada vez estão mais perto da sua mesa?

Obviamente, existem providências físicas que podem ser tomadas a respeito desse problema. Quanto mais compactas forem suas ferramentas ou objetos usados no trabalho, maior será a sua sensação de espaço. Pode-se criar mais espaço usando-se computadores menores, cadeiras de digitadores em vez de poltronas de diretoria, computadores ligados a redes em vez de unidades isoladas, arquivos eletrônicos em vez de fichários de aço e prateleiras de parede em vez de escrivaninhas.

Todavia, o verdadeiro criador de espaço no seu local de trabalho não tem nada que ver com essas coisas físicas: tem que ver com o que se passa na sua mente. Quanto mais você se concentrar no trabalho que estiver fazendo, menos terá consciência de quaisquer intrusões nas cercanias do local onde você está trabalhando. (Imagine como o seu patrão irá vibrar ao ler isso!)

Para realmente concentrar-se na tarefa que tiver pela frente, com uma intensidade que você provavelmente nunca conseguiu atingir anteriormente, há dois passos a serem seguidos.

O primeiro é a Respiração Calmante. Para fazer isso, você busca o silêncio dentro de si mesmo. Concentre-se no som da sua respiração à medida que o ar entra e sai e, dessa forma, as pressões e intrusões do restante do mundo serão amenizadas. Depois de fazer isso durante alguns minutos você irá se ver em seu próprio mundo: calmo, relaxado e pronto para transferir para o seu trabalho o foco da sua concentração.

O próximo passo você já conhece muito bem. Trata-se de aplicar os 100% de esforço a todas as tarefas que você tiver de executar. Uma vez mais, esse é um processo de concentração no qual você se dedica a uma única tarefa de cada vez e atira-se a ela com o seu esforço total, usufruindo cada segundo e absorvendo os seus menores detalhes. O efeito líquido disso é que o seu mundo se torna a tarefa que você tem em mãos – que é uma forma calmante, relaxante e altamente eficaz de trabalhar. Ela também produz o efeito de desenfatizar todas as outras coisas que ocorrem ao seu redor.

Ao concentrar-se nessas duas técnicas, você poderia trabalhar dentro de uma caixa de sapatos e, ainda assim, se sentiria como se tivesse todo o espaço do mundo.

Procure estas soluções para ter calma:

Respiração Calmante .... página 93
100% de Esforço .... página 137
O Som Que Acalma .... página 232

Crie o Seu Próprio Espaço

- Pratique a Respiração Calmante por cinco minutos. Ouça o som do ar sendo inspirado e expirado. Deixe esse som preencher-lhe a consciência até você se sentir calmo e altamente concentrado. Depois de alguns minutos, você irá se descobrir em seu próprio mundo de relaxamento.
- Quando você estiver relaxado, aplique os 100% de esforço ao seu trabalho. Faça apenas uma coisa de cada vez. Entregue-se totalmente a isso com o máximo de habilidade e consciência que lhe for possível.
- Tente excluir de sua consciência todos os estímulos exteriores, como rádio e conversas.
- Continue a fazer isso até que você fique totalmente absorvido por aquilo que você estiver fazendo, até que a tarefa simplesmente "seja feita por si mesma" e que você sinta-se calmo, relaxado e em paz.

Como acabar com o stress no local de trabalho

Alguns ambientes de trabalho parecem locais de tensão contínua. Salas de emergência de hospitais, redações de jornais com prazos finais apertados, salas de aula em escolas com alunos hostis e pouco cooperativos, repartições governamentais apinhadas – a lista é imensa.

As técnicas para se tornar calmo devem ser as mesmas num lugar ou noutro; todavia, a tarefa acaba sendo dificultada pelo ambiente desfavorável.

Se as outras pessoas concordarem com isso, algumas técnicas simples de redução de *stress* podem ter um profundo efeito sobre o seu local de trabalho. Elas não têm o propósito de entorpecer ou apaziguar mas, simplesmente, de relaxar os nervos e, assim, melhorar o ambiente de trabalho para toda e qualquer pessoa que nele trabalhe.

O SOM QUE ACALMA

Você sabe por experiência própria que a música pode ter um forte efeito sobre as emoções. Locais de trabalho relacionados com a moda, onde música de *rock* toca o dia todo, como salões de beleza e lojas de roupas, produzem um permanente estado de estimulação. Muitas vezes, isso causa grandes problemas de *stress* para os seus empregados. (Alguns acreditam que o ouvinte passivo possa estar sendo tão intoxicado quanto o fumante passivo.)

A música, todavia, tanto pode ser calmante como estimulante. Quando usada com sensatez, pode ter um efeito apaziguador sobre todo o local de trabalho. Ao recomendar isso, muitas vezes escuto resmungos de reprovação a respeito da "música de elevador" e do suave caráter intrusivo que ela pode apresentar. Mas o tipo de música sobre o qual escrevo está tão distante da "música de elevador" quanto a música dos *Smashing Pumpkins* está distante de Shostakovich.

Os terapeutas sabem há muito tempo que a música pode provocar uma variedade de mudanças fisiológicas nos ouvintes, não apenas em áreas óbvias, como freqüência cardíaca e ritmo respiratório, mas também na resposta galvânica da pele, pressão arterial, níveis hormonais, resposta imune e atividade elétrica cerebral – ela pode até mesmo ajudar a superar alguns tipos de dificuldade de aprendizado. O fato de que certas freqüências e ciclos possam levá-lo a um estado de relaxamento (ondas alfa) ou de transe (delta) é bem conhecido. Todavia, essas freqüências ou ciclos não podem ser facilmente produzidos, não são audíveis e estão longe daquilo que você chamaria de música.

Teoricamente, você poderia colocar esses tons para tocar no sistema de som de um escritório e pôr todo mundo para dormir. Ou despertá-los. Mas você não os faria felizes: isso requer certo nível de talento musical que os pesquisadores raramente possuem. (No Calm Centre, superamos esse problema com os esforços combinados de especialistas técnicos e de talentosos compositores de música "calmante" como Riley Lee, o grande mestre do *shakuhachi* – desse modo, produzimos uma excelente música que faz os ouvintes sentirem-se calmos porém alertas: uma necessidade no local de trabalho. Se estiver curioso, você pode ouvir algumas dessas músicas em nosso *site* na *web* (http://www.calmcentre.com).

Não estou sugerindo que outras formas de música também não sejam apropriadas. Talvez um *nocturne* de Debussy ou de Chopin. Ou qualquer obra contemporânea, desde que não tenha letra. Qualquer que seja a sua escolha, ela deve ser capaz de produzir seus efeitos de calma no menor volume possível. Desse modo, ela poderá produzir os seus efeitos calmantes e, ao mesmo tempo, mal ser notada pelos ouvintes.

Procure estas soluções para ter calma:
Ouça o http://www.calmcentre.com
Case-se Com a Calma .... página 218
Modelando a Calma .... página 216

O CHEIRO QUE ACALMA

Uma das maneiras mais sensuais de disseminar calma no local de trabalho é pelo uso de óleos essenciais. Embora você precise estar atento para o modo como os odores atuam em diferentes circunstâncias e condições – eu, por exemplo, acho que alguns óleos são "pesados" quando o tempo está úmido – de modo geral, você pode escolher a sua combinação de óleos a partir da tabela da página 171.

Use esses óleos essenciais em combinações de no máximo três elementos. Escolha-os levando em conta os efeitos que você deseja criar e o quanto eles agradam o seu olfato.

Eis aqui algumas características menos conhecidas desses óleos e que você talvez queira levar em conta:

- Diz-se que os óleos de laranja e de esclaréia melhoram a comunicação.
- Acredita-se que manjericão e limão aumentam a lucidez para a tomada de decisões.
- Consta que ylang ylang alivia a raiva.
- Pinho faz aquilo que você esperaria: dá um toque de frescor e inspiração a ambientes abafados.
- A bergamota tem um efeito calmante e estimulante que você reconhece no chá Earl Grey e na água de colônia.

O seu desafio consiste em determinar as combinações que produzem o equilíbrio correto entre efeito calmante e elevação do humor. Para isso você pode confiar em seus instintos, pois estará lidando com as sutilezas das suas emoções.

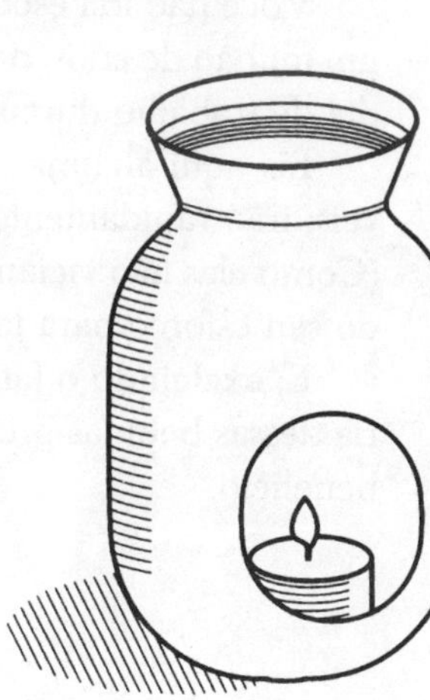

Provavelmente, a maneira mais simples de usar óleos é com um vaporizador de cerâmica. Encha seu recipiente raso com água morna e, depois, acrescente algumas gotas de óleo (quanto melhor a qualidade do óleo, menor o número de gotas necessário), coloque uma pequena vela sob o recipiente e acenda-a. Em seguida, relaxe e regale-se com a experiência.

Procure estas soluções para ter calma:
Usando o Seu Nariz .... página 169
O Espaço Que Acalma .... página 237
Alívio Sensual do *Stress* ...... página 246

A queima de óleos feita dessa maneira terá um nítido efeito calmante sobre você e sobre as pessoas que estão ao seu redor.

UM "TRAGO" DE CALMA

Deixe-me descrever-lhe um quadro absurdo.

Imagine que você tivesse um local de trabalho cheio de indivíduos estressados, com prazos finais pouco razoáveis, tensões crescentes e nervos à flor da pele. Em um período definido de cada dia você é solicitado a tomar uma providência específica para reduzir as tensões e ajudar a acalmar aqueles que estão à sua volta. Mas... os únicos ingredientes que lhe são oferecidos para obter este efeito são:

- farinha de trigo refinada (debilita a energia);
- açúcar refinado (eleva rapidamente o humor e depois o deprime);
- gorduras animais saturadas (depressivas, pouco saudáveis);
- conservantes artificiais (produzem todos os tipos de efeitos negativos);
- bebidas que contêm cafeína (aumentam a tensão e promovem sentimentos de inquietação); e
- talvez um toque de nicotina (estimulante, depressora, viciante) para rematar.

Você não iria escolher esse conjunto absurdo de ingredientes nem em um milhão de anos, não é? Mas é isso o que acontece várias vezes em cada dia de trabalho durante a .... pausa para o café.

Eis aqui algumas alternativas calmantes que, se você tornar disponíveis, irão rapidamente suplementar a rotina cotidiana de café e biscoitos. (Como elas não viciam, sua capacidade de formar um hábito irá depender do seu esforço para fazer com que isso aconteça.)

E, excluindo o fato de elas substituírem produtos perniciosos, a maioria dessas bebidas produzem também um efeito calmante ou algum outro benefício.

Causador de tensão	Substituto que acalma
Café	Chá de ervas "Café" de dente-de-leão Chá descafeinado Chá verde (sem açúcar) Café descafeinado
Chá	Hortelã-pimenta ou qualquer chá de ervas Chá de camomila Chá de fruto de rosa do mato Todos os tipos de novos chás de frutos Água quente com limão Água gelada
Biscoitos	Frutas frescas Frutas secas Vegetais crus
Salgadinhos	Frutas frescas Frutas secas Castanhas (com moderação)
Bebidas à base de cola	Água fresca da fonte Água mineral Sucos de frutas naturais Sucos de frutas predominantemente naturais
Tabaco	Oxigênio

Evite sempre que possível os estimulantes de curta duração: café, refrigerantes, guloseimas ricos em açúcar e gorduras. Conquanto eles possam elevar o seu humor momentaneamente, você irá se sentir tenso e letárgico pouco depois.

Se você precisar de uma dose rápida de calma, evite os estimulantes. Em vez de café, tome um chá de ervas ou um copo de água. Em vez de juntar-se ao grupo de conversação mais próximo, fique alguns minutos ao ar livre para revigorar-se.

Uma palavra sobre o chá

Embora tenhamos a tendência de colocar o chá e o café na mesma categoria geral, o consumo regular de chá proporciona alguns benefícios para a saúde. Se bem que ele contenha quantidade significativa de cafeína, a qual não nos proporciona nenhum benefício, ele possui outras propriedades que, conforme se acredita, podem contribuir para a prevenção de doenças como o câncer e problemas cardíacos. Assim, talvez valha a pena substituir o café pelo chá (porém sempre com moderação).

Além do uso regular do chá tradicional, há uma grande variedade de ervas que podem ser preparadas em infusão. Freqüentemente ouço alguém dizer "não consigo tomar esses chás de ervas" – uma opinião que certamente foi formulada nos velhos dias em que a camomila e a hortelã eram as únicas opções. Hoje as nossas opções aumentam de dia para dia. (Esta manhã, tomei chá de abacaxi e de coco.)

E uma palavra sobre a água

O seu consumo de água desempenha um papel importante no modo como você reage ao *stress*. Ingira uma quantidade insuficiente e você irá se sentir sonolento, fatigado e mais suscetível a ficar tenso.

Consuma bastante água, por outro lado, e isso irá ajudá-lo a permanecer calmo. Ela também ajuda a prevenir hipertensão, problemas cardíacos, acidente vascular cerebral, problemas respiratórios, dor de cabeça, cáries e até mesmo o próprio processo de envelhecimento.

De quanta água você precisa para sentir-se calmo e saudável? Pelo menos oito copos por dia. No mínimo.

- Beba pelo menos oito copos de água por dia.
- Beba dois copos ao levantar-se e um antes das refeições.
- Beba água (na proporção de dois para um) sempre que beber álcool ou café.
- Mantenha um jarro de água na sua mesa.
- Beba água em um bom copo para vinho, de modo que ela tenha um sabor especial.
- Beba água gelada em vez de bebidas gasosas.
- Beba água quente em vez de chá ou café.

Transforme a ingestão de água em um hábito, e você irá melhorar a sua saúde e aumentar a sua capacidade de permanecer calmo.

Associações que acalmam

Uma das manifestações interessantes de longo prazo do *stress* é o modo como você o associa subconscientemente a determinados lugares ou padrões de comportamento.

Eu, por exemplo, sempre fico nervoso quando entro no consultório do meu dentista – embora se trate de um local bastante agradável, com muitos peixes tropicais e com música calmante (ouça o *Deep Calm* no www.calmcentre.com). Você se lembra de como, quando estava na escola, sempre ficava apreensivo quando entrava na sala do diretor, quer ele estivesse ou não lá e quer você estivesse ou não encrencado? De maneira semelhante, você associa determinados sentimentos relativos a certos lugares e comportamentos com a execução do seu trabalho. Embora você talvez não tenha consciência disso, semelhante fenômeno acontece todos os dias em sua vida profissional – você inconscientemente treina a si mesmo para associar o comportamento estressante a determinados lugares ou acontecimentos, e uma reação estressante é deflagrada sempre que você depara com esse lugar ou acontecimento.

Vou lhe dar um outro exemplo. A proprietária de uma empresa em declínio tem os seus piores momentos todas as vezes que abre sua contabilidade no computador e percebe que o seu problema de fluxo de caixa está levando-a lentamente à falência. Todas as semanas, ela liga o computador, revê a contabilidade e vê que o seu problema piorou. Dentro de pouco tempo, essa empresária começará a associar a revisão da contabilidade em seu computador com o desespero de ver o seu negócio ir à falência. Dentro de pouco tempo, todas as vezes que abrir o programa – seja para analisar o fluxo de caixa ou simplesmente para planejar a escala de folga dos empregados – ela começará a ter novamente as sensações de desespero.

Esse fenômeno subconsciente é conhecido como Resposta Programada Condicionada (RPC). No caso acima, a RPC tinha uma associação negativa. Ela também pode estar associada a alguma coisa positiva. Se, por exemplo, você teve a sua experiência sexual mais excitante no banco de trás de um fusca, cuidado com a próxima vez que uma pessoa atraente lhe oferecer uma carona nesse carro. Isso é RPC positiva!

Você pode criar as suas próprias associações *positivas* ou RPC, as quais contribuem para a sua saúde mental e irão ajudá-lo a permanecer calmo.

O ESPAÇO QUE ACALMA

Com um pequeno esforço e nenhum investimento em imóveis você pode criar o seu próprio espaço calmante usando uma RPC. O seu Espaço que Acalma se torna um refúgio especial, impregnado de associações positivas e onde você possa tornar-se calmo e sentir-se à vontade apenas com o simples expediente de deslocar-se até lá. Se, por exemplo, a maioria das suas sensações de *stress* no local de trabalho ocorre em sua escrivaninha, em seu escritório, você poderia optar por criar um local alternativo – um Espaço que Acalma – em um canto pouco usado do seu escritório. Ou na lanchonete, na sala de fotocópias ou do lado de fora, perto do bebedouro (se isso não incomodar o seu empregador).

Qualquer que seja o local, o seu propósito é impregná-lo com associações mentais positivas e relaxantes, de modo que você possa sentir-se calmo, relaxado e forte sempre que se deslocar até lá.

Embora a transformação desse espaço em um refúgio calmante possa levar semanas, esta é uma espera pequena quando se leva em conta o tempo que você permanece num mesmo emprego. Nos primeiros dias, vá para esse local sempre que você se sentir particularmente calmo ou feliz com alguma coisa. Desloque-se fisicamente até lá, sente-se, e usufrua essa sensação positiva pelo maior tempo possível. Da próxima vez que você estiver sentindo-se particularmente calmo ou feliz, volte para lá. E de novo e de novo.

Faça isso pelo menos dez vezes. Se for possível, mais ainda.

Dentro de pouco tempo, você terá criado uma RPC positiva em relação a esse lugar. O seu subconsciente associará este local aos sentimentos de calma e felicidade. Agora, esse torna-se o seu Espaço Que Acalma.

Sempre que você se sentir tenso ou sob pressão, tudo que você tem a fazer é mover-se fisicamente para esse Espaço Que Acalma. Logo ao sentar-se você começará a sentir-se calmo e feliz — ou, pelo menos, mais do que estava ao chegar.

E o melhor disso ainda está para vir. Quanto mais você utilizar esse local para produzir sentimentos de calma e felicidade, mais você ficará condicionado a esses sentimentos e mais poderosa será a associação. Se você usá-lo regularmente, sua eficácia irá crescer dia após dia.

Procure estas soluções para ter calma:
O Som Que Acalma .... página 232
Os Íons da Calma .... página 228

O Espaço Que Acalma

- Reserve um local específico que você irá condicionar a tornar-se um refúgio de calma e de sentimentos felizes.
- Vá para esse local todas as vezes que você sentir-se particularmente calmo e feliz. Regale-se com esses sentimentos enquanto estiver lá.
- Faça isso pelo menos dez vezes.
- Quando você estiver seguro de ter estabelecido associações calmas e positivas com este local, ele estará pronto para tornar-se o seu Espaço Que Acalma.
- Sempre que você se sentir tenso ou sob pressão, trate simplesmente de ir para esse lugar — e as sensações de calma e felicidade irão reaparecer.
- Use a Respiração Calmante sempre que você estiver lá.

Apresentamos a seguir diversas maneiras que irão ajudá-lo a tornar-se calmo fazendo duas coisas: neutralizando diretamente os efeitos do *stress* negativo ou revertendo os processos físicos que produzem o *stress*.

Divirta-se com isso.

ENDIREITANDO-SE PARA SE ACALMAR

Se você executar esta técnica exatamente como eu a descrevo, você irá sentir-se calmo e bem-humorado em questão de minutos.

Uma pessoa estressada tem uma aparência muito característica: ombros curvados, queixo caído, braços dobrados, dedos crispados, testa enrugada – os músculos contraem-se e retesam-se. Uma pessoa calma tem uma aparência que é o contrário dessa que acabamos de descrever.

Você pode tornar-se uma pessoa calma ou, pelo menos, começar a sentir-se mais relaxado simplesmente invertendo estas características tensas – puxando os ombros para trás, levantando o queixo, endireitando as costas, soltando os braços e os dedos.

Essa compreensão é o ponto de partida de Endireitando-se para se Acalmar.

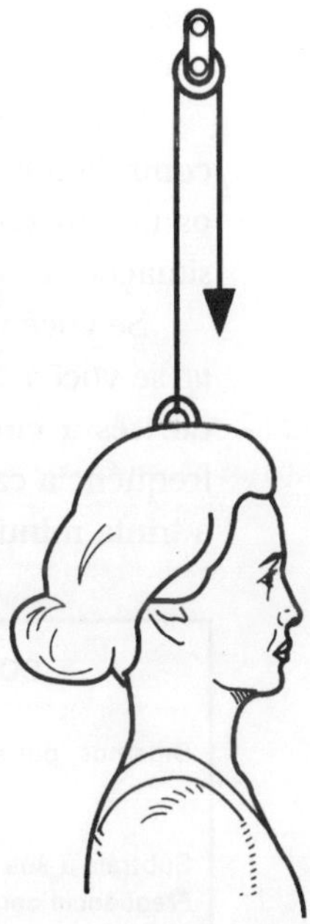

O exercício seguinte pode ser feito sentado ou em pé. Se quiser, você pode ficar de pé, as costas pressionadas contra uma parede, da primeira vez que for realizar esse exercício. A idéia é sentar-se ou ficar de pé tão reto quanto possível.

Quando você começar a se sentir relaxado, pegue um fio de prata e o prenda a um gancho no alto da sua cabeça. (Sim, esse é um gancho imaginário, assim como imaginário é o fio de prata.) Em seguida, pegue o fio de prata e leve-o até uma roldana de prata fixada no teto logo acima de você.

Agora, suavemente, puxe pouco a pouco o fio de prata até sentir o seu corpo endireitar-se e os nós de suas vértebras e músculos começarem a se desfazer.

Continue a puxar até sentir todo o seu corpo começar a erguer-se. Sinta-o elevando-se cerca de um centímetro a partir do nível do chão ou da cadeira.

O seu corpo agora estará tão reto quanto lhe for possível, e lhe parecerá mais leve do que em qualquer ocasião anterior.

Agora, comece a praticar a Respiração Calmante.

Procure estas soluções para ter calma:
Respiração Calmante .... página 93
O Som Que Acalma .... página 232
Modelo Básico de Visualização .... página 105

Endireitando-se para se Acalmar

1 Sente-se ereto ou fique de pé, talvez com as costas pressionadas contra uma parede. Faça o seu corpo ficar tão reto quanto possível.
2 Pegue um fio de prata imaginário e prenda-o no topo da sua cabeça.
3 Estenda o fio até o teto e prenda-o em uma roldana de prata imaginária.
4 Retese suavemente o fio até sentir o seu corpo endireitar-se e continue a elevá-lo até fazer com que ele fique cerca de um centímetro acima do chão. Sinta toda a sua coluna esticar-se.
5 Comece a praticar a Respiração Calmante. Usufrua esta calma até que a tensão tenha saído para fora de seu corpo e você consiga sentir-se relaxado.

CALMO E SUARENTO

O exercício vigoroso é comprovadamente um antídoto para o *stress*. Aqueles que correm regularmente ou praticam ginástica aeróbica sabem disso. O mesmo acontece com as pessoas que caminham, andam de bicicleta ou nadam com regularidade.

O exercício físico estimula aquelas partes do seu sistema nervoso que controlam os seus níveis de "hormônios do *stress*". Ele não apenas acalma os nervos como aumenta a sua capacidade de lidar com o *stress* e com situações estressantes a longo prazo.

Se você não tem nenhum problema médico mais sério (faça um *check-up* se você não tiver certeza disso), um exercício ideal para a calma ideal é de três a cinco sessões por semana, cada uma das quais a 70% da sua freqüência cardíaca máxima (ver o diagrama abaixo), com duração de 25 a trinta minutos.

COMO CALCULAR A SUA FREQÜÊNCIA CARDÍACA MÁXIMA

Digamos, por exemplo, que você tem 40 anos de idade.

	220	
Subtraia a sua idade de 220	– 40	
Freqüência cardíaca *máxima* =	180	batimentos/minuto
A freqüência cardíaca durante o exercício é 70% da máxima	126	batimentos/minuto

(Para medir a sua freqüência cardíaca, você deve colocar as pontas dos dedos sobre o seu pulso e contar o número de batimentos em sessenta segundos.)

Talvez o programa de exercício mais fácil e relaxante que eu possa sugerir seja caminhar. Faça isso três a cinco vezes por semana, durante trinta a 45 minutos. Faça-o sozinho ou acompanhado. Caminhe em lugares que lhe dêem prazer e use esse tempo de caminhada para planejar o seu dia.

Pratique exercícios regularmente e você começará a sentir-se uma nova pessoa – tornando-se mais calmo e menos estressado ao longo do dia.

Uma palavra de advertência, porém: se você se esforçar demais ou for demasiado competitivo em sua abordagem, o próprio exercício pode ser estressante. Se você quer ser calmo, exercite-se com moderação e tenha prazer ao fazê-lo.

Procure estas soluções para ter calma:
O Som Que Acalma .... página 232
Um Passeio Pelo Parque ...... página 183

Calmo e Suarento

Use isso como um guia para escolher o seu programa de exercícios. Pratique um dos seguintes, três a cinco vezes por semana. Varie os exercícios de vez em quando.

- Caminhe vigorosamente por trinta a 45 minutos.
- Corra durante 25 minutos.
- Nade por 25 minutos.
- Ande de bicicleta (a uma velocidade razoável) por 45 minutos.
- Faça aeróbica por 25 minutos.
- Dance por trinta a 45 minutos.

Procure manter-se em 70% da sua freqüência cardíaca máxima.

AS MANDÍBULAS DA CALMA

Quando o *stress* se concentra em torno da cabeça e da face, a tensão muitas vezes está nos músculos em torno da mandíbula. Você cerra os dentes e os músculos da mandíbula se enrijecem. (Observe esses músculos se contraindo quando alguém tenta conter a raiva.)

Quando os seus dentes estão cerrados e os músculos de sua mandíbula se encontram contraídos, a tensão começa a se espalhar para outras partes do seu corpo – produzindo retesamento dos ombros e das costas, dor de cabeça por tensão, dores lombares e uma sensação geral de tensão. Tenho ouvido quiropráticos considerarem a tensão na mandíbula como sendo a causa de problemas crônicos na coluna.

Até o momento, esse problema (se é que era reconhecido como um problema) era tratado de forma eclética, para dizer o mínimo. Um dentista poderia dar-lhe uma pequena prótese bucal para prevenir o retesamento da mandíbula e o ranger de dentes.

Eis aqui dois tratamentos mais fáceis e baratos.

Pressionando a língua

O primeiro é um modo simples porém muito eficaz de relaxar os músculos da parte inferior da mandíbula (os músculos masseter, indicados pelo ponto B na figura abaixo).

Para fazer isso, simplesmente pressione a língua contra o céu da boca, de leve, logo atrás dos dentes incisivos. Basta um leve toque. Com isso você vai sentir-se bem confortável para continuar fazendo isso durante longos períodos de tempo.

Isto é tudo o que você tem a fazer.

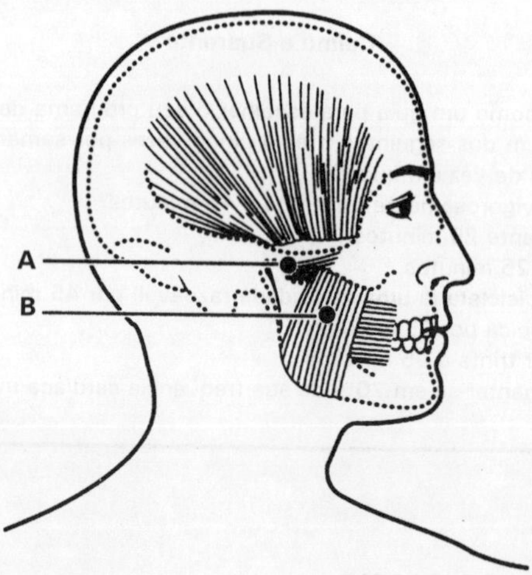

Enquanto você mantiver essa pressão leve, os músculos da sua mandíbula estarão relaxados e isso tornará ainda mais fácil o relaxamento dos músculos em torno das têmporas.

O método dos dois dedos

Uma outra maneira de aliviar a tensão na área da mandíbula utiliza os seus dois indicadores.

Num ponto entre a bochecha e o lóbulo da orelha (o ponto A da figura acima) você irá sentir uma endentação que, se você estiver tenso, estará muito dolorida. Aplique nesse ponto uma pressão com a ponta dos dedos indicadores, até sentir uma ligeira dor. Aplique a pressão ao expirar e suspenda-a durante a inspiração.

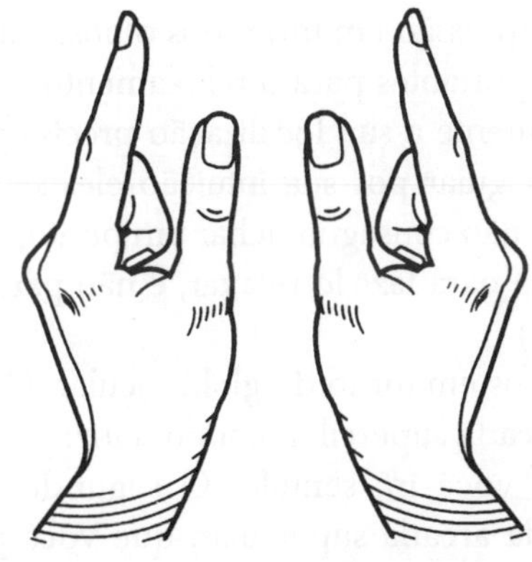

Repita esse procedimento diversas vezes, até os músculos da mandíbula relaxarem.

MASSAGEM FACIAL QUE ACALMA

Quando você está trabalhando e sente estar num beco sem saída, a sua tensão parece concentrar-se principalmente nos ombros, na cabeça e na face.

A tensão em torno dos seus ombros em geral pode ser liberada apenas por meio de uma das seguintes maneiras: por meio de massagens (feitas por alguma outra pessoa) ou por meio de exercícios de ombro (ver a página 250).

Todavia, você pode aliviar a tensão em torno do seu rosto se atuar sobre diversos pontos de acupressão em torno da região da face. Você pode fazer isso de duas maneiras: por meio de uma pressão voltada para baixo (expire, pressione; inspire, solte a pressão), ou com uma simples massagem rotatória feita com as pontas dos dedos. Se você escolher a segunda opção, você faz a massagem *para fora*, em movimentos circulares. Faça o que lhe parecer correto.

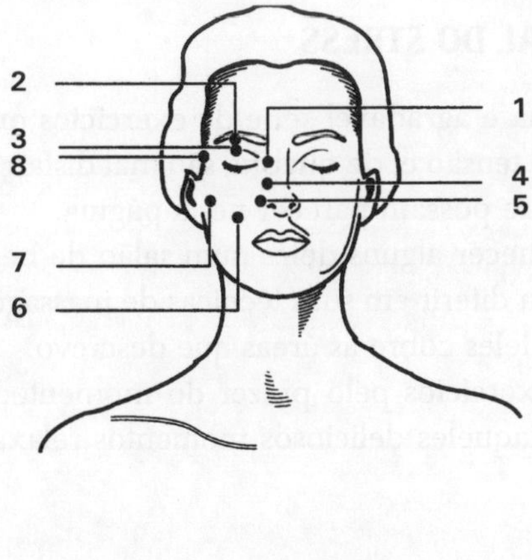

Os pontos de acupressão em torno dos olhos, nariz, bochechas e têmporas são os mais importantes para o relaxamento e muito fáceis de localizar. Embora inicialmente a sua localização precisa possa parecer obscura, se você se deixar guiar por sua intuição eles serão encontrados sem dificuldade. (Se você não conseguir achar um ponto, passe para o seguinte – esse exercício serve para fazê-lo relaxar, e não para testar seus conhecimentos de anatomia.)

Existem três pontos em torno do globo ocular. O primeiro (1) situa-se no cruzamento da arcada superciliar com o nariz; pressione suavemente a arcada superciliar e você irá senti-lo. O segundo (2) é uma pequena endentação abaixo da arcada superciliar, que você poderá sentir com o polegar. O terceiro (3) está logo atrás deste último, mais para o interior da órbita. (Trate esses dois últimos com delicadeza.)

Em seguida, vêm os dois pontos situados ao longo do nariz. O primeiro (4) é um pequeno sulco logo abaixo do ponto onde a órbita toca o nariz. O segundo (5) é uma endentação entre a narina e o osso malar.

O próximo ponto (6) fica na cavidade abaixo da porção frontal do osso malar, logo acima dos seus dentes. Se abrir bem a boca, você sentirá um outro ponto (7) sobre a borda externa do seu músculo da mandíbula. Este é um ponto sensível; não deixe de manipulá-lo.

O último ponto (8) exerce grande influência sobre o modo como você se sente – você o busca instintivamente quando está sob pressão. Ele está situado nas têmporas. Diz-se que a massagem desse ponto alivia a depressão e a sensação de estar sob pressão.

Lembre-se, porém, de que essa deve ser uma atividade relaxante – assim, você deve reservar algum tempo para isso e desfrutar a experiência. Quanto tiver terminado, sente-se calmamente por dez minutos e espere até ser tomado por uma sensação de calma.

Procure estas soluções para ter calma:
Soltando os Ombros .... página 250
Endireitando-se Para se Acalmar .... página 241
Sorria e Mantenha o Sorriso . página 239

O ALÍVIO SENSUAL DO STRESS

Esta é uma pequena e agradável série de exercícios que operam maravilhas para eliminar a tensão e, de quebra, são mal disfarçadamente sensuais – muito mais do que possam parecer nesta página.

Você irá reconhecer alguns deles num salão de beleza. E, embora os esteticistas tendam a diferir em suas técnicas de massagem, você irá perceber que a maioria deles cobre as áreas que descrevo.

Realize esses exercícios pelo prazer do momento. Deixe que eles o façam lembrar-se daqueles deliciosos momentos relaxantes durante uma massagem facial. (Se você for um homem que nunca recebeu uma massagem facial, deixe de lado quaisquer preconceitos de que isso é "coisa de maricas" e descubra essas excelentes propriedades relaxantes num salão de beleza perto de sua casa – provavelmente, há um destes salões no prédio ao lado.)

Esses exercícios destinam-se a ser relaxantes e sensuais. Não se preocupe muito em seguir exatamente os "padrões de manipulação" que incluí: faça o que lhe parecer agradável.

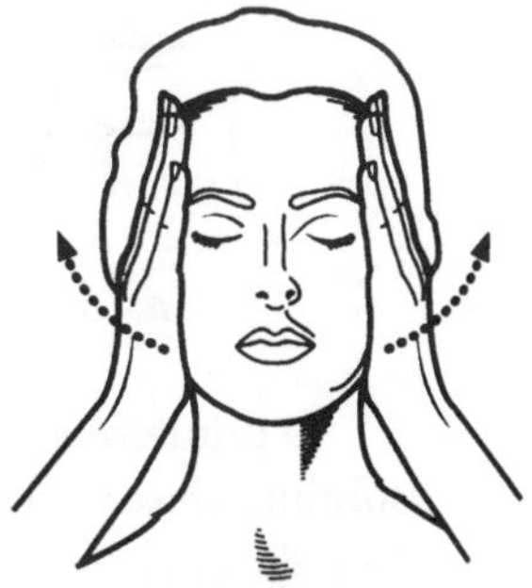

A

Em primeiro lugar, pratique durante alguns minutos a Respiração Calmante.

Enquanto faz isso, ponha as palmas das mãos sobre os olhos, permitindo que o seu nariz fique entre elas. Aplique uma pressão firme durante cerca de vinte segundos e, então, deslize lentamente suas mãos em direção às orelhas, puxando levemente os músculos da face.

Quando as suas mãos estiverem ao lado da cabeça, deslize-as lentamente para cima, conforme mostra a figura A, numa ação de "*lifting* facial".

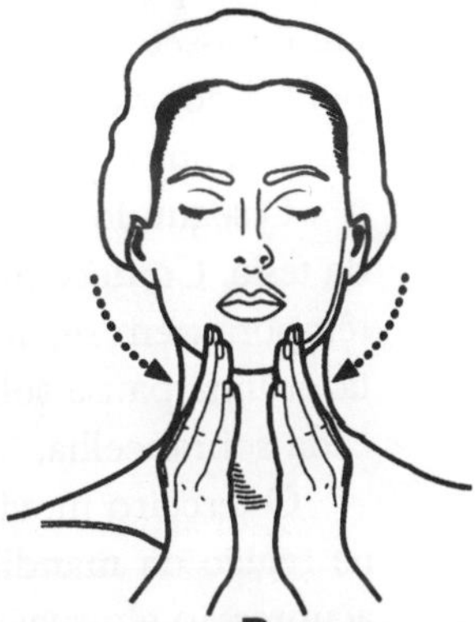

B

Então, com as pontas dos dedos, trace de leve uma linha que desce pelas suas bochechas – mal acariciando a sua carne – e vá até a região abaixo do queixo, até que as pontas de seus dedos lentamente percam o contato com a pele, como na figura B.

A sua pele agora estará formigando ligeiramente. Repita esse ato enquanto ele lhe der prazer, e continue a praticar a Respiração Calmante o tempo todo. Depois disso, sente-se em algum lugar tranqüilo e usufrua a sensação de calma que o envolve.

Caminhos alternativos para a sensualidade

A ilustração a seguir apresenta aqueles que, na opinião de algumas pessoas, são os padrões mais relaxantes de massagem facial. Para usá-los, tudo o que você tem a fazer é deslizar lentamente os dedos pelo seu rosto, fazendo uma pausa em cada ponto indicado para aplicar-lhes uma pressão moderadamente forte. Não é essencial você ser totalmente preciso, seja com o trajeto seja com os pontos – faça aquilo que você *sentir* que é apropriado para o seu caso.

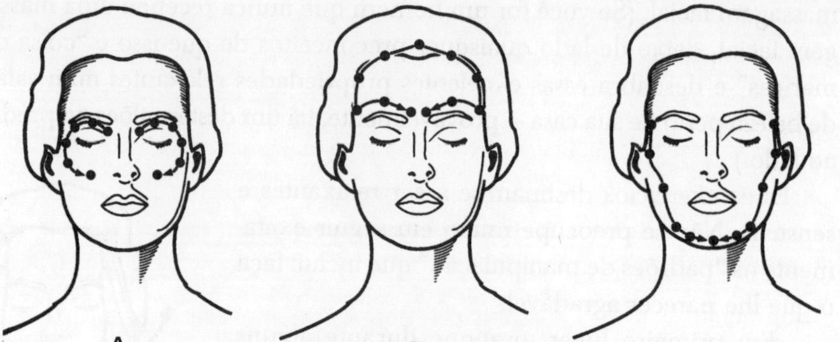

A B C

O primeiro movimento (figura A) destina-se a acabar com a tensão nas sobrancelhas e nos olhos. Ele cobre muitos dos pontos de acupressão que identificamos na seção anterior. Comece no ponto onde a arcada superciliar encontra o seu nariz e, em seguida, faça o contorno da reentrância da arcada superciliar, passando pelas têmporas, pela borda externa do músculo masseter e pela reentrância entre suas narinas e o osso malar. Use as pontas dos dedos para traçar um arco, fazendo uma pausa em cada um desses pontos para aplicar-lhes uma ligeira pressão.

O segundo movimento (figura B) destina-se a aliviar a tensão da região da testa. Comece no ponto mais alto da testa e trace uma linha até as suas têmporas; em seguida, faça um arco sobre as suas sobrancelhas antes de fazer uma pausa sobre o ponto de acupressão na extremidade interna de cada sobrancelha.

O terceiro movimento (C) destina-se a aliviar a tensão no seu rosto e na região da mandíbula. Trata-se de uma linha que parte dos pontos de acupressão em suas têmporas e passa pela parte superior do osso da mandíbula, pela reentrância posterior ao osso da mandíbula e pela borda do queixo, chegando até a sua ponta.

Extraia o máximo de prazer dessas massagens. Imprima-lhes o máximo possível de sensualidade e delicadeza. Os resultados irão compensar o seu esforço.

O toque final de sensualidade

O toque final – ou então, o primeiro, se você preferir assim – de todas essas massagens faciais é algo com que você está familiarizado mas que provavelmente nunca pensou em usar no trabalho.

Trata-se de uma toalha quente.

Procure estas soluções para ter calma:
Os Pés e a Calma .... página 253
O Som Que Acalma .... página 232
Usando o Seu Nariz .... página 169

Pegue uma toalha de rosto pequena, mergulhe-a em água morna ou quente, torça-a e ponha-a sobre o seu rosto.

Então, sente-se com os olhos fechados, pratique a Respiração Calmante e sinta a tensão fluir para fora do seu corpo.

Os altos e baixos da tensão no local de trabalho

A maioria dos ramos de atividade e ocupações possui tipos de *stress* e tensão peculiares. Enfermeiros e pessoal médico enfrentam pressões extraordinárias, professores sofrem tanto com o previsível como com o imprevisível, funcionários que trabalham em turnos têm de fazer grandes ajustes fisiológicos e sociais, motoristas de táxi enfrentam um *stress* específico, policiais são alvejados por tiros, atores nunca sabem de onde virá o seu próximo papel, assistentes sociais envolvem-se com os problemas das pessoas às quais assistem e aqueles que trabalham em empresas ou ramos de atividade decadentes enfrentam um longo e tortuoso declínio.

Todavia, você talvez não considere tão ameaçadores os dois tipos de *stress físico* ocupacionais que selecionei.

O primeiro diz respeito ao teclado e ao uso de computadores, pois esta caminha rapidamente para se tornar a mais disseminada de todas as atividades de trabalho. E a tendência é isso acontecer cada vez mais rápido. Além do mais, a tensão física envolvida nessa atividade é semelhante àquela enfrentada por pessoas em outros tipos de funções de escritório. A maioria dos tipos de *stress* físico que essas pessoas enfrentam concentra-se em torno do pescoço e dos ombros, antes de *descer* para as costas e as pernas.

A segunda área de *stress* físico que iremos analisar ocorre nos ramos de atividades em que os funcionários precisam ficar em pé durante longos períodos. Esses ramos incluem o trabalho em hospitais, saúde, venda no varejo, segurança e defesa. O *stress* físico que esse segundo grupo suporta tende a concentrar-se em torno dos pés e das pernas, antes de *subir* para as costas e os ombros.

Assim, ao cuidarmos das condições em que a tensão espalha-se *para baixo* e, em seguida, daquelas em que a tensão espalha-se *para cima*, devemos cobrir todo o corpo – pelo menos no que diz respeito à musculatura.

(Existem outras áreas comuns de *stress* no local de trabalho – tais como trabalho em turnos, lesões por esforço repetitivos, ruído industrial, poeira e outros poluentes – que requerem atenção específica que foge ao escopo deste livro.)

Teclado calmante

Muitos de nós usam computadores no trabalho e, como resultado disso, sofrem muitas conseqüências estressantes.

A tensão mais óbvia que surge dessa atividade é a tensão muscular localizada em torno do pescoço e dos ombros. Em seguida, vem o esforço ocular e, depois, a sensação generalizada de tensão depois de períodos prolongados diante de um teclado.

Quanto às radiações de freqüência extremamente baixa e às lesões por esforço repetitivo, farei apenas duas observações. Todo equipamento elétrico, da torradeira aos monitores de computador, emite algum nível de radiação; provavelmente, é uma medida de prudência não ficar *muito* perto desses equipamentos por períodos prolongados. Também vale a pena notar que todas as atividades físicas repetitivas, do golfe à digitação, resultarão em dano físico se você deixar de empregar as técnicas corretas (tanto durante a atividade como nos períodos de descanso).

Aqueles que se sentam diante de um monitor provavelmente precisarão mais das técnicas apresentadas a seguir, mas muitas também se aplicam a outras funções do escritório.

SOLTANDO OS OMBROS

Se você ficar trabalhando sentado diante de um computador por muito tempo, o problema mais comum que irá afligi-lo será a tensão nos ombros, nas costas e no pescoço, que, por sua vez, resultará em sensações estressantes. Como os seus músculos das costas são extremamente fortes, eles nem sempre o advertem sobre dor e tensão, como fazem os outros músculos. Em vez disso, eles se contraem e tornam-se progressivamente mais tensos, o que leva outros músculos, como os do pescoço e da região lombar, a se retesarem.

A maneira mais fácil de contornar isso é parar de trabalhar e fazer dois conjuntos de exercícios *a cada trinta minutos* com o propósito de relaxar os músculos das costas e dos ombros antes que a tensão se espalhe para outras partes do corpo.

Você pode realizar esse exercício em pé (preferivelmente) ou sentado; mas é importante que você o faça regularmente.

A cada trinta minutos.

Com as costas retas, faça movimentos circulares para trás com os ombros (figura A) dez vezes.

Em seguida, mova os ombros para a frente (figura B) dez vezes.

Repita esse exercício até que os seus ombros fiquem relaxados.

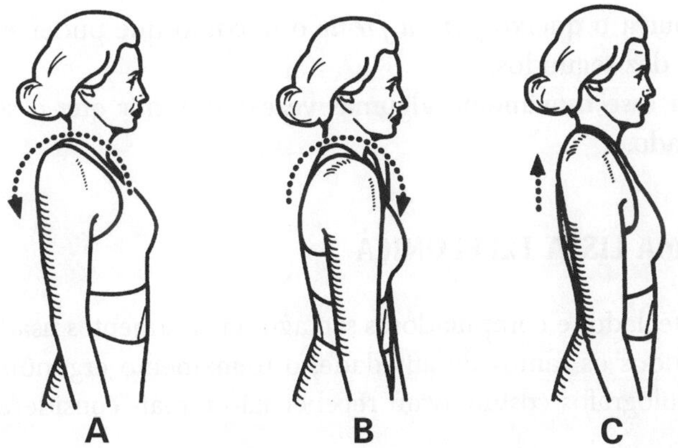

Depois disso, erga os seus ombros (figura C) e mantenha-os em uma posição elevada até senti-los novamente tensos e, então, deixe-os cair, relaxando-os completamente.

PESCOÇO DE GANSO

O exercício para pescoço que apresentamos a seguir deve ser realizado de preferência quando ninguém estiver olhando, pois, ao fazê-lo, você poderá ficar um pouco parecido com um ganso.

Ele é chamado de pescoço de ganso.

Esse exercício específico destina-se a aliviar a tensão da parte posterior do seu pescoço. Assim como o exercício de Soltar os Ombros, ele deve ser realizado a cada trinta minutos quando você estiver trabalhando num computador.

Com as costas retas, você simplesmente puxa o seu queixo para trás o máximo que puder e mantém essa posição por dez segundos. Em seguida,

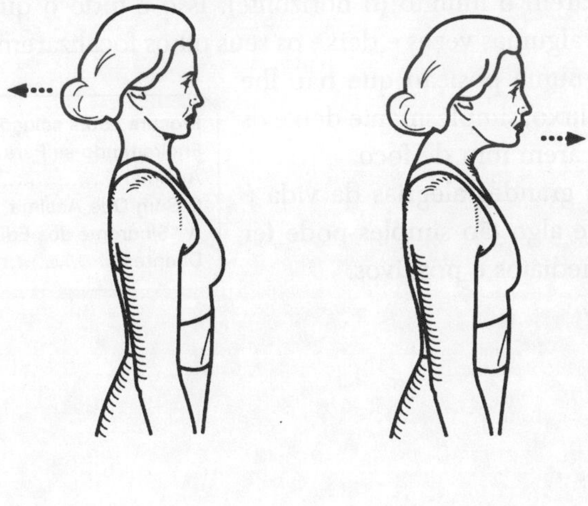

você empurra o queixo *para a frente* o máximo que puder e o mantém assim por dez segundos.

Repita esse movimento algumas vezes até sentir que o seu pescoço está relaxado.

PISE NUMA LISTA TELEFÔNICA

Como os teclados e computadores são agora instrumentos usados por pessoas em todos os ramos de atividade, o treinamento ergonômico básico que os datilógrafos costumavam receber não é mais considerado tão importante.

Os datilógrafos há muito tempo conhecem, por exemplo, o efeito relaxante que se obtém quando os pés são apoiados em algum objeto elevado durante a datilografia. Eles também sabem que esse é o motivo pelo qual as listas telefônicas são tão grossas: dois volumes, um em cima do outro, constituem um apoio perfeito para os pés quando você estiver trabalhando com teclado e monitor.

Faça um bom uso das listas telefônicas e você descobrirá que elas fazem uma diferença relaxante em seu trabalho.

OLHE NO HORIZONTE

Os monitores de computador são objetos sedutores. Eles ficam piscando para você, implorando que você continue a olhar para eles e a explorar os seus segredos cada vez mais demoradamente. É por esse motivo que os seus olhos se cansam depois de um curto período de trabalho.

Uma forma de superar isso é realizar um exercício simples para os olhos a cada dez minutos: pisque algumas vezes e, depois, deixe os seus olhos focalizarem o infinito (o horizonte). Isso é tudo o que você tem a fazer: pisque algumas vezes e deixe os seus olhos focalizarem o infinito. Se você estiver numa posição que não lhe permite esse luxo, simplesmente deixe os seus olhos ficarem fora de foco.

Uma das grandes alegrias da vida é descobrir que algo tão simples pode ter resultados imediatos e positivos.

Procure estas soluções para ter calma:

Endireitando-se Para se Acalmar .... página 241
O Som Que Acalma .... página 232
A "Síndrome dos Edifícios Doentes" .... página 227

SALVE O SEU TRABALHO

Eis aqui uma rotina simples que previne dores de cabeça e pesar pela eliminação de uma das coisas mais estressantes que podem acontecer a um usuário de computador: perder documentos que não foram salvos.

A técnica consiste em simplesmente salvar os seus documentos com maior freqüência do que você considera ser necessário. Uma vez a cada poucos minutos. Faça regularmente *backups* para todo trabalho importante — e com maior freqüência do que você considera necessário fazer.

Mais cedo ou mais tarde, essa pequena precaução irá poupar-lhe muitas dores de cabeça e pesar.

OS PÉS E A CALMA

Se você trabalha num ramo de atividade em que é necessário ficar longos períodos em pé, então você conhece muito bem a tensão física associada a isso e também saberá que, quando ocorre essa tensão física, logo depois vem a tensão emocional.

A tensão tende a começar perto dos pés e das pernas. Em seguida, ela sobe pelo corpo, causando problemas na região lombar e, por meio da dor já referida, faz com que o pescoço e os ombros também doam.

O primeiro passo para evitar esses tipos de tensão começa com os seus calçados e com a superfície que fica abaixo de seus pés. Não há muita coisa a dizer sobre calçados que o senso comum já não lhe tenha dito — o conforto sempre é mais importante do que a beleza ou a moda. Para a superfície sob os seus pés, escolha pisos de carpete ou borracha em vez de madeira ou concreto e você será bem recompensado.

O segundo passo para relaxar os pés e pernas é uma rotina básica de reflexologia que você mesmo pode fazer. Segundo os princípios da reflexologia, os pés são um mapa reduzido do corpo e de seus órgãos. Ao pressionarem áreas específicas do "mapa dos pés", os terapeutas afirmam poder aliviar problemas em outras partes do corpo.

Quer você aceite ou não todas as afirmações acerca das propriedades curativas da reflexologia, você pode ter certeza de que uma área em que a reflexologia comprovadamente funciona é no alívio do *stress* e da tensão.

Como os nossos pés estão protegidos durante a maior parte do tempo, eles são particularmente sensíveis a esse tratamento sutil. A simples massagem de seus pés estimula mais de sete mil terminações nervosas às quais você normalmente não teria acesso; isso não só é extremamente relaxante, como também melhora a circulação.

Você pode usar a simples reflexologia para aliviar a tensão em seus pés, pernas e em todo o seu corpo porque esses pontos muitas vezes estão relacionados também a outras áreas.

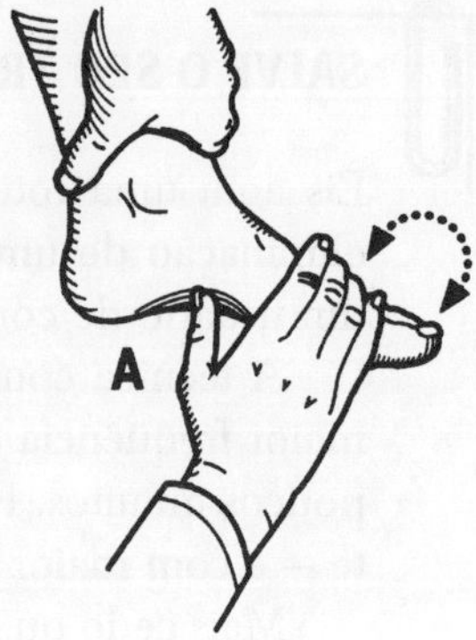

Para começar, procure um lugar tranqüilo no horário de almoço, tire os sapatos e reserve alguns minutos para relaxar.

Segure o seu tornozelo esquerdo com sua mão esquerda (ver a figura A). Com a mão direita, gire suavemente o seu pé para a frente e para trás algumas vezes para relaxar as articulações.

Em seguida, passe alguns minutos massageando cada artelho. Puxe e gire de um lado para o outro cada artelho (figura B).

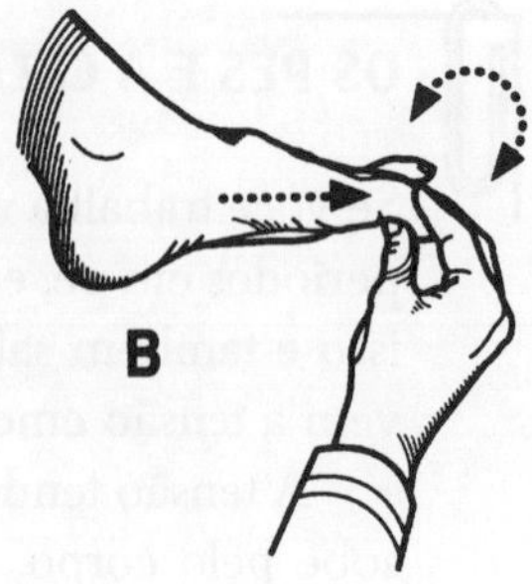

Então, segure o seu pé com a mão esquerda, como é mostrado na figura. Com o seu punho direito, pressione firmemente a planta de seu pé (figura C). Pressione-o com o punho direito e aperte-o com a mão esquerda. Pressione, aperte. Faça isso várias vezes.

Por fim, use o toque mais suave que você for capaz de fazer com as pontas dos dedos – do tornozelo até os artelhos, no dorso e na planta dos pés – para sensibilizar as terminações nervosas dos seus pés.

Repita o processo com o outro pé.

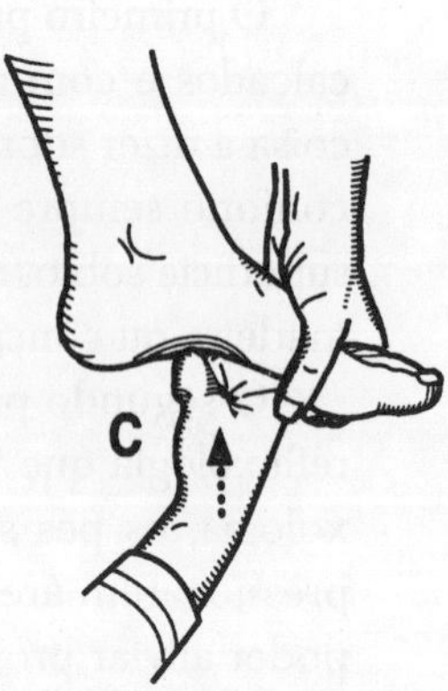

Sente-se tranqüilamente por alguns minutos e pratique a Respiração Calmante enquanto a sensação de relaxamento sobe por suas pernas e espalha-se pelo restante do seu corpo.

Relaxando sobre a bola

Uma maneira mais simples e menos estruturada de obter um efeito semelhante consiste em tirar os sapatos e ficar de pé sobre uma bola de tênis, rolando-a para a frente e para trás enquanto ela estimula os diferentes pontos de pressão na sola dos pés. Isso é tudo o que você precisa fazer: pisar sobre a bola e rolá-la desde os artelhos até o calcanhar. Depois, repita o mesmo exercício com o outro pé.

Procure estas soluções para ter calma:
Endireitando-se Para se Acalmar .... página 241
O Som Que Acalma .... página 232
O Alívio Sensual do *Stress* ... página 246

ELEVE OS PÉS

Eis aqui uma prática simples a ser empregada pelo menos uma vez por dia para aliviar a tensão que se acumula tanto em suas pernas e pés quanto nas suas costas e nos músculos do pescoço.

Tudo o que você tem a fazer é ficar deitado no chão com as pernas apoiadas numa cadeira (com os joelhos dobrados). Isso é tudo. Trata-se não apenas de uma pausa relaxante por si só, mas também alivia a tensão das pernas e da região lombar.

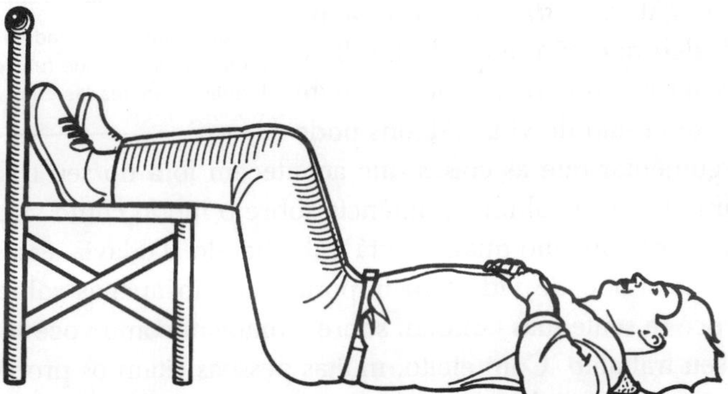

Enquanto faz isso, você também pode aliviar a tensão nas costas e pescoço usando uma pequena toalha enrolada e colocada:

(i) na parte de trás de seu pescoço, na altura da base do crânio; ou

(ii) ao longo da parte superior da sua coluna vertebral, de modo que as escápulas fiquem pendentes uma de cada lado da toalha.

Permaneça nessa posição de dez a vinte minutos e, enquanto isso, pratique a Respiração Calmante.

Você talvez sinta um pouco de incômodo muscular provocado pela pressão da toalha – principalmente se você estiver realmente tenso. Todavia, se você ficar tonto ou com náusea, o exercício deverá ser interrompido.

Procure estas soluções para ter calma:
Respiração Calmante .... página 93
O Som Que Acalma .... página 232
Tempo Para Si Mesmo .... página 132
Desacelerando .... página 180

Agora, você pode ficar calmo...

QUANDO A CAUSA É O SEU ESTILO DE VIDA

> Ficar calmo e relaxado é uma das poucas coisas na vida que funcionam melhor quando abordadas com vagar.

A ÚLTIMA CAUSA DE *stress* no local de trabalho é algo que não tem relação direta com o seu trabalho: trata-se de seus hábitos e do seu estilo de vida. Alguns poderiam argumentar que as coisas que acontecem fora do seu trabalho não deveriam exercer nenhuma influência sobre o modo como você se sente ou no seu desempenho quando está trabalhando. Todavia, essas questões relativas ao modo de vida têm importância não apenas sobre o modo como você se sente mas também sobre a maneira como você se relaciona com o seu trabalho. Com efeito, muitas pessoas citam os problemas pessoais como a principal causa de *stress* no local de trabalho.

Isso é compreensível. Se você tem uma vida estressante fora do local de trabalho, é provável que leve *stress* e tensão para o seu trabalho.

Mudar esses hábitos ou tentar mudá-los de alguma forma não é função deste livro. Nosso propósito é superar os *resultados* desses hábitos. Para tanto, você precisa primeiramente reconhecer a existência desses hábitos e, em seguida, procurar compensá-los.

A seguir, apresentamos algumas sugestões a respeito de como fazer *agradáveis* melhorias em seu estilo de vida — sem sofrimento nem sacrifício. Aqui, porém, só estamos arranhando a superfície. Depois de lê-las, você certamente irá pensar em muitas outras.

Divirta-se com sua pesquisa.

MIME A SI MESMO

Eis uma sugestão que você não verá com freqüência em livros sobre formas de lidar com o *stress*. Ela não tem nada que ver com a modificação do seu estilo de vida, com a melhoria da sua saúde nem mesmo com a superação do *stress*.

Ela tem que ver com diversão.

Creio que o *stress* não deveria ser levado tão a sério quanto a "indústria do *stress*" gostaria que fizéssemos. A questão não é saber se o *stress* está ou não levando as pessoas ao seu limite ou se é mais predominante hoje do que há cem anos. O importante é que não devemos levá-lo demasiadamente a sério.

Falar demais sobre o *stress* na verdade contribui para o problema. É estressante. Assim, para ficar realmente calmo, você precisa ter a capacidade de não dar muita importância ao *stress*.

Não é fácil sentir-se estressado quando você está se divertindo!

Tornar-se calmo e relaxado é uma das poucas coisas na vida que funciona melhor quando você não a leva muito a sério. Por quê? Porque quanto mais diversão você tiver, melhor você vai se sentir, mais serotonina (o neurotransmissor que alivia a depressão) o seu cérebro irá produzir e maior será a sua capacidade de gozar a vida e sentir-se relaxado. Ao se divertir, você ativa esse grande ciclo de calma. Portanto, as técnicas mais eficazes de meditação são aquelas que você mais gosta de fazer.

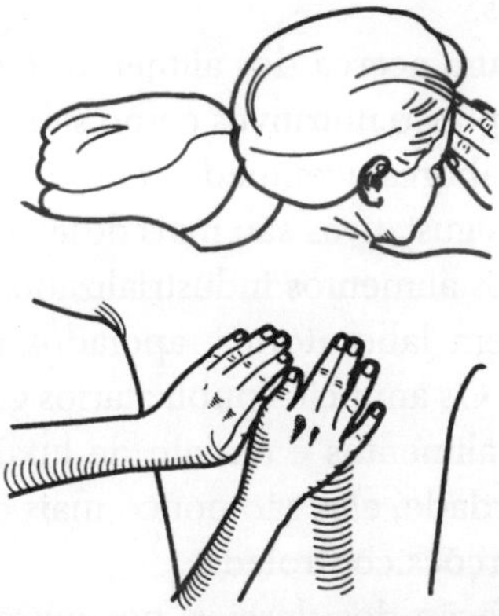

É por isso que defendo tratamentos como a massagem. À primeira vista, ela pode parecer extraordinariamente hedonista, e talvez o seja. Todavia, pela metade do custo de uma noite numa casa noturna, você pode não só receber uma agradável hora de relaxamento profundo, como também um benefício mais prolongado que irá ajudá-lo a passar a semana sentindo-se calmo e relaxado em vez de tenso e de ressaca.

A massagem produz benefícios óbvios para a saúde. Ela dirige o fluxo sangüíneo para as diversas partes do corpo, estimula o coração, leva mais oxigênio para os músculos e ajuda a eliminar toxinas – porém o que a massagem pode fazer pelo seu espírito é que torna o investimento compensador. Depois de uma sessão de massagem, você usufrui de um estado sem igual: uma combinação de relaxamento profundo e energia: a pele formigando, os músculos relaxados e a mente tranqüila.

Procure estabelecer um padrão porque os benefícios das massagens são cumulativos. Se estiver ao seu alcance, faça uma sessão por semana.

SATISFAÇA OS SEUS DESEJOS

Você provavelmente sabe que os alimentos que você come influenciam tanto o seu corpo quanto as suas emoções e o estado mental.

Determinados alimentos há muito são conhecidos como "alimentos que acalmam", porque reduzem os níveis de *stress* e ansiedade. De modo geral, eles são constituídos por combinações de alimentos.

Na maioria dos regimes alimentares, você irá descobrir dois tipos de alimentos: os formadores de substâncias ácidas e os formadores de substâncias alcalinas. *A dieta ideal que acalma mantém uma proporção de alcalinos para ácidos 80:20.* Os alimentos formadores de substâncias alcalinas (80%) são coisas como frutas, vegetais, farinha de trigo e cereais integrais, ao passo que os alimentos formadores de substâncias ácidas (20%) incluem coisas como carne, açúcar, café, alimentos processados, farinha de trigo refinada e conservantes.

Um equívoco comum acerca dos alimentos é considerar os saudáveis como monótonos e os pouco nutritivos como saborosos. Ou, dito de outra forma, considerar os sabores acentuados como sendo melhor do que os sutis e que as sensações gustativas são mais desejáveis do que a qualidade. Essa é a abordagem dos alimentos industrializados no que diz respeito ao sabor: desenvolvidos em laboratórios, apoiados pelos supermercados e exaltados na televisão. Os anúncios publicitários gostariam de fazê-lo acreditar que comer esses alimentos é um ato de luxúria ou de satisfação de desejos quando, na verdade, eles são pouco mais do que guloseimas pouco imaginativas em porções controladas.

A verdadeira satisfação dos desejos, por outro lado, não apenas tem sensualidade como também o faz sentir-se bem. Para a maioria dos paladares, um prato fumegante de *spaghetti marinara* é tão saboroso quanto um peito de pato – com a diferença de que ele o deixa sentindo-se melhor depois de ter comido. Uma grande salada *arugula* é tão interessante quanto batatas fritas, e um purê de manga é tão sedutor quanto um sorvete comercial – com a diferença de que, novamente aqui, deixa-o sentindo-se melhor depois de ter acabado de comer.

Delicie-se com alimentos que irão conservá-lo calmo (mantenha uma proporção 80:20 entre alimentos formadores de substâncias alcalinas e de substâncias ácidas e o seu bom gosto será recompensado muitas vezes.

BRINQUE COM VOCÊ MESMO

Estar fisicamente apto faz com que a calma torne-se um objetivo muito mais próximo.

Assim como os alimentos que lhe são mais apropriados podem ser saborosos e consumidos liberalmente, o mesmo pode acontecer com a sua rotina física para manter-se em forma. O conceito de que "sem sofrimento não há benefício" é uma bobagem machista. Por que a prática de exercícios não deveria ser agradável e prazerosa?

Pratique aquilo que o faz sentir-se bem. Descubra um exercício com o qual você possa obter prazer e pratique-o regularmente. Se você não conseguir encontrar nenhum que o atraia, comece a caminhar. A beleza de caminhar é que, ao mesmo tempo, você pode fazer outras coisas que lhe dão prazer. Você pode observar, jogar golfe, pensar, visitar, conversar, ouvir, planejar – e inúmeras outras coisas – enquanto faz o seu exercício.

Não existe melhor começo para um dia calmo do que uma vigorosa caminhada de quarenta minutos ao nascer do sol. Caminhe, mantenha a cabeça erguida e não se esqueça de Praticar a Respiração Calmante.

ESBALDE-SE NA BANHEIRA

Embora você não possa fazer isso em seu trabalho, há um lugar maravilhoso ao qual você pode ir para escapar de toda a tensão e *stress* da vida cotidiana.

Freqüentemente você irá descobrir esse lugar em sua própria casa. E você pode ir para lá – sem ser perturbado – de manhã cedo, tarde da noite ou em qualquer outro horário.

Trata-se da sua banheira.

Encha-a com água quente. Acrescente sais de banho ou algumas gotas de óleos aromáticos relaxantes. Apague as luzes e, se quiser, acenda uma vela. Então, simplesmente fique sentado lá, deixando a água eliminar toda a sua tensão, enquanto você pratica a Respiração Calmante.

Procure estas soluções para ter calma:
O Alívio Sensual do *Stress* ... página 246
Respiração Calmante .... página 93
O Cheiro Que Acalma .... página 233
O Som Que Acalma .... página 232

DIVIRTA-SE

Por fim, o que é mais importante do que qualquer outra coisa, não leve demasiado a sério essa questão do *stress*. Procure oportunidades para dar uma risada e extrair da vida o que ela tem de melhor e de mais precioso para lhe oferecer.

E, se tudo o mais falhar, lembre-se do conselho do imortal Guru Adrian: "Divertir-se é metade da diversão."

SOLUÇÕES DE LONGO PRAZO PARA FAVORECER A CALMA

AGORA, A PARTE SÉRIA

A ÚLTIMA SEÇÃO deste livro é dedicada às maneiras de se encontrar a calma a longo prazo. Essas recomendações irão ajudá-lo a superar a maioria dos efeitos adversos decorrentes de seus hábitos e modo de vida; isso pode ser conseguido por meio da introdução de novas práticas e hábitos.

Você se lembra do homem sobre o qual escrevi anteriormente – o que tinha dois princípios para a manutenção da calma em sua vida? Seu primeiro princípio era: "Nunca perco a calma por coisas sem importância." Mas era o seu segundo princípio que realmente demonstrava a sua singularidade: "Trato todas as questões como se fossem pouco importantes."

Ser capaz de reagir a todas as situações como se elas tivessem pouca importância é uma capacidade que poucos têm mas que você pode aprender com facilidade. Isso não o fará ficar empedernido nem insensível com relação às necessidades ou com o sofrimento dos outros. Não irá diminuir os seus esforços ou dedicação com respeito ao trabalho que você tem de fazer nem irá refletir-se na importância que você atribui a seu emprego, seu empregador, seus clientes, seus empregados ou ao gerente do seu banco. Trata-se simplesmente de uma forma de manter um senso de calma e perspectiva independentemente daquilo que o mundo possa pôr em seu caminho.

A consecução desse objetivo, porém, requer investimento de tempo e de esforço. E, para ser realmente eficaz, ele provavelmente vai requerer um significativo ajuste no estilo de vida e na atitude.

Seis maneiras de conquistar uma calma duradoura

Para tornar-se uma pessoa calma, para achar a verdadeira paz e satisfação, é necessário prestar atenção em vários aspectos diferentes da vida. São eles: Compromisso, Meditação, Alimentação, Exercício, Altruísmo e Atitude.

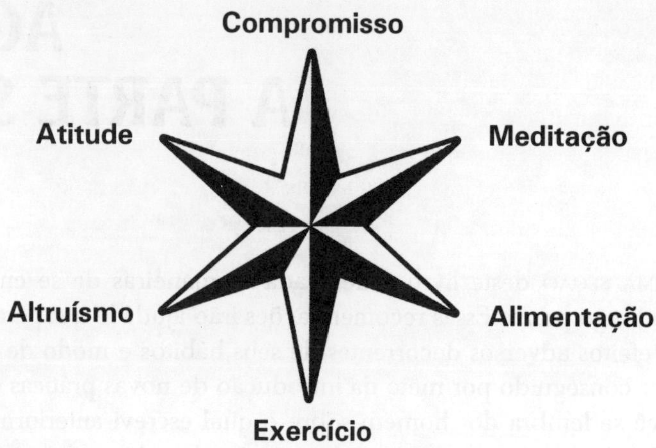

1. Compromisso

Não é de admirar que a consideração mais importante para se alcançar a calma a longo prazo seja o compromisso. Se você estiver comprometido a achar uma maneira de ter calma em sua vida, isso já será meio caminho andado.

Supondo-se que você tem esse compromisso, tudo o que você tem a fazer é *concentrar-se em três das cinco áreas restantes*. Em termos ideais, você deveria concentrar-se em todas elas.

Siga essas sugestões e você irá tornar-se calmo, satisfeito e será capaz de lidar com qualquer coisa que o seu emprego ou trabalho ponha em seu caminho. Adote-as como parte da sua rotina cotidiana e a sua vida ficará enriquecida além de todas as suas expectativas.

2. Meditação

Milhões de pessoas acreditam que a meditação é essencial para se ter uma vida feliz, equilibrada e saudável.

Se você leu o meu livro anterior, *The Calm Technique*, você irá compreender o quanto a meditação pode ser um instrumento poderoso. Ela pode transformar sua vida e suas atitudes. Use-a regularmente e você poderá ter razoáveis esperanças de:

- obter alívio da tensão, ansiedade e fadiga.
- lidar melhor com os problemas cotidianos;
- ser mais forte emocionalmente;
- ser mais positivo;
- ser mais tolerante; e
- aproveitar melhor a vida.

A técnica de meditação a que me refiro é analisada mais detalhadamente no final deste livro (página 266).

Ela baseia-se no simples entendimento e em técnicas que a maior parte do mundo considera lugares-comuns. Se você abordá-las com dedicação e sinceridade, você irá descobrir os poderes transformadores que a meditação pode lhe proporcionar.

3. Alimentação

A alimentação afeta tanto o seu corpo quanto o seu estado mental. Determinados alimentos podem ser corretamente descritos como "alimentos que acalmam", podendo ter um efeito tranqüilizante sobre o modo como você se sente, especialmente a longo prazo.

Os efeitos exatos que esses alimentos produzem não são tão importantes quanto os princípios subjacentes ao seu uso. Todavia, como simples orientação:

Consuma mais	Consuma menos
Vegetais, frutas, carboidratos complexos e cereais integrais	Alimentos formadores de substâncias alcalinas, como café, carne, farinha de trigo refinada, castanhas e conservantes
Água (pelo menos oito copos por dia)	Café, chá e refrigerantes à base de cola
Vitaminas A, C, E e B	Alimentos industrializados
Frutas frescas, ou suco de frutas no café da manhã	Gorduras
Proteína vegetal	Proteína animal

4. Exercício

A prática regular de exercícios diminui os efeitos do *stress* sobre o corpo.

A prática regular de exercícios ajuda-o a lidar com seus problemas.

A prática regular de exercícios irá fazê-lo sentir-se mais calmo e satisfeito.

5. Altruísmo

Para obter uma sensação de calma e realização a longo prazo, procure oportunidades para ajudar as pessoas menos afortunadas do que você. Ao dedicar-se a ajudar um outro indivíduo, você supera a natureza egocêntrica do seu próprio *stress* e ansiedade.

Adquira o hábito de ajudar as outras pessoas.

Não estamos falando aqui em encobrir colegas de trabalho ineficientes ou em assumir mais do que a sua justa parcela de responsabilidade: estamos falando em ajudar aqueles cujas necessidades – tanto físicas quanto emocionais – são maiores do que as suas.

O benefício para você, provavelmente, é algo que você já sentiu antes: aquele senso de bem-estar e de realização que se segue a um ato de generosidade para com alguém. Faça isso regularmente e os seus atos irão proporcionar-lhe sentimentos de paz e satisfação.

6. Atitude

Se você conseguir manter um estado de verdadeira calma, você irá achar uma maneira fácil de manter uma perspectiva feliz e positiva com relação à vida. O oposto também é verdadeiro: se você encarar a vida de forma positiva e feliz, você achará fácil ser calmo.

Muitos dizem que uma atitude positiva e um senso de otimismo são a sua própria recompensa. Eu gostaria de pensar que eles são um trampolim para todas as coisas maravilhosas que você quer para si e para os outros, incluindo paz e satisfação. Eles também favorecem uma melhor saúde, relacionamentos mais efetivos e uma comunicação muito mais fácil.

Escolha quatro dentre as seis

Para se ter paz e satisfação a longo prazo, tudo o que você precisa fazer é prestar atenção ao "Compromisso" e a mais três dentre as maneiras remanescentes de se obter uma calma duradoura. São elas: Meditação, Alimentação, Exercício, Altruísmo e Atitude.

As recompensas serão ainda maiores se você prestar atenção a todas as seis.

A Técnica Que Acalma

Uma massagem grátis de trinta minutos todas as manhãs antes de você ir para o trabalho...
(É assim que você deve encarar a "meditação".)

Uma das mais importantes coisas que você pode aprender na vida é a capacidade de meditar. Infelizmente, a simples menção dessa palavra afugenta muitas pessoas. Isso é compreensível, considerando-se a forma obscura como ela é ensinada em muitos lugares.

Vejamos se podemos simplificar as coisas para você.

Há alguns anos, escrevi um livro chamado *The Calm Technique*. Dizem-me que ele é – ou foi – um dos livros mais lidos em sua categoria. Em parte, esse livro trata de uma técnica simples para se encontrar paz e harmonia nesta era de inquietação.

O tipo de meditação que chamo de A Técnica Que Acalma é um exercício simples que qualquer um pode dominar e utilizar. Ele não requer nenhuma crença espiritual específica, nenhum entendimento especial nem adesão a alguma filosofia ou estilo de vida. Conforme diz o título original – *The Calm Technique* – trata-se de uma "meditação sem magia nem misticismo".

A meditação é um processo de silenciamento da mente – quando o pensamento consciente é suspenso e nos deleitamos simplesmente em existir. Depois que a mente estiver silenciada, os outros benefícios irão aparecer naturalmente e em seu próprio ritmo. Você só existe no momento. Nenhum pensamento o distrai, você não tem nenhuma preocupação relativa ao passado ou ao futuro; sua mente e suas emoções encontram-se num estado de neutralidade maravilhoso, pacífico, e que não requer nenhum esforço. Mas, ao contrário do que acontece quando você está dormindo, a sua mente está perfeitamente desperta e alerta.

Os efeitos fisiológicos

Praticada regularmente, A Técnica Que Acalma induz uma série de efeitos fisiológicos.

Durante a meditação, há uma mudança drástica no padrão das suas ondas cerebrais. As ondas beta são associadas com a vigilância e concentração; as ondas alfa com relaxamento e visualização; as ondas teta com memória e intuição; e as ondas delta com o sono e a cura. Na meditação, há um aumento de ondas alfa, teta e delta – uma combinação que só existe nesse estado!

A Técnica Que Acalma também tem um efeito direto sobre o seu metabolismo. O seu consumo de oxigênio diminui ainda mais quando você está em sono profundo. A sua freqüência cardíaca e pressão arterial diminuem de forma quase dramática. O seu nível sangüíneo de lactato (que aumenta durante o *stress*) diminui até 50 % e isso ocorre quase quatro vezes mais rápido do que em um estado de relaxamento profundo. Esses singulares estados fisiológicos são o *oposto* daquilo que você experimenta em momentos de *stress* ou ansiedade.

É por esse motivo que a meditação produz uma sensação tão profunda de paz, harmonia e bem-estar.

Como fazê-lo

Apesar de muitas organizações dedicarem sua existência a ensiná-la e a despeito do fato de que escrevi livros e conduzi inúmeros seminários a respeito dela, a meditação é extremamente simples.

Ela requer apenas que você silencie a sua mente.

Você faz isso concentrando-se em alguma coisa – com a exclusão de todas as outras. Em algumas técnicas de meditação, você se concentra em um objeto físico ou em uma série complexa de ações (como no tai chi). Outras requerem que você se concentre numa imagem e outras mais sugerem um som. Este último pode ser uma música encantadora e meditativa (Ver O Som Que Acalma, na página 232), ou qualquer som que você escolher. Muitas vezes, esse pode ser o som da sua própria voz falando uma única palavra – qualquer uma – muitas vezes. No jargão da meditação clássica, isso é chamado de "mantra". E muitas escolas de meditação irão dizer-lhe que essa é uma palavra sagrada. Se você seguir esse procedimento, simplesmente repetindo a palavra vezes seguidas – em silêncio ou em voz alta – por vinte a trinta minutos, você estará meditando.

Isso é tudo o que você tem de fazer. Uma palavra repetida (mentalmente) muitas vezes seguidas por um período de vinte a trinta minutos. E quando a sua atenção se desviar – coisa que irá acontecer – você simplesmente a dirige de volta para essa palavra ou som repetidos.

A Técnica Que Acalma

1 Com luzes fracas e roupas e temperatura confortáveis, pratique a Respiração Calmante por um ou dois minutos. Feche os olhos e ouça a sua respiração.

2 Diga calmamente uma palavra ("calma", por exemplo) para si mesmo. Ouça a sua voz repetindo a palavra. Escolha qualquer ritmo que lhe pareça confortável e repita-a muitas vezes.

3 Então, ouça a si mesmo dizendo essa palavra, mas sem realmente pronunciá-la. Ouça a palavra vindo de dentro da sua cabeça, diretamente por trás de seus olhos.

4 Continue a ouvir essa palavra repetidas vezes durante pelo menos vinte minutos. Quando perceber que a sua atenção está dispersa, volte delicadamente a concentrar-se nessa palavra. Não force coisa alguma nem se preocupe se não puder fazê-lo com perfeição: isso não é importante.

5 Depois de aproximadamente vinte minutos, volte aos poucos a concentrar-se no presente. Sente-se e espere alguns minutos enquanto você volta a ficar mais alerta e desperto.

Por mais breve que tenha sido a minha descrição, A Técnica Que Acalma irá funcionar para você desde que você se lembre de quatro coisas:

(i) Ela foi criada para ser tão fácil quanto parece ser.
(ii) A experiência em si não tem de ser algo especial.
(iii) Ela não é um teste de concentração nem de força de vontade.
(iv) Ela tem o propósito de ser repousante e agradável.

Para uma maior compreensão, leia o meu livro anterior, *The Calm Technique*. Ou, para uma interpretação mais visual, sinta-se livre para acessar a página de meditação de nosso *site* na Internet (http://www.calmcentre.com).

UM PROGRAMA QUE ACALMA PARA LÍDERES

- Caminhe ou faça exercícios três a cinco vezes por semana
- Faça uma sessão prolongada de planejamento uma vez por semana
- Delegue funções implacavelmente
- Revise o planejamento durante as caminhadas
- Faça uma sessão de massagem toda semana
- Faça algo pelos outros uma vez por semana
- Converse com "pessoas comuns" uma vez por semana
- Reserve trinta minutos de Tempo para Si Mesmo cinco dias por semana
- Tempo para Si Mesmo, na página 132
- Planejador Criativo de Longo Prazo, na página 146
- Finja Ser do Tipo B, na página 172
- Desacelerando, na página 180
- Emancipação de Informação, na página 129
- Calmo e Suarento, na página 242
- Mime a Si Mesmo, na página 256
- Busque um Pouco de *Stress*, na página 181

UM PROGRAMA QUE ACALMA PARA ADMINISTRADORES

- Caminhe ou faça exercícios três a quatro vezes por semana
- Faça uma sessão prolongada de planejamento uma vez por semana
- Revise o planejamento durante as caminhadas
- Delegue
- Faça uma sessão de massagem uma vez por mês
- Faça alguma coisa pelos outros uma vez por semana
- Trinta minutos de Tempo para Si Mesmo, cinco dias por semana
- Tempo para Si Mesmo, na página 132
- Planejador Criativo de Longo Prazo, na página 146
- Finja Ser do Tipo B, na página 172
- Desacelerando, na página 180
- Conheça os seus Limites, na página 127
- O Poder do Não, na página 124
- Trabalhe Um Dia de Cada Vez, na página 134
- Como Lidar com Pessoas Difíceis, na página 191
- A Agenda Que Acalma, na página 153

UM PROGRAMA QUE ACALMA PARA EMPRESÁRIOS

- Caminhe ou faça exercícios três a cinco vezes por semana
- Faça uma sessão de planejamento de longo prazo por semana
- Revise o planejamento durante a caminhada
- Massagem todos os meses
- Faça algo pelas outras pessoas uma vez por semana
- Trinta minutos de Tempo para Si Mesmo, cinco dias por semana
- Tempo para Si Mesmo, na página 132
- Conheça os Seus Limites, na página 127
- A Arte da Negociação, na página 201
- Diga o Que Você Pensa, na página 195
- Como Conseguir o Que Você Quer, na página 193
- O Poder do Não, na página 124
- A Maneira Elegante de Dizer Não, na página 125
- Reservando Tempo para a Calma, na página 120
- Trabalhe Um Dia de Cada Vez, na página 134

UM PROGRAMA QUE ACALMA PARA JUNIORES

- Caminhe ou faça exercícios três a cinco vezes por semana
- Uma sessão de planejamento de longo prazo por semana
- Revisão do planejamento durante a caminhada
- Faça algo pelas outras pessoas uma vez por dia
- Diga o Que Você Pensa, na página 198
- Como Conseguir o Que Você Quer, na página 193
- Reservando Tempo para a Calma, na página 120
- O Poder do Não, na página 124
- A Maneira Elegante de Dizer Não, na página 125
- 100% de Esforço, na página 137
- O Calculador de Prioridades de Vida, na página 83
- Finja Que Você Está Seguro, na página 185
- Um Curso de *Marketing* de Trinta Segundos, na página 199

SOCORRO!

Calma numa crise

> Existem providências simples que você pode tomar e que irão capacitá-lo a permanecer calmo numa crise e a superá-la.

A DESPEITO DA seriedade com que você e eu encaramos os problemas de todo os dias relacionados com o *stress*, eles em geral não se comparam com aqueles acontecimentos de uma verdadeira crise: luto, doença grave, trauma físico ou emocional, demissão, prisão – você sem dúvida irá reconhecer esses acontecimentos quando eles ocorrerem.

No caso de alguma coisa desse tipo acontecer, talvez você não tenha a disciplina ou a presença de espírito para recordar-se dos conselhos e técnicas apresentados neste livro.

Na maioria dos casos, a fórmula que se segue será de pouca ajuda para mitigar a dor, aliviar o luto ou remediar a situação. O que ela lhe permitirá fazer, porém, é chegar à próxima etapa: a reconstrução *pós*-crise.

Embora os passos envolvidos de Calma numa Crise sejam simples e até previsíveis, eles são eficazes para levá-lo à etapa seguinte.

Calma numa Crise

- Tire os sapatos.
- Mantenha-se aquecido.
- Evite cigarros, café ou álcool.
- Comece a praticar a Respiração Calmante.
- Ouça cada ciclo respiratório e concentre-se em sua respiração; faça isso da forma mais perfeita que puder.
- Busque ajuda.

Para quem você pode se voltar em busca de ajuda?

Procurar ajuda não é sinal de fraqueza. Busque-a com um amigo, com um conselheiro espiritual ou com algum dos muitos consultores para crises que você encontra na lista telefônica (muitos não cobram por seus serviços). Esse tipo de contato proporciona benefícios significativos – e que, às vezes, salvam vidas. Pouco importa se a discussão vai ou não proporcionar-lhe conselhos úteis; o benefício real decorre de você compartilhar a sua experiência e de receber encorajamento para continuar.

Se você não souber para quem se voltar, procure em "Crises", na lista telefônica. As listas telefônicas da maioria das cidades têm uma relação de números telefônicos sob esse título.

(Se você tiver sugestões quanto a locais que ajudam numa crise, queira por favor partilhar o seu conhecimento acrescentando-o à página de "crises" no *site* do Calm Centre na Internet em http://www.calmcentre.com)

MANTENHA A CALMA

O Calm Centre

O Calm Centre tem sido descrito como um "centro de estudos sobre a calma" – um produto da colaboração informal de psicólogos, terapeutas naturais, escritores, artistas, cineastas e compositores. Ele foi criado pelo autor, Paul Wilson, em 1995.

Acima de tudo, os colaboradores do *Calm Centre* compartilham duas paixões: descobrir novas maneiras de estimular a calma nas pessoas e disseminar a calma por meio de quaisquer meios de comunicação disponíveis, incluindo publicações e programas de rádio e televisão.

A filosofia do Calm Centre é muito simples. Ele deve procurar:

(i) acalmar;
(ii) concentrar-se nas soluções;
(iii) ser tão otimista quanto possível; e
(iv) apresentar soluções criativas e que justifiquem a sua existência.

Embora alguns dos colaboradores do Calm Centre trabalhem nos Estados Unidos e na Europa, enquanto outros encontrem-se em lugares um tanto exóticos, no interior da Austrália, seu quartel-general está localizado no coração do distrito empresarial do norte de Sydney, o qual está voltado para o mundo dos computadores e dos meios de comunicação de massa.

Sinta-se à vontade para visitá-lo e partilhar conosco as suas experiências relacionadas com a calma em http://www.calmcentre.com.